高等院校教师教育公共课教材

教育研究方法

Jiaoyu Yanjiu Fangfa

U0798792

主编　齐　梅

高等教育出版社·北京

内容提要

本书是受华南师范大学教师教育专业发展教材改革项目委托编写的，是高等院校教师教育系列教材之一。全书包括七篇共十一章。第一篇教育研究的基础，包括第一、二、三章，主要介绍了研究主题选择与文献综述，课题论证和观察的方法。第二篇实证研究，包括第四、五章，主要介绍了实验研究和调查研究。第三篇经验研究，主要为第六章案例研究。第四篇解释学研究，包括第七、八章，介绍了人类学研究方法和扎根理论及其应用。第五篇基于问题解决的研究，主要为第九章行动研究。第六篇数据的整理与分析，主要为第十章统计分析。第七篇研究结果的呈现，主要为第十一章研究报告的撰写。

本书可作为高等院校教师教育类专业的本科生、研究生公共基础课程的教材，也可作为方法学专著和研究工具书供中小学教师、大中专学生及从事教育研究工作的读者学习参考。

图书在版编目(CIP)数据

教育研究方法 / 齐梅主编. -- 北京：高等教育出版社，2015.12(2022.11 重印)

ISBN 978-7-04-043540-5

Ⅰ.①教… Ⅱ.①齐… Ⅲ.①教育研究-研究方法-教材 Ⅳ.①G40-034

中国版本图书馆 CIP 数据核字(2015)第 164573 号

策划编辑 魏延娜　责任编辑 房世佳　封面设计 王 鹏　版式设计 杜微言

插图绘制 杜晓丹　责任校对 杨凤玲　责任印制 赵 振

出版发行	高等教育出版社	咨询电话	400-810-0598
社　　址	北京市西城区德外大街4号	网　　址	http://www.hep.edu.cn
邮政编码	100120		http://www.hep.com.cn
印　　刷	高教社(天津)印务有限公司	网上订购	http://www.landraco.com
开　　本	787mm×960mm　1/16		http://www.landraco.com.cn
印　　张	18.25	版　　次	2015年12月第1版
字　　数	330千字	印　　次	2022年11月第5次印刷
购书热线	010-58581118	定　　价	28.70元

物 料 号　43540-00

前 言

本书是华南师范大学教材改革项目之一，所体现的教学思想和教学方式主要是研究性教学、个性化教学和案例教学。

研究性教学的实质是对科学研究过程的模拟。在研究性教学中，师生针对本学科领域的前沿问题，开展实验、专题研讨、课题研究、方案设计、模拟情境、社会调研等多种形式的交流活动。其目的主要在于促进学生主动学习和思考，培养学生的研究水平、团队合作精神、创新意识和研究能力，同时进行研究规范训练。本书倡导任务驱动、采取小组合作学习的形式来实施研究性教学。

个性化教学以学生多样化和个性化需求为基点，其目标是提高学生的学习能力和效果。它需要网络环境的支撑，以便提供丰富的学习资源。教师主要起导学、助学、督学的作用。本教材在课堂教学的意义上，主要采用集体上课和分组教学相结合的方式。在分组教学中，从学生学习的角度来讲，主要体现为小组合作学习。

案例教学是指教师与学生通过对案例的分析、讨论，让学生了解与教学内容相关的概念和理论，从而激发学生独立思考，增强学生分析与解决实际问题能力的教学过程。本书通过提供大量的研究案例，目的在于为学生提供学习范例，通过案例讨论促进学生研究性学习与合作学习的能力。

本教材编写力求体现以下特色：

(1) 内容选择贴近研究实践、面向应用，注重基础性、应用性相结合。

(2) 内容组织坚持小步子原则，难度适宜，梯度适中，注重基础性和拓展性相结合。

(3) 活动设计与内容并重，促进学生自主学习。

(4) 语言通俗易懂，力求深入浅出，条理清晰。

(5) 版面设计活泼，重点突出，可读性强。

(6) 既适合面授，又适合网络课程及远程教学。

由于本教材同时也是一项集体研究成果，因此强调文献注释的详细性和规范性。

除正文内容外，本教材还增加了以下内容，符合新型教材的发展趋势：

(1) 温馨提示:针对学习者可能出现的理解、操作问题,给予适当的简要提示。

(2) 小知识:以简短的篇幅,对相关概念、理论进行补充和解释。

(3) 拓展阅读:教学内容的延伸,旨在拓展学习者的知识面。这部分内容将与二维码教学资源包关联。

(4) 思考、讨论:针对特定的问题,引发学习者的思考,或参与特定问题讨论,或根据编者的提示开展实践活动。

(5) 典型案例:通过对一个具体研究的描述、分析,旨在为学生提供学习范例,同时帮助学生提高研究性学习与合作学习的能力。

(6) 课后任务:通过任务驱动与小组合作学习的方式来实施研究性学习,旨在培养学生的研究能力、团队意识、合作精神、沟通能力,以及说服他人和学会倾听的能力等。

(7) 学习资料:旨在提供多种研究实例,便于学生进一步探索学习。这部分内容将与二维码教学资源包关联。

(8) 思考与练习:旨在加强学生对知识的理解和运用。这部分内容将与二维码教学资源包关联。

参加本书编写的团队核心成员,都是长期从事教育研究方法教学的一线优秀教师,同时也是由齐梅负责的华南师范大学公共课教育研究方法教学团队成员。本教材编写团队成员学缘结构优良,均具有博士学位或副教授以上职称,他们分别来自日本广岛大学、韩国仁荷大学、香港中文大学、中山大学、东北师范大学、上海师范大学、华南师范大学等海内外的名牌大学,学术研究素养和知识结构良好。

本书编写工作具体分工如下:内容提要和前言(齐梅);第一章,研究主题选择与文献综述(李根);第二章,课题论证(张煜晨);第三章,观察的方法(齐梅、庞彩娇);第四章,实验研究(李根、齐梅);第五章,调查研究(刘录护);第六章,案例研究(刘录护);第七章,人类学研究方法(钟景迅);第八章,扎根理论及其应用(钟景迅);第九章,行动研究(李思娴);第十章,统计分析(陶建刚、齐梅);第十一章,研究报告的撰写(马林、邓韵玢、李玲玲)。全书由齐梅统稿。

在本书编写的过程中,学校和学院各级领导给予了大力支持与帮助;高等教育出版社积极配合,编辑人员精心审稿,付出了辛勤的劳动;诸多学术同人的优秀思想和研究成果,本书也多有采纳和借鉴。在此我们一并谨致谢意!同时,我们也感谢研究生李凯晖、骆扬、吕婷、孟祥杰、刘绍英、张永芳、何雨琴、周佩等参与了资料的收集整理与文字校对工作。

由于时间紧、任务急，加之我们编写教材的经验和能力水平有限，本书错漏和不尽如人意之处，在所难免。敬请各位学术同人、使用本书的老师和同学以及读者朋友，不吝批评指正，以便有机会修订时及时补正。在此也一并先表谢忱！

齐梅

2015年10月25日

目 录

第一编　教育研究的基础

第一章　研究主题选择与文献综述

教育研究是以教育现象为对象，旨在探索教育规律的研究过程。教育研究的关键是确定研究问题。研究问题是研究的基础，因为它决定了之后的研究方向、目标、内容与方法。与确定研究问题紧密相关的是文献研究，因为文献提供了确定研究问题的参考依据。文献的查阅与梳理是教育研究最基本的工作。研究者必须围绕研究选题广泛地查阅相关文献，以确定所研究主题目前的研究进度和研究成果。

[学习目标]

1. 了解研究主题的来源与好的选题的特点；
2. 掌握研究主题选择的基本原则；
3. 重点掌握文献综述的基本方法。

第一节 研究主题选择

思考

教育研究有什么特性?

一、教育研究的性质

研究是以系统的方法寻求问题解决方案的过程。科学研究的重点在于获得证据以支持或反对所提出的事实或原则。教育研究是指一种以经验为取向,对教育世界中人们的行为、态度、关系,各种教育现象、教育产物所进行的科学的探究活动。

教育研究具有如下基本性质:

(一)客观性

客观性指研究不受主观因素的影响。研究是一种创造性的实践活动,所有知识都需经过经验而获得,教育研究也不例外。从这个意义上说,研究是客观的。研究不能凭空臆造,也不能仅靠想象、推理进行思辨,它需要有事实依据或理论支撑。

(二)系统性

系统性指研究思路和行动前后连贯、互相沟通。研究过程中每一环节互相衔接,密切配合。研究本身是个系统过程,是一个从确定问题到解决问题的过程。研究也是一种认识活动,是人们有目的、有意识、有计划、有系统地采用多种方法去探索、去发现的过程,而不是盲目的尝试活动。

(三)可靠性

可靠性指研究方法、研究条件和研究结果的可重复性。研究要求重复的结果尽可能相似。一般来说,一项研究重复的结果相似程度较高,那么这项研究的可靠性程度也较高。反之,则较低。可靠性是对研究结果准确性和研究结论有效性的要求。

(四)创造性

研究是一种创造性活动。是在前人研究的基础上,经过深入钻研,解决前人没有解决或尚未完全解决的问题,任何研究的目的都在于探索未知,创造新知。创造性是衡量教育研究水平高低的一个重要标志。

(五)科学性

科学性指研究方法必须是科学的,要有科学的程序与完整的思路,即要对以下问题仔细考虑:如何选择研究被试,选择多少被试,对被试的具体研究方法是什么,每一种方法该如何设计,如何收集资料,是否便于统计等。

（六）人文性

教育研究的对象主要是人，教育研究探讨的是如何教育人的活动。研究者要以人文为基础，选择研究题材、制定研究目标、安排研究设计与选择研究工具。

二、研究选题的来源

讨论

研究选题从何而来？

如何发现需要研究的问题？这是一个初学研究方法的学生共同关心的问题，选定研究主题是一件不容易的事。在进行研究之前，研究者经常要通过很多的实践来寻找研究主题。研究题目适合与否关涉一项研究的成败，因此在决定研究主题时要慎重考虑。一般来说，研究主题的选择，其来源有如下途径可供参考：

（一）从实际经验中发现问题

我们可把研究理解为"惊奇于某种困惑、渴望获得解释的态度"和为获得解释锲而不舍的追求。我们生活的周围，尤其是在教育实际工作情境之中，不乏我们渴望解决的困惑。不难看出，从实际经验中发现问题，对于具有实际教育工作经验的人似乎较为容易。教师、教育行政人员、学校行政人员等，为了解决自己在工作情境中所遭遇的问题，常常从事这类研究。就教师而言，从自己身边发生的事情之中，可以观察教师管理政策对学校各类老师教学行为的影响，这些观察是提供研究问题的丰富来源。譬如，某位小学教师根据平日跟同事打交道所得，对于绩效工资政策深感兴趣，因此可以以"绩效工资政策对于小学教师教学行为的影响研究"为题进行研究。

（二）从有关理论中探索研究问题

理论由概括的通则和概念所构成。所谓概括的通则就是指两个或两个以上现象间问题关系的叙述，它可用来预测现象。譬如，教师的个别指导会提升学生的学业成就，这个叙述就是概括的通则。如果通则是正确的，则可以预测接受个别指导的学生，其学业成就将提高。理论在于指引研究的方向，研究者可以从一个好的理论中推断出多种预测，这些新的预测则是研究问题的重要来源。

在进行教育研究时，研究者可以从以下有关理论去寻找题目，譬如：学习理论、人格理论、社会心理学理论、课程与教学理论、行政与管理理论、社会学理论、政策学理论、行为改变理论、组织行为学理论以及人力资源管理理论等。这种依据理论而做的研究论文，或者为了验证理论而做的研究，往往比较有深度，因此研究者可以试着从这些理论中去寻找题目。

（三）从相关文献中寻找问题

凡是前人所做过的研究，所撰写过的书籍、论述、期刊、杂志、论文集等资料，都可以作为寻找研究题目的参考文献。虽然研究题目的决定先于文献综述，但当题目尚未确定之时，研究者可先选择研究方向，决定所要研究的主题属于何种领域，然后再去浏览最近五年内的相关文献资料。如此，研究的范围就会逐渐地缩小，最后形成所要研究的题目。在硕士、博士学位论文中，进一步的研究是不可缺少的一部分。研究者可依据论文所提到的缺失，或是没有控制到的变量，重新规划新的研究设计，增加新的变量或控制其他变量，以探讨研究结果是否相同。从过去的研究中，研究者可以得到许多研究观念、思路的启发，而发现或获得有价值的研究题目。

（四）重做前人做过的研究

选择研究题目最简单的方法是把别人做过的研究题目拿来重做一次，这种方式与阅读相关文献有密切关系。换句话说，这就是旧题新作。重复研究的基本依据是有些研究的重要发现和过去的研究或理论冲突。重复研究这些问题有相当的研究价值，其所持的理由如下：其一，可以验证别人重要研究发现的真伪；其二，研究对象不同，可以核查他人研究发现可否应用到其他的群体之中；其三，研究时间不同，可以检验过去一段时间的趋势或变迁；其四，采用不同方法重复他人的研究，可以检验原来研究发现的效度；其五，文献资料多，进行研究比较方便。

不过以这种方式所得到的题目，有可能会被认为缺乏创意，或涉嫌抄袭他人的研究。因此在从事旧题新作之前，研究者必须考虑以下几个问题，即：重复研究该问题是否具有意义？重复研究该问题是否能澄清原来研究的疑惑？重复研究该问题是否有可能怀疑原来研究的正确性或信效度？

（五）从教育改革争议之中寻找题目

现阶段，无论官方还是民间，无论国内还是国外，都在不断探讨未来教育改革的走向，于是教育的一些新建议、新规划、新改革政策不断出现，教育改革的实际行动也不断展开。从对教育改革的关注、争议、批判、探讨与展望中，我们可以获得许多研究的主题。教育改革不是一般的社会运动，它需要教育学术研究为其先导。教育改革要想成功，需要教育学者有系统的、客观的方法与步骤，为相关的问题做研究。譬如，城乡教育一体化问题、义务教育均衡发展问题、农民工随迁子女就地上学及升学问题、政府与学校关系问题、现代学校制度建设问题、精英教育与大众教育的关系问题，等等，皆是相当值得研究的问题。

（六）向学者专家讨教

荀子曰："学莫便乎近其人。"意思是说：对于想从事研究工作的人而言，如能向有经验的教授、专家请教，将会获得相当大的帮助。向专家学者请教的目的在于促进自己理清思路、掌握重点，并将一个复杂模糊的问题，发展成为可供研究处理的主题。譬如，当我们同有关课程的教授或研究机构的专家讨论自己感兴趣的问题时，往往可以发现一些值得研究的问题。专家、教授经过长期的研究，对于该领域的研究走向有充分的认识和判断，可以为我们提供一些在研究中尚未解决的问题。

选择研究主题的途径除上述六种方式以外，研究者还可以通过参加学术讨论会或与同学进行讨论等的方式确定研究主题。总之，研究者主要依据与主题有关的各种文献资料及研究者自身的经验确定研究主题。

三、选择主题的标准

选择研究问题对于做好教育研究具有十分重要的意义。为了选好题、选准题，必须明确选题所依据的主要标准。在实践中，人们通常采用以下几条标准作为选择研究问题的依据：

（一）重要性

思考

研究者依据什么标准选择主题？

重要性是指研究所具有的意义和价值。我们所从事的任何一项研究，首先必须具有某种意义或价值，或者说，首先必须是“值得去做”的。当然，对于不同的研究问题来说，研究意义或价值会有差异。同时，研究意义或价值既可以体现在理论方面，也可以体现在实践方面。

理论方面的意义或价值主要体现在，研究问题能否对学科的发展、理论的形成、教育规律的认识、教育问题的解释等方面做出贡献；而实践方面的意义或价值则主要体现在，研究问题对现实教育现象所提出的各种具体问题能否进行科学的回答及能否提供合理的解决办法。譬如，“高等教育与职业流动的关系问题研究”，其关注点主要在于探讨社会生活中职业流动现象与整个高等教育发展之间的关系，因而主要具有理论方面的价值；而“当前我国教师专业发展困境及其对策研究”，则主要针对教育工作中存在的具体教育问题，因而具有明显的实践意义。

所以，在可供选择的研究问题面前，要思考或评价一项教育研究是否具有重要性，就要先问问自己这一研究问题有没有用处。

（二）创造性

创造性亦可以称作创新性或独特性，它指的是研究问题应该具有与众不同的地方。作为一种科学的认识活动，每一项研究必须能够在某些方面增加人们对现实世界的认识。

最具创造性的问题是那种全新的、前人从没有做过的问题，这也就是人们常说的属于“填补空白”的问题。然而，要找到一个这样的问题也最为困难。因为无论在哪个领域中，完全无人涉足的现象或问题几乎不存在。因此，对于大多数研究者来说，一项问题具有创造性，指的是该问题的研究思路、研究的角度、依据的理论、研究的对象、采用的方法、研究的内容等某一方面或某几方面有自己新颖的地方。

譬如，一个对教师绩效工资政策问题感兴趣的研究者，在他看到前人做过“义务教育学校教师绩效工资政策实施问题及其对策”的研究后，就选择做一项“农村义务教育学校教师绩效工资政策执行困境研究”的研究，或者选择做“农村义务教育学校教师绩效工资政策执行困境的成因研究”的研究，这就在研究的对象上有了创新性；如果他选择做一项“义务教育学校教师绩效工资政策对教师专业发展的影响研究”的研究，或者“义务教育学校教师绩效工资政策方案的价值分析”的研究，这就在研究内容上有了创新性；如果前人的问题所研究的是某一特定时期的现象或问题，譬如“新世纪以来教师聘任制制度变迁研究”，那么，我们可以选择同一主题、同一内容、同一对象，但不同时期的这一现象或问题进行研究，如选择“1990 年代教师聘任制制度变迁研究”等。当然，选择问题时的这种“与众不同”要有明确的目的，要依据理论或实践的价值和需要，而不能单纯地为追求不同而不同。

（三）可行性

可行性指的是研究者是否具备进行或完成某一研究所需要的主、客观条件。在许多情况下，越是具有重要价值和创造性的研究问题，它所受到的主、客观限制也越多，即它的可行性往往也越差。要进行或完成这样的研究常常十分困难，有时甚至无法开展。

主观限制是指研究者自身条件的限制。包括研究者的生活经历、知识结构、研究经验、组织能力、操作技术等方面的限制，甚至还包括研究者的性别、年龄、语言、体力等生理因素方面的限制。譬如，一个年轻的教育专业的男大学生如果选择“中年女性教师专业发展过程中的心理冲突与调适研究”这样的研究问题，那么，从可行性方面来考察，这一问题对他来说就是不太可行的。因为无论是从他的年龄、性别、社会生活经历等个体因素来看，还是从他对这一领域的相关背景知识的熟悉程度来看，都与这一研究问题的特点和要求相差较大，往往很难完成这一问题。

客观限制是指进行某项研究时受到的外在环境或条件的限制，如研究时间不够，研究经费不足，有关文献资料的缺乏，研究涉及的对象、单位和部门不能给予必要的支持和合作等，都是导致一项研究课题无法开展的客观障碍。譬如，“某县教育局局长日常工作时间分配研究”这一研究课题无论从重要性，还是从独特性来看，都是值得去做的研究。然而，如果研究者无法取得教育局局长的准许、支持与配合，无法接近研究对象，课题就难以进行。

因此，选择研究问题时，仅考虑前两条标准是远远不够的，我们还必须把可行性这条标准放到非常重要的位置。一项不具备可行性的研究课题,无论其多么有价值、多么有新意,最多也只能是一项“伟大的空想”。

(四) 适合性

适合性指的是所选择的研究问题最适合研究者的个人特点。这种个人特点主要包括研究者对该问题的兴趣、研究者与研究问题相关领域的熟悉程度、研究者与所研究对象的类似程度,以及研究者所具有的各种资源、条件与该问题的要求相符合的程度,等等。

适合性与可行性不同,可行性所解决的是研究的“可能性”问题,而适合性所涉及的则是研究的“最佳性”问题。换言之,可行性是关于这项研究“能不能做”的问题,而适合性则是关于这项研究对于研究者来说“是不是最好”的问题。

个人兴趣虽然不应该是影响问题选择的决定因素,但我们却可以说它是帮助和促使研究者选择好问题的一个重要因素。在其他条件相同的情况下,研究者应该首先选择自己最感兴趣的问题。类似地,研究者对该问题的相关领域的熟悉程度,也是影响到研究课题能够顺利进行的一个重要因素。在可能的条件下,研究者应该尽量选择与自己所熟悉的教育领域相关的研究问题,而不要选择自己比较陌生的领域中的问题。对于研究者与研究对象的相似性问题,虽然有不同的看法,但是,在大多数情况下,两者之间的相似程度越高,越有利于研究的进行,也有利于研究者对研究资料的分析和理解。

以上是选择研究问题时人们通常采用的四条标准或者基本原则,需要进一步指出的是,这四条标准之间存在着某种层次上的联系:重要性是最基本的标准;独特性则是在重要性基础上提出的更高的标准;可行性在某种意义上可以说是问题选择中的决定性标准;而适合性则是在前三条标准的基础上提出的更进一步的标准。这四条标准层层深入,从几个不同的侧面,将一个理想的研究问题,从最初众多不成熟的想法、思路和问题雏形中,逐渐分离出来。

四、研究问题的明确化

在选择一项研究问题时,缺乏经验的研究者最容易出现的问题就是常常选择了一个比较宽泛的,或者是比较笼统的问题领域,而不是一个明确的、具体的研究问题。我们的各种兴趣、想法、思路和问题,通常不是我们所说的研究问题。要使这种最初的、粗略的、一般性问题,转变成为焦点集中、切实可行的研究问题,就必须进行研究问题明确化的工作。

(一) 研究问题明确化的含义

所谓研究问题明确化,指的是通过对研究问题进行明确的界定,将最初头脑中比较含糊的想法变成清楚明确的研究问题。这是选择研究问题过程中十分重要的一个环节。通过对研究问题的明确化，可以把我们的兴趣和关注点集中到研究领域中的某一具体方面，并将其潜在的、含糊的维度控制在我们所能处理的水平上。

举例来说，像“我国城乡教育一体化的问题研究”“农村教师的价值观研究”“当前我国素质教育实施的问题研究”等题目实际上并非研究问题，而是问题领域或研究主题。用前面所讲述的标准来衡量，不难发现，这几个问题都具有重要意义，但是在可行性方面都比较欠缺。而造成这种欠缺的一个重要原因，就是这些问题在内涵上过于宽泛、过于一般。同样道理，如果直接说“我打算研究教师流动的现象”，或者说“我准备做一个有关教师流动的研究”，这种研究问题的内涵不够确切，焦点不够集中。你应该进一步将你的问题具体化：我究竟是想了解教师流动的规模、地区分布、形成原因、后果及影响，还是其他内容？我所感兴趣的又是哪一种类型的教师流动或是哪一个时期的教师流动？只有将研究问题明确化，研究者才能清楚地认识到真正想研究的是什么。

（二）研究问题明确化的方法

要使我们所希望研究的问题明确化，可以从两个方面做努力：

1. 缩小研究问题的范围

对于初学者来说，要使研究的问题明确化，可以先将宽泛的问题转化为狭窄的问题，将一般性问题转化为特定的问题，通过不断缩小问题的内容范围来达到这一目标。譬如，“中学生违纪问题”是一个十分宽泛的问题领域，其内涵并不是某一项具体的教育研究所能包含的下的。我们可以通过限制和缩小问题的范围，将其转化为诸如“中学生违纪的原因研究”或“中学生违纪的特点研究”等类似问题来加以研究。

在将宽泛的问题转化为狭窄的问题的过程中，文献检索与回顾往往具有十分重要的作用。譬如，我们打算研究“城乡教育一体化的基本动力”，通过查阅有关文献，进行文献回顾，发现已有的一些研究专门探讨了人口流动、社会经济转型发展等因素。但是，很少有研究去探讨教育质量的提升对城乡教育一体化的影响。这时，我们就可以选择类似于“教育质量提升与城乡教育一体化的基本动力”或“教育质量提升对城乡教育一体化的影响研究”这样的研究问题。

2. 清楚明确地陈述研究的问题

陈述研究问题也是使研究问题明确化重要的一步。它的重要性主要体现在它划定了与研究相关的资料范围，使研究者知道哪些资料必须查阅，哪些资料可以放在一边。与此同时，这种陈述还在一定程度上帮助研究者选择和确定研究方法。好的问题陈述具有如下两个特征：其一，所陈述的问题必须是在研究者的能力范围之内；其二，所陈述的问题既不能太宽泛，又不能太微不足道。

因此，陈述问题时应考虑如下几点：

第一，问题陈述必须清楚明白，同时，在对研究问题进行界定、陈述和明确化过程中，最好能运用变量的语言，且采用提问的形式。譬如："教师培训班是否明显地改善了教师的专业教学能力？"一个常用且有效的提问形式是："现象（或变量）A 与现象（或变量）B 之间存在什么关系？"譬如："看暴力性电影与暴力行为之间存在什么关系？"在学术刊物发表的研究报告中，问题的陈述有时是在研究目的的陈述中出现，有时则在文献评论的结尾处作为一个小结出现。

第二，除了单纯的描述研究外，问题的陈述必须至少包括两个变量。比如，前面两个问题陈述中，第一个包含了"教师培训"与"教师的专业教学能力"两个变量；而第二个则包含了"看暴力性电影"与"暴力行为"两个变量。只包含一个变量的问题陈述通常为描述性的研究。譬如："这一代独生子女的心理发展状况究竟如何？""当前的大学毕业生具有什么样的择业意愿？"它们分别包含了"心理发展状况"这一变量和"择业意愿"这一变量。

第三，问题陈述必须是可检验的。可检验的含义指的是所研究的问题必须能够产生不止一种回答。那种只有一种答案的问题陈述则是不合格的问题。前述所列举的例子之中，"教师培训"可能改善了、也可能没有改善参与者的"专业教学能力"；"看暴力性电影"与"暴力行为"之间可能有关系，也可能没有关系。

课后任务

试确定一个教育研究的主题。

总之，我们应该明白，在明确研究问题之前匆忙收集资料，这种做法尽管是可行的，但却不是有效的。因为这样做的结果常常是：在你所收集的资料中，许多是无用的，或者错误的。因此，每一个教育研究人员在具体从事一项教育研究课题时，应该养成首先将问题内涵明确化的好习惯。当我们明确地界定和表达我们选择到的有价值、有新意、切实可行的研究问题时，这项教育研究的质量就有了基本的保证。

拓展阅读

天河区教育科学"十二五"规划 2014 年课题申报指南

第二节　文献检索与文献综述

一、文献检索

文献检索是教育研究最基本的工作,我们在确定研究问题的领域之后,紧接着就是选定一个明确而独特的可研究问题,而选定此种独特问题最好的方法就是系统的文献检索与阅读。文献检索是为了获得对选题、理论界定、研究设计的支持。

(一)文献检索的作用

面对原始问题很少有现成的资料可供利用,尤其是教育的实践性决定了教育研究者永远面临新的问题。尽管如此,我们并不否认文献检索的特殊作用。总体而言,文献检索有助于研究者发现和提出研究课题。研究者需要就有关资料做批判性分析,然后再将有关资料整合起来。研究者通过检索与阅读有关文献,可以限定问题的范围,有助于理清和界定相关概念。具体而言,宜从以下几个方面予以关注:

1. 关注已有研究文献中忽略的问题

一般来说,很多重要的问题由于种种原因未被研究者认识到,这些问题就是研究文献中空缺的部分。在查阅和评价已有研究文献时,宜善于发现知识链条中的空白点,并予以优先考虑,从中很有可能发现有价值的研究问题。

2. 注意已有研究文献之间相互矛盾之处

在检索与阅读已有文献之际,我们会发现两个或更多的研究者在研究同一问题时,尽管研究方法类似,但研究的结果却很不一致甚至相互矛盾。这种状况的存在,从一个侧面说明了该领域值得做进一步的研究工作。我们应对这一问题做进一步的分析,弄清楚这些研究结果究竟存在哪些差异,分析原因,从中确定我们的研究问题。

3. 关注已有研究在方法运用方面的不足

研究方法的问题是我们在选择研究问题时应予以关注的一个重要方面。在查阅和评价已有的研究文献时,我们要注意该文献在研究方法方面是否有不足:例如,研究过程中某些变量是否得到适当的控制。若文献中的研究方法需要作出修正,则就为研究者提供了值得进一步探讨的问题。

4. 关注研究问题的本质与联系

研究文献从不同的领域、不同的视角阐释了研究问题。阅读研究文献,不仅是选择研究问题的参考,而且有助于研究者从多方面获取信息,形成对研究问题本质的理解和把握。依据已有的理论研究成果,研究者可以深入地思考研究问题的焦点所在，有助于研究者围绕研究问题形成理论解释框架。

（二）文献的类型

由于教育研究成果的记载和传播方式相当多元，教育文献的种类也是相当多元的。依据不同的观点可分为几种不同的类别：

1. 依文献的公开性来划分

依文献的公开性，可将文献分为正式文献和非正式文献：

正式文献指正式出版的专著、论文、期刊、集刊、教科书、学报、专刊，等等。一般而言，正式文献是由政府或出版社遵循出版物的管理程序，向国家新闻出版管理机构登记并取得许可。

非正式文献指未正式出版的各种论著、研究报告、技术报告、统计资料，以及私人的通信、日记、笔记、手稿等。一般被引用最广泛的文献之一是各研究机构的硕博士论文，因未正式出版，所以属于此类。

研究者在从事资料的查阅和引用时，应该以正式出版的文献为主，因为这些资料较容易获得，较符合科学的可验证性；非正式文献因未在市面上流通，因此取得不易，有时难以判断资料的真伪，除非是在正式文献中找不到相关的资料，否则尽量少引用非正式文献。

2. 依据文献的加工程度分

依据文献的加工、整理程度，可将资料来源分为以下三种类型：

（1）一般性参考资料。研究者应首先参考一般性参考资料，从一般性参考资料中了解与研究问题相关的资料来源，例如论文、书籍和其他文件等。最常用的一般性参考资料，一种是索引（indexes），它列有论文的作者、题目、出版地点和其他资料；另一种是摘要（abstracts），它列有各种出版品的简要摘述，当然也有作者、题目还有出版地点。

（2）初级文献。初级文献或称为第一手资料，是指研究者将他们的研究结果提出发表的出版物，作者将他们的研究发现直接告诉读者。教育方面大部分的初级文献来源是期刊或集刊，譬如《教育研究》《清华大学教育研究》《北京大学教育评论》等，这些期刊通常是月刊、双月刊或季刊，刊登的论文多半是理论性较强的论文或研究报告。学报及各种专题研究报告和学位论文也属于此类资料。

（3）次级文献。次级文献或称为第二手资料，是指对初级资料加以分析、比较和整理后所提出的综合资料，次级文献可提供某一学术领域的综括情况。在教育方面最普遍的次级资料来源是教材，例如，教育概论的教科书，可能会描述某些心理学所做的研究，借以阐明观念和概念。其他常用的次级文献来源包括教育大辞典、研究述评和教育年鉴等。

在进行文献检索时，最好直接参考第一手资料，或者通过一般性参考资料找到初级和次级文献来源,有时也可以透过次级文献再找出初级资料。如果想迅速了解问题的大概研究状况,次级文献可能是最佳的选择,但若要详细了解其他人已经做过的研究资料,应该参考初级文献。

(三) 文献资料的来源

文献资料的载体形式可分为文字文献、音像文献等。纸质、微影片以及电子档案这三种文献是教育研究中较为重要的资料形式。

1. 书籍

教育文献的主要来源是书籍,包括专著、论文集、教科书、工具书等。专著是作者对自己在某一研究领域多年研究结果系统全面的梳理和总结,一般代表自己在该领域的最高学术水平。论文集一般是指众多专家关于同一主题的学术论文的汇编,往往观点各异,信息量大。除非是个人论文集,一般论文集都有一位权威性的主编,可能还有副主编,系列丛书还可能有编委会。此外,还有一种特殊的书籍,即以专著形式出现的以一位或几位作者署名、多位作者分工负责各章写作的主编式专著。教科书则是系统阐述某一个学科的研究对象、基本理论和基本问题的入门读本。教科书内容相对稳定,表述规范,但同时也指出本学科最新科研成果和有待讨论的问题。工具书内容广泛、形式多样,方便读者查阅普通文献。工具书可以从时间维度上记载某学科或领域的历史发展过程,如《中国教育统计年鉴》《高等教育年鉴》;也可以从空间维度上记载某学科或领域的发展状况,如《国际教育大辞典》;还可以是专业词典的形式,譬如《教育大辞典》《简明特殊教育百科全书》。

2. 期刊

期刊是另一种重要的文献资料来源。期刊是定期或不定期的连续出版物,有周刊、旬刊、月刊、双月刊、季刊等,其性质可分为学术性期刊、情报性期刊和普及性期刊。

学术性期刊反映教育研究的研究动态和成果,鼓励原创性研究。我国较有影响力的教育类学术性期刊有《教育研究》《高等教育研究》《教育发展研究》《北京大学教育评论》《课程·教材·教法》及著名高校学报的教育科学或哲学社会科学版,等等。根据期刊的学术性高低,有国际通用的 SSCI 论文(即发表于被 SSCI 工具书——Social Science Citation Index 收录的期刊上的论文)。我国的中文高级核心刊物论文被分为 CSSCI 论文、一流刊物论文、中文核心期刊论文、一般性期刊论文。评价一个期刊的重要性是根据其“影响因子”大小来定的。所谓“影响因子”是指某刊物近两年刊出的论文被 SSCI 或 CSSCI 论文引用的总次数与刊出论文总数之比。

情报性期刊包括文摘及复印论文集,譬如《新华文摘》《中国社会科学文摘》

《人大复印报刊资料》等。该类期刊可以帮助读者快速了解某一特定主题的文献概况。

教育类普及性期刊通常以根据政府政策引导教育发展为办刊目的，介绍各级各类或各地区教育的发展情况和改革业绩，如《中国高等教育》等。

3. 未正式出版的文献

文献资料的来源还有未正式出版的文献，包括一些学术会议论文集、学位论文、研究报告等。会议论文集通常能反映出一个学科领域的研究动向与成果，代表国内外该领域的前沿水平。学位论文，主要指硕博士论文。硕博士论文是硕士生、博士生进行专题研究后为取得相对应学位而撰写并经过各级学术委员会审查通过的学术论文。学术论文往往具有一定的创新性，分析和论述较为系统，尤其是文献综述较为全面。研究报告则是针对一个研究项目或具体课题任务所编写的从研究设计、实施过程、研究方法到研究结果或结论再到建议等完整的文字汇报。研究报告的内容以应用研究为主，往往是为政府或企业的某项决策提供建议。

（四）文献检索的方法

文献检索一般包括如下具体步骤：第一，确定检索的关键词、主题词、作者名或题名；第二，确定检索范围，譬如语种、地理分区、时间段、文献所属学科类型、著者名、期刊名等；第三，确定检索工具，如今已广泛使用互联网工具（各类搜索引擎）以替代印刷品工具。文献检索的方法有顺查法和追溯法，具体来说，可以分为如下五类：

互助法。互助法，既可以由同一研究领域的伙伴彼此相互帮助，也可以由不同领域的研究伙伴相互帮助。大体来说，同一个领域的研究伙伴所搜集到的资料，其范围大同小异，资料同质性较高。为了使资料搜集更为完善，有时可请不同领域伙伴相互支持、相同领域伙伴共同交换手上资料。譬如，研究教育史方面的问题，可以请研究历史的同人帮助提供有关某一领域的资料；研究教育政策学方面的题目，可以请研究公共政策学的同人协助提供资料。

追溯法。先从最新的文献开始搜集，由这些文献所附的参考文献去查找相关文献，再从这些文献所附参考文献去查找相关文献，这样一直追溯以前的文献，就可以找到许多文献资料。

绵延法。先从研究问题所属领域的重要文献着手，尽量搜集引用此篇文献的所有文献。譬如，由社会科学引注索引或其他索引，搜集引用某一文献的其他文献资料。

人工检索。以人工方式，从图书、期刊、摘要、杂志、学报等方面去检查。譬如，从学位论文或期刊论文的参考书目寻找初级文献，可以使用计算机来协助。

网上检索。利用图书馆所购买的光碟或资料库进行网上检索，这种方法可以迅速找到相关的文献。但目前可供全文下载的资料库并不多，当检索到所需要的资料目录后，还要到图书馆将所需的论文列出来。

二、文献综述

（一）文献综述的含义及作用

文献综述也称为文献考察或文献回顾，指的是对目前为止的、与某一研究问题相关的各种文献进行系统查阅和分析，以了解该领域研究状况的过程。在教育研究报告中的文献回顾实际上是对选题阶段所做的大量文献查阅和分析工作的总结。

文献综述是教育研究过程前期的重要工作之一。文献综述对于一项具体的教育研究所具有的作用主要体现在以下几个方面：

1. 帮助研究者熟悉和了解本领域已有的研究成果

通过系统的文献综述，我们能够比较全面地了解本领域中的研究状况及研究成果。它将研究放到现有研究的背景中去，便于研究者确立自己的研究在该领域的位置，认识到自己的研究工作所具有的意义和贡献。

2. 为研究者提供可供参考的研究思路和研究方法

通过文献综述，我们可以了解到以往研究者在探索该问题时不同的研究角度、策略以及研究方法，为我们提供借鉴和参考的具体框架。文献综述的结果，可以帮助我们从新的方面和角度去探讨问题。

3. 为解释研究结果提供背景资料

文献综述的另一个重要作用是它在客观上给我们提供了一种与该研究领域相关的背景资料。这种背景资料既是研究者在选择研究问题时的参考框架，也是研究者解释研究结果的依据。任何一项社会研究都可能会产生一些研究者未曾预料的结果，或者是与研究者所期望的相反的结果，而文献综述提供的背景资料能够合理地解释这些结果。

（二）文献阅读与整理

文献检索与查阅应贯穿于研究的整个过程。文献阅读是研究过程中很重要的一环。做好文献综述有两个基本条件：一是所选择的文献要具有代表性；二是阅读文献时要把握文献的精髓。为把握文献的精髓，在阅读文献时，要懂得阅读文献的方法和如何摘录文献重点，然后整理出内容充实的文献综述。

1. 要注重对文献的阅读与分析

文献的阅读与分析是文献综述的核心内容，文献阅读方法有许多种，包括浏览、泛读与精读等，不同的阅读方法具有不同的作用。浏览旨在抓住要点，用以初步判断文献的价值，掌握文献的大致内容。泛读旨在了解文献的基本思想与结论，用以判断文献利用价值，概况了解研究的焦点、动向与新进展，从文献中获得启发;精读旨在全面、具体掌握文献的实质内容,在理解的基础上进行评价、质疑,甚至挑出文章中的错误之处,这种读法又称为批判性阅读。在实际的文献阅读过程中浏览、泛读、精读总是结合使用。

2. 要进行文献记录

文献记录是借助符号、文字以保留文献中有价值的信息。适当记录可提高文献阅读效率,并有助于对文献进行分析。较为系统的记录方法是做摘要和札记,这两种方法对文献分析尤有帮助。摘要是对文献基本观点、论据、方法等的概述,以供自己今后写作时论证、引用之用。摘录时不要断章取义,其内容应当与原文献保持一致。同时,要留意研究过程是否有因疏忽而造成的错误。如果有进一步的建议也要写下来。

札记是研究者在阅读文献过程中或阅读后,将自己的认识要点、联想、疑问、评价、启示等予以记录,想到什么就记什么,可以将札记写在文献摘要同一卡片或笔记本之中,以方便对照与保存。

3. 要整理文献目录

尽管参考文献目录总出现在研究报告或论文的最后,但是准备目录的工作不能等到研究的末期才着手,平常在做文献整理时,就应该把文献的作者、名称、出处写在卡片上或在电脑上建立书目档案,才可避免遗漏过多的参考文献。

4. 依据体例撰写文献综述

研究论文中一定要有一个章节撰写文献综述,评论某一研究领域或某一研究问题在一段时期内的研究状况。它不等同于研究结果的简单汇总或堆砌,而是要依据一定的逻辑关系与框架归纳整理已有的相关研究成果,且对当前研究中存在的不足予以剖析,指出研究的发展方向,并提出改进研究的建议。撰写文献综述,没有统一的格式要求,但一般都会包括如下五个部分:

(1) 引言。简要描述所研究问题的性质,并进一步陈述研究问题。此外,研究者可以描述研究的理由及意义。

(2) 综述的主体。简要报告其他研究者在该研究问题上已有的发现和所持的观点,通常会将相关的研究放在一起讨论,并用小标题进行分类。其中,对于主要的研究工作要做详细介绍,相对次要的研究略微提及即可。通常情况下,可以用一句话简要概括相似研究结果的工作。

(3) 小结。该部分与文献综述的主线联系紧密,要给出迄今为止有关研究问题的已有知识和观点。对此,列表格或许是一种简明扼要的陈述方法,可以一目了然地呈现既有的类似的研究结果、理论观点和主要建议。

(4) 结论。在文献综述小结的基础上,研究者要呈现某些结论,譬如文献已经提出理解某个研究问题的理论线索是什么,解决这个问题的最佳行动路线是什么,等等。

(5) 参考文献。列明参考文献中引用的所有文献的出处和其他的完整的索引。值得说明的是,在撰写文献综述时,要明确标识哪些部分是直接引用,哪些部分是自己的看法,以免被误为剽窃。

(三) 应注意的问题

撰写文献综述,有的研究者只有转述没有综合,有的只有综合而没有陈述。从内容的开展而言,有的研究者只是简单罗列研究报告的主要观点:如在某一方面,甲的观点是什么,乙的观点是什么,丙的观点是什么。另外,从材料的利用角度来说,常常把所有整理的材料都呈现出来,文献看来有几百种,蔚为壮观,但是可读性较差,更严重的是无助于研究假设的形成及理论框架的建构,徒具综述之名而已。

鉴于文献综述的写作迥异于读书心得报告,因此在撰写时应注意以下五个问题:

(1) 搜集文献资料尽量齐全,齐全的文献资料是写好文献综述的前提。否则,是不可能写出好的文献综述的。

(2) 文献综述应当以相似的研究发现为基本单位,对其进行系统地组织。一般来说,先提出最重要的观点,然后以合乎逻辑的方式,将这些发现与论述组织起来,并指出整个研究领域中存在的矛盾与弱点。

(3) 所引用的文献尽量是初级文献的内容,少用次级(间接)文献。引用文献要忠于文献内容,不能篡改文献的内容。

(4) 文献综述要有作者的评论分析,避免使文献探讨的撰写偏于流水账或是研究结果的堆砌,失去其参考价值。

(5) 撰写摘要时不要直接抄录报告内的摘要,因为内容太短。摘要内容不必写得太过详细,尽可能浓缩或压缩,但是重要的细节不能漏掉。

典型案例

一份被认为不是很好的文献综述及经过修改后的文献综述

[思考与练习]

第二章　课题论证

课题是在研究问题或研究假设中具体化的研究目标。研究问题的选取,离不开变量的界定。选择适合的变量有助于开展研究课题及确定研究问题(研究假设)。课题不仅是一个研究题目,它还要体现研究范围、研究样本、研究工具、研究内容与研究目的等。课题论证部分是研究写作的重要组成部分。

[学习目标]

1. 了解研究变量与研究假设的基本内涵与分类;
2. 掌握研究课题种类、选择课题的途径方法;
3. 重点掌握课题论证报告的基本内容与写法。

第一节　变量与假设

思考

为什么要界定变量?

一、变量界定

在教育研究中,科学的研究设计需要界定研究变量或重要名词。研究问题本身提供大致的研究方向,但具体表述研究问题和研究过程就要用到变量等的概念。特别是在定量研究中,影响因素往往都用变量的形式表现出来。人们对事物的理解不同,便会形成不同的概念,做出不同的定义。例如,什么是特殊教育?对特殊教育的理解不同,就会形成不同的特殊教育概念。有的研究变量是研究者理论上的自定义变量或新名词,若不界定其内涵,别人无法理解和把握研究者自定义的变量或概念,自己对问题的思考也会含糊不清,甚至陷入混沌状态。在实践中,研究者不重视或不会界定研究变量而影响研究设计的情况比比皆是。例如,在教育研究调查中,有的研究未事先界定“特殊儿童家庭教育”的内涵就随意编订问卷题目,导致问卷信度和效度很低,有的研究者在制订访谈或调查提纲时没有明确方向,提纲错乱无序,无法对访谈对象进行访谈,导致不能实现调查目标。

界定变量内涵的方法有两种:一种是概念性定义;另一种是操作性定义。

讨论

如何界定变量?

(一)概念性定义

概念包括内涵和外延两个基本属性。概念的内涵指这个概念的含义,即该概念所反映的事物对象所特有的属性。例如,“商品是用来交换的劳动产品”。其中,“用来交换的劳动产品”就是概念“商品”的内涵。概念的外延就是指这个概念所反映的事物对象的范围。即具有概念所反映的属性的事物或对象。例如,“森林包括防护林、用材林、经济林、薪炭林、特殊用途林”,这就是从外延角度说明“森林”的概念。

概念性定义指根据概念外延或假设特征来赋予研究变量新的内涵。例如,从社会现象的角度,有学者认为教育也是生产力,这是用“生产力”这一概念来界定“教育”的概念;教育培养人才从而发展生产力,这是教育的本质特征。其常使用一个概念,来界定另一个概念(变量),这种定义方式的主要特点是在凸显被界定的变量的本质属性或特征。又如,从教育现象的角度,“教学”可定义为“教师的教和学生的学所组成的活动”。在这一定义中,用“活动”这一概念来界定“教学”的概念。教与学的互动是“教学”的本质特征。再如,从实现教育目标的角度,“教学方法”可定义为“教师完成教学任务,实现教学目标的手段”。这一定义中,用“手段”这一概念来界定“教学方法”的概念。所以,我国传统教育理念认为,教学方法的本质特征就是教师使用一定的“手段”去完成教学任务,实现教学目标。

变量是统计学研究中研究对象的特征,在数量标志中,不变的数量标志称为常量或参数,可变的数量标志称为变量。许多研究变量是由研究者创生的变量,这是研究者理论上的变量,这类变量的内涵实际上是研究者的理论假设,因此概念性定义除具有一定的客观事实和理论依据外,还具有或然性和多样性。与变量相对的概念是常量。常量是一个研究中所有个体都具有的特征或条件。给一个研究变量做出一个概念性定义可以这样进行:① 确定该研究变量的上位概念。如“特殊教育”的上位概念选用“教育”。② 归纳法。运用“从个别到一般”的分析过程,抽取同类事物的共同属性,从而确定本质特征。如上例中,“满足特殊学生的特殊需要而特别设计的教学”,就是“特殊教育”这一研究变量的本质特征。③ 将变量的本质特征与上位概念整合成概念性定义。如:特殊教育是“满足特殊学生的特殊需要而特别设计的教学”。概念性定义涵盖较多的研究变量所属的特征,适用于逻辑分析和质性研究,但概念性定义不具有可操作性,无法依据研究变量进行调查问卷(访谈提纲)的设计和实验研究的设计,不能重复实验以验证结果,所以不适合量化研究。人们一直在探索一种新的定义变量的方法,以弥补概念性定义的不足,这就是下面将为大家介绍的操作性定义。

(二)操作性定义

操作性定义(又称操作定义)是根据可观察、可测量、可操作的特征来界定变量含义的方法。即从具体的行为、特征、指标上对变量的操作进行描述,将抽象的概念转换成可观测、可检验的项目。从本质上说,下操作性定义就是详细描述研究变量的操作程序和测量指标。在实证研究中,操作性定义尤为重要,它是决定研究是否有价值的重要前提。在定义的内容上,操作性定义是用具体的事物、现象或方法来说明变量或概念。在定义的方法上,操作性定义采用经验的方法,即可直接感知和度量的方法。在定义的着重点上,操作性定义着重界定变量的外延或操作过程。从本质上说,操作性定义就是详细描述研究变量的操作程序和测量指标。例如,将“智力”界定为“韦氏量表所测得的分数”;“青少年”界定为“7 岁以上 18 岁以下的人”。此外,将某种教学方法规定为若干运用步骤,这些运用步骤就是这里所说的操作性定义。

操作性定义详细说明活动或测量所必需的“运作”。一个成熟的操作性定义是描述测量变量中研究者活动的具体步骤,也是研究者开展研究活动的一种行动指导。它指导研究者如何开展研究。例如,智力是在某个智力量表上测得的分数值。这个定义告诉我们,测量智力要使用相应的智力量表,按照测量的步骤去实施。

操作性定义有两种：一种是测量的操作性定义；另一种是实验的操作性定义。测量的操作性定义是根据如何测量和观察研究变量而下的一种定义。例如，“饥饿”界定为“一分钟内压低杠杆 10 次以上而获取事物的小白鼠”。这里指明，饥饿可通过标准化行为去测量，衡量小白鼠是否饥饿可观察按压杠杆的次数来判别。此外，具体描述“小白鼠饥饿的程度”的若干指标，也属测量的操作性定义。实验的操作性定义是根据如何操作研究变量而下的一种定义。它描述研究变量的详细过程或活动。例如，“强化”界定为“学生出现某种行为时，教师加以称赞或对之微笑”；“协同教学”界定为“两个或两个以上的教师共同设计教学方案，并实际从事同一班学生的教学的一种教学活动”。对某项教育管理措施或某种教学方法的界定，常用实验的操作性定义，它表现为一定的活动程序。

讨论
举例说明如何对变量进行操作化界定？

操作性定义用具体的事件、现象、方法或能够直接感知的事物来界定研究变量，多采用经验方法；它着重界定变量的操作项目、过程和步骤。研究者可以根据以下步骤写出一个研究变量操作性定义：① 做出该变量的概念性定义。② 分析变量的内涵，找出变量的本质特征。③ 将变量的本质特征具体化为若干操作步骤，或具体化为可观察、可测量的事物。如，运用“家庭参与治疗法”的具体步骤，考察“特殊儿童家庭作业的”的若干指标，等等。④ 按一定的逻辑顺序和语法规则将各要点进行文字修整，形成操作性定义。操作性变量定义适用于量的研究，它使一些抽象的研究概念和假设变成可以观察和测量的，也为调查问卷和调查提纲的拟订指明思路，有利于教育实验的设计和实施，使教育实验成果能够重复验证和推广应用。

操作性定义虽然具有上述多个优点，但还是很难涵盖概念的全部特征，难以表达概念的完整意义。所以，在界定变量时，通常先采用概念性定义界定（引用专家学者、权威人士已提出的概念性定义），然后再采用操作性定义界定（研究者自己构设的定义的内涵及执行操作步骤），帮助读者把握研究变量的真实含义及其操作性定义的意义，进而清晰地了解你的写作思路及问卷设计（访谈提纲设计）。

（三）概念性定义和操作性定义的关系

概念性定义与操作性定义各有利弊，可以互补。概念性定义是操作性定义的前提和依据，操作性定义则是概念性定义的延续和发展。概念性定义属理论层面的定义，是抽象的、逻辑化的；操作性定义属操作层面的定义，是具体的、行动的、实践的。

在运用一般文献法、观察法、访谈法、分析法等质性研究方法的过程中，研究者要对重要的研究变量或研究者本人提出的新名词进行概念性定义，然后分析概念性定义的内涵，拓展资料搜集的方向。在运用问卷调查法和实验法等侧重于实证研究和量化分析的方法时,定义调查变量和实验变量有两种方法:一种方法是先做出概念性定义,然后根据概念性定义做出操作性定义,再根据操作性定义设计问卷项目或测量指标。这一过程是由抽象到具体的逐步细化的过程,也是由概念到操作再到现实的过程。操作性定义是“概念”与“现实”之间的中介与桥梁。另一种方法是省去做出概念性定义这个环节,研究者根据自己对被界定的研究变量的内涵的理解,直接做出操作性定义,然后再设计问卷项目或测量项目。在这一过程中,文字的概念性定义被“思考”代替,操作性定义是“思考”与“现实”之间的中介与桥梁。一般而言,对研究变量本质特征争议较大、内涵具有显著不确定性的变量,宜采用第一种方法;而对研究变量本质特征争议不大、内涵具有相对确定性的变量,可采用第二种方法。第二种方法在实证研究中较为常用。

二、变量类型

统计分析中,人们感兴趣的不是研究对象本身,而是与研究目的有关的变量。所谓变量,是指在数量上或质量上可变的事物,常指有两个或两个以上取值范围的量。例如,要研究学生的高考成绩,其语文成绩、数学成绩、英语成绩等就是要考虑的变量。在教育研究中,变量可以是研究中的条件、现象、事件、特征、属性等。例如,问卷中的每一个题目,其实都是一个变量。设计的变量较多时,同一类变量可以用相同的字母加上数字来命名,如,X_1、X_2、X_3……在有了样本以后,变量在每个样本上都有一个取值,如果变量的取值不是数值,要用数值进行编码。教育研究涉及的变量是大量的、多种多样的,根据不同标准可以分为许多类型:

(一)自变量和因变量

根据变量之间的因果关系,变量可以分为自变量(independent variable)和因变量(dependent variable)。自变量是由研究者主动操纵而变化的变量,能独立变化并引起因变量变化。因变量的变化是由自变量引起的,是一个研究中主要测查的变量。如在研究不同教养倾向的父母对小学生攻击性行为的影响中,父母的教养倾向是自变量,小学生的攻击性行为水平是因变量。

(二)主体变量与客体变量

以研究对象为主体考察时,变量可分为主体变量(subjective variable)与客体变量(objective variable)。主体变量指由于个体的差异引起的研究对象本身的各种特性,如性别、年龄、教育水平、性格等;客体变量指存在于研究对象主体以外的各种变量,如他人行为、态度、家庭氛围等。

(三)直接测量变量和间接测量变量

依据变量是否可直接测得,变量可分为直接测量变量(direct metrical variable）和间接测量变量（indirect metrical variable）。直接测量变量主要指依据研究对象本身通过观察、问卷等方式可以直接测得的变量，如年龄、身高、体重、家庭结构等；间接测量变量指无法通过测量的途径获取的内在的心理状态、行为动机等变量，如动机、行为、态度、友谊等。

（四）操作性变量和非操作性变量

从变量的是否可操作出发考察，可分为操作性变量（operational variable）和非操作性变量（non－operational variable）。操作性变量指研究者可以通过行为对其进行操控的变量，如教学方法、惩罚方式、奖惩内容等；非操作性变量指在开始研究前已存在或研究者无法主动改变或操作的变量，如年龄、性别、社会地位、家庭结构等。在实验研究中，自变量是研究者必须主动加以操作的，但是在其他研究中，如涉及无法加以操作的自变量，则只能进行测量。

（五）相关变量和无关变量

依据变量对研究结果产生影响的多少划分，变量亦可分为相关变量（relevant variable）和无关变量（irrelevant variable）。相关变量指对因变量（结果变量）产生影响的变量，主要是指研究者要研究的自变量和研究者不研究但却对研究结果产生影响的额外变量（extraneous variable）。无关变量是对因变量不产生影响的变量，属于研究中可以判断其存在，但是无法控制或测量的变量，也叫干扰变量、中间变量或复合变量。例如，研究不同教养倾向的父母对小学生攻击性行为的影响中发现，具有相同教养倾向家庭中的小学生的攻击性行为也存在差异，这时就需要考虑学生本人的个性特质等其他原因是否会引发其攻击性行为的产生。此时，个性特征就是额外变量，虽然不是研究者所研究的自变量，但对研究结果也产生了一定影响。

关于变量的分类，需要明确的是：① 上述五种分类按五个不同标准进行，各类别之间并非独立，实际研究情境中是相互交叉存在的。② 除上述分类外，还可以从其他角度进行分类，如定性变量和定量变量、简单变量和复杂变量、具体变量和抽象变量，等等。

拓展阅读

研究变量的类型

三、研究假设

（一）研究假设

假设(hypothesis)就是对两个或多个变量之间的关系的推测。教育研究假设是根据科学事实对要研究的教育问题的规律或原因做出的一种推测性论断和假定性解释,是在研究之前预先设想的、暂定的理论。对各种教育问题和现象所做的尚待证明的初步解释都属于假设性质。简易地说,假设就是对研究可能结果的预测。例如,将下面研究问题转换成研究假设。

研究问题:被同性别老师教的学生会比被不同性别老师教的学生更喜欢历史课吗?

研究假设:被同性别老师教的学生会比被不同性别老师教的学生更喜欢历史课。

研究假设也就是研究问题的肯定性回答。因为研究者通过对周围事物的观察后,往往会产生一些疑问,进而对这些疑问进行思考,根据自己的理解,提出研究假设,对自己的问题做临时性的回答。假设是有待证实的定理或结论,定理或结论是已被证实的假设。

假设的特点:一是有确切的理由,基于某种理论或实施依据的假设才是有价值的假设;二是假设应该直接说明变量之间的关系;三是假设应该是经得起检验的。假设的功能主要在于它是理论的先导,起着纲领性的引导作用。假设能帮助研究者明确研究的内容,通过逻辑论证使研究课题更加明确,并按所确定的目标选择研究方法和收集相关资料,指导教育研究能够深入发展。教育研究是探求教育现象之间的因果关系、教育内部结构和发展规律的。有了假设,研究者就能根据研究目标的要求,在限定的范围内有计划地设计和进行一系列的观察研究、实验研究。好的假设是教育研究的核心,是探索教育规律、形成理论的前提。

（二）假设的类型

依据不同的标准,研究假设可以划分为多种类型。

1. 按性质和复杂程度分

依据研究假设的性质和复杂程度可把假设分为描述性假设、解释性假设和预测性假设,这也是研究假设发展的三个阶段。

(1) 描述性假设

描述性假设是科学探索的初级阶段,研究者通过描述认识对象的结构,以推测事物的外部联系和数量关系。例如,通过简笔画的家庭生活图(房屋、家人、鸟、烟囱等),来研究中小学生心理健康。

（2）解释性假设

解释性假设是解释事物的内在关联性，说明事物原因的一种更复杂、更重要的假设，这是比描述性假设高一级的形式。在研究中，处于解释这个层次的假设，是从整体上揭示事物各部分互相作用的机制、研究主题的最初状态和最终状态的因果关系原理。

（3）预测性假设

预测性假设是对事物未来发展趋势的科学推测，是研究者在对现实事物的更深入了解的基础上，提出的更复杂更困难的一种假设。例如，对“当前我国特殊教育政策对今后五年我国社会结构和社会关系的变化”问题提出科学预测，是一项比较困难的研究课题。预测性假设主要用于广大范围内的、具有战略意义的某些综合性课题的研究。例如，如何保障残疾人受教育权问题、如何解决贫困地区残疾人入学经费问题等。当然，教育科学研究中多数是一些与当前关系密切的现实课题，采用预测性假设的不是太多。

2. 按假设的形成划分

按研究假设的形成，可分为归纳性假设、演绎性假设和研究性假设三种。

（1）归纳性假设

归纳性假设是观察基础上的概括，是人们通过对一些个别事实材料的观察进行概括、推论得出的经验定律。例如，1943 年肯纳教授第一次提出了“自闭症”这个名词，并对自闭症特性进行了深入研究，通过对 11 个自闭症儿童的典型案例进行观察研究，概括总结出自闭症患者的 11 个特征。从 1943 年到 1971 年，近 30 年的研究，肯纳教授的案例报告和这 11 名自闭症儿童的发展给我们留下深刻而难以磨灭的启示。

课后任务

试撰写一个研究设计。

（2）演绎性假设

演绎性假设指从一般教育学原理或理论出发，依据这一理论推导出一些新的具体的结论。例如，赵宋光教授提出的“综合构建教学新体系”，按照现代哲学、美学、心理学所揭示的儿童智力结构、意志结构、情感结构立体镶嵌、全面发展的规律，依据他提出的构建生成学习理论，从而提出了“语言符号镶嵌结构教学模式”。

（3）研究性假设

研究性假设是对研究变量间的差异性或相关性的说明。在研究性假设中，呈现出方向性假设和非方向性假设两类。方向性假设预示了结果的方向，期待其指向有关联性的发展方向，指出相关或差异的特点。

例如，二年级学生对学校的接受度比一年级低，但比三年级高。

利用个案中心疗法的咨询者，会比使用传统疗法的咨询者更满意。

上述研究假设通过“低”“高”“满意”等字眼揭示出假设的方向。这样的假设都属于方向性假设。

非方向性假设就是对研究的结果无法做特定方向的预测。

例如,一、二、三年级对学校的感觉是不同的。

学习障碍学生被安置在特殊学校比被安置在一般学校学习态度上会存在差异。

非方向性研究假设往往是当研究者对所研究对象的内容在关系上不了解,凭借已有知识经验只能确定研究对象内在变量之间有相关,但不能明确地说出是在何种相关的情况下运用。如家庭教育对特殊儿童智力发展影响的研究等,这类课题的假设一般属于非方向性研究假设。

第二节　课题论证

一、课题类型

思考

教育研究有哪些类型?

根据不同的标准,教育研究课题可以划分为几种不同类型。

(一) 基础研究与应用研究

任何一项科学技术的出现都包含两个阶段:首先是形成基础理论构想,其次是实际应用推广。相应地,教育研究也就有了两种类型:着重于形成基础理论构想的基础研究,着重于实际应用的应用研究。

1. 基础研究(basic research)

基础研究是指认识自然现象、揭示自然规律,探索新知识、新原理、新方法的研究活动,它一般不涉及解决和改善实际问题等。在教育学领域所谓的基础研究即指在教育实践的基础上认识各种教育现象,探索其本质规律,获取新知识,形成较系统的教育基础理论的研究。一般专业研究者从事这类研究较为有利,因为基础研究需要整合大量的理论资料、占有大量的时间以及在思维研究能力等方面要求甚高。

2. 应用研究(applied research)

应用研究是指将基础研究的成果转化,并应用于实践的研究。在教育学领域里应用研究是指运用基础研究中获取的教育成果对实践中存在的教育问题进行解释,并最终达到解决实际问题的目标。应用研究的特点:一是具体化。把基础理论进行分解,截取某个单项问题,联系实际目标,在理论和方法上寻求新的突破,使基础理论得以扩展。二是实用化。以基础理论为指导进行研究,对教学实际中的经验体会加以总结,探讨新的方法与途径并应用到实际工作中去。例如，分科教学法的研究，就需要把教育学的基础理论同学科的教学实际紧密结合起来，同时考虑到各年龄阶段学生心理发展的共同特征，以获得最大的教学效果。

总之，应用研究要以基础研究为指导，才能成功解决实际问题。基础研究要进一步应用于实践，才能检验其成果的科学性。基础研究与应用研究可以指向同一研究对象，如特殊教育课程体系研究，在基础研究方面可以着眼于特殊教育课程的哲学社会基础研究，在应用研究方面可以着眼于特殊教育课程的教材研究、特殊教育课程的教学法研究等。

（二）质的研究与量的研究

1. 质的研究（qualitative research）

> **讨论**
> 质的研究与量的研究有什么区别？

质的研究亦称质性研究，是以研究者本人作为研究工具，在自然情境下，采用多种资料收集方法（访谈、观察、实物分析），对研究现象进行深入的整体性探究，从原始资料中形成结论和理论，通过与研究对象互动，对其行为和意义建构获得解释性理解的一种活动。其主要根据人种学、现象学、解释学等研究思想方法的理论为基础，采用文字描述的方式来对事物的现象进行研究。质的研究旨在理解、阐释所研究的现象，提供历程性、描述性、脉络性的资料，对数字等统计学的方法的应用很少涉及。人种志的研究即属于质的研究，是其中的一种。质的研究引入实证主义理论，注重在互动过程中系统收集、分析原始资料的基础上展开讨论，强调研究的过程性、情境性和具体性，如教育叙事研究和行动研究。

2. 量的研究（quantitative research）

量的研究亦称量性研究，指将问题与现象用数量来表示，进而去分析、考验、解释，从而获得意义的研究方法和过程。与质的研究相比，量的研究更强调准确的研究程序和预先的研究设计，更关心现象之间的相关联性及其因果效应，一般通过数据的形式展现或说明情况。在教育研究中，最典型的量的研究当数实验研究，调查研究则往往兼具定性与定量研究的特征。从研究中看，定性研究与定量研究往往是紧密结合的，当然有的学者认为二者不可同日而语，但现在大多数研究中，定量研究往往渗透定性研究，定性研究中也参与部分定量研究。

（三）描述性研究与干预性研究

在人类探索认识世界的活动中，研究所包含的是认识客观事物和改变客观事物两个方面的活动，而这二者反映到教育研究中，即可以分为描述性研究和干预性研究。

1. 描述性研究（descriptive research）

描述性研究是指对具有普遍性、代表性的现象进行描述，客观的考察事物的存在状态的一种研究方法，即描述事物是“什么样”的研究。描述性研究的立足点不在于对客观事物的改变，而是要为以后改变事物或解决问题提供必要的思路。如，2006 年第二次全国残疾人口抽样调查。残疾人口调查的目的是准确地描述全国残疾人的各种类型的人数、特征等。其他描述性研究的例子，如人口统计学家描述的年龄、性别以及各城市的犯罪率等。还有，对产品进行市场调查的目的就是要描述使用或将会使用某些特定产品的人群。这些都属于描述的范畴，作为一项研究，仅仅对事件进行描述是不能令人满意的，最终还要适时提出如何改变现状的分析和构想。从这个角度来说，描述性研究还具有间接的改变现状、提出构想的作用。

2. 干预性研究（intervention research）

干预性研究是指通过对事物现状的改变，寻找或证明事物间的因果关系，从而掌握事物的内在规律，解决客体间存在问题的研究。教育研究的最终目的是为了改进教育现状，促进教育发展，从这个层面上说，干预性研究非常值得广大研究者重视和思考。例如，广东省正在进行的特殊教育实践基地建设项目就是试图通过“实践基地的遴选建设”这一因素干预，达到改善广东省特殊学校校长、教师培训模式，提高培训的针对性和实效性，建立与特殊学校的协同合作机制的目的。干预性研究所施加的影响是通过描述性研究对事物有了深入认识之后得出来的。因此，描述性研究是干预性研究实施的前提和依据，干预性研究是描述性研究得到的结果和目标，二者不可分割。

二、课题的重要意义

1. 课题可以反映研究的价值

课题是实践向理论发展的必经之路，通过课题的研究可以将理论转化为实践，进而解决实践中一系列的问题。它不仅反映了现有理论推动社会发展的程度，又反映了向未知的研究领域的探索。著名的物理学家爱因斯坦说过，提出一个问题比解决一个问题更重要。他认为解决问题或许只是一个数字或是实验上的技能的引申，而提出新问题，才可以真正称得上是富有想象力和创造性的能力，也是标志着科学进步，社会发展的真正动力。

教育课题的目的是要解决教学实践中产生的各类问题，这些不同种类的问题在教育教学实践中因为有着不同的地位，所以其对教学实践也就有着不同的影响，进而其体现出的价值也就各不相同。例如，当前我国正在全面推广“特殊儿童普及义务教育”的国策方针，这种政策理念、教育思想和模式，凸显了围绕特殊儿童义务教育全面提升的相关内容，可以看出，这种研究课题就具有十分重要的理论意义和实践意义。

2. 课题引导着研究的方向

教育教学实践中很多问题需要完善和解决。研究者总是会选择从自身出发,去寻找亟待解决的自己感兴趣的问题开展研究。研究方向就是研究者认为急需解决的某些方面的问题,并在这些方面深入研究,开拓属于自己的研究领域,进而形成稳定、明确的研究目标和方向。高水准的研究课题的提出会对当前的教育科学带来极大的推动作用,引领一段时期内的教育实践理论的发展方向。

课题的选取直接关系到整个研究的发展目标和方向。课题是对研究对象、研究范畴、研究主题的界定,整个研究工作在课题的整体指引下发展。例如,"韩国中小学生闲暇活动调查研究",它指出了研究的对象是中小学生,其范围限于韩国,研究目标是揭示出"闲暇活动"的现状,并揭示出相应的原因。而整个研究方案的设计、实施,成果的鉴定,都必须紧紧围绕课题展开。显然,课题明确,整个研究活动的方向就越发明朗。

3. 课题对整个研究工作的进行起着制约作用

课题是教育科学研究的起始部分,带动着整个教育研究的发展和运作,同样也制约着教育科学研究的发展和进步。在教育研究过程中,不同的研究课题,有着不同的研究方法、研究工具等,资料的收集方式也存在着本质上的差异。例如,"满足注意缺陷及多动障碍(ADHD)学生的需要——在普通教育环境中为ADHD 学生制订计划"与"满足注意缺陷及多动障碍学生的需要——任务转换:帮助 ADHD 学生做好变换的准备",两个课题都需了解满足注意缺陷及多动障碍学生的需要情况,但前者应侧重于为 ADHD 学生制订计划,后者侧重于帮助ADHD 学生做好变换的准备,分析重点受到课题限制。

课题的选择不仅对科学研究有重大的指导意义,也对整个教育的发展有着深远的影响作用。教育科研所要解决的主要是教育中的问题(教育实践中的问题),教育实践是科研问题的来源,同样课题研究的选择在很大程度上也受到教育实践发展的制约。只有在实践中选取问题,解决实际教育中存在的问题,这样的研究课题才有意义和价值。所以,一个好的课题,对教育的改革发展、科学管理等工作都有着至关重要的意义。

思考

可以从哪些途径进行调查研究?

三、选定研究课题的过程

(一)调查研究,提出问题

任何研究都始于问题,课题研究的开始也不例外,提出新的问题是研究工作的起点。研究者要了解前人或他人研究的情况,了解相关研究课题的发展史,比较课题的研究水平与发展的趋势,理清进行研究的主客观条件。调查研究的方法有查阅资料、现场调查和专家咨询。

1. 查阅资料

查阅资料可以考察、论证所选的课题是否有研究价值。研究者可以在前人成功研究的基础上，确立自己的主要研究方向，为要研究的课题打下坚实的理论基础。同时，参阅前人的研究也可以让研究者更了解前人的研究设计、研究方法等，引进相近学科的前沿观点。

2. 现场调查

到教学实践现场去调查，有利于发现实践中存在的问题。但应注意在调查前要明确调研目的，拟好调研提纲，设计好调查表格，力求调查到一线的真实情况，全面、系统地了解现实中的问题及问题产生的原因。在调查中，听取一线教职工的意见，有助于结合实际的问题解决思路的开展。

3. 专家咨询

征询专家学者对此研究领域的意见，可以从中受到启发，并借鉴其经验。有时需要对意见进行反复细致的思考，以找到有针对性、创新性的好课题。

（二）资料的分析与综合

所有的调查资料都要进行归纳整理、分析综合。一是要确保资料的真实性，保留真实可靠的资料；二是要整合分析收集的资料，找出它们之间的内在关联性，进而发现问题的所在；三是要对收集的材料进行筛选，留下可用的资料；四是根据已有材料和材料的相关性或其因果关系提出课题或项目。

（三）提出课题的设想和设计

在整合调查研究资料的基础上，首先，研究者要明确研究课题的课题名称。其次，要理清课题的研究目的和意义，阐明研究课题的主要目标，以及与本课题相关的国内外研究现状和发展趋势。最后，提出研究方法、研究途径、研究步骤等，以及所需要的经费、设备、达成预期目标的手段等。

（四）预实验或预调查

对一些综合性的、复杂的、探索性比较强的研究课题，常常需要进行预实验或预调查，通过小范围的模拟研究，对提出的研究目标、研究方法、调查工具的信效度等进行分析论证，以确保后期大范围的研究实施的合理性、可靠性。

以上四个步骤，又可统称为开题论证。

（五）课题确立

课题选定后，研究者向有关教育科研管理部门或教育行政部门提交“科研课题申报书”，申报书的具体内容应包括：

（1）课题名称、研究类别、研究起止时间；

（2）课题研究的负责人、参加者、承担单位以及合作或协作的单位与分工；

（3）课题研究的目的、意义及国内外的研究水平和发展趋势；

> **提示**
> 申报书内容部分的3、4、5条合为课题设计论证部分。是课题申报书的核心内容。

(4) 研究的内容及采用的方法、途径、手段;

(5) 预期的效果、成果的形式及去向;

(6) 研究的基础和准备情况;

(7) 研究的步骤;

(8) 经费估算及来源;

(9) 课题负责人所在单位的意见;

(10) 审批单位的意见。

填写科研课题申报书时一定要论据充足、论点明确、实事求是、条理清晰。需要指出的是,研究者选定的课题,不论是上报有关管理部门还是自己进行学术研究,都应遵循学术的规范性,重视开题论证、研究设计以提高研究的科学性,以期获取预期成果。

四、课题设计论证的书写

课题设计论证部分是课题申报书中最为核心的内容之一,这部分内容需明确课题设计的相关内容。依据课题的类型,课题申报书中的课题设计论证部分所包含的具体内容亦各不相同,但大致涉及的要点如下:

(一) 选题依据:国内外相关研究现状、本课题的学术价值和应用价值等

1. 国内外相关研究现状

在一份成熟的课题论证书中,这一部分是非常重要的。主要用以突出研究者对所研究领域的了解程度,是否熟悉过去他人在本领域的研究及研究的主要趋势、见解。文献探讨可以涵盖理论、直接相关的研究或能够提供理论支持的其他观点。

2. 本课题的学术价值和应用价值

结合时下,对为什么开展本课题研究进行阐释。分别从学术性和应用性两方面加以诠释,重点体现本研究对现阶段呈现出的实际问题在理论方面和应用方面有何意义及价值。

(二) 研究内容:本课题的研究内容、重点难点、主要目标和创新之处等

1. 研究内容

研究内容是课题论证最为核心的部分,需以论述性和思辨性的思维来思考、陈述主要研究层面。可分为几个模块展开论述,模块结构要求层次鲜明,突出主体。

2. 重点难点

从研究内容着手,以研究主要内容的核心为重点研究部分,加以分析。难点以研究中所预估的困难为主展开评述。

3. 主要目标

本研究最终要解决的主要问题即是本研究的主要目标。

4. 创新之处

创新点是课题设计的亮点,如无创新之处课题便显得毫无生机可言。一般创新会从内容、观点、评论、意义中提炼出来。从理论、材料、研究视角、对象等多方面提出本研究与以往研究的不同之处,即通过本研究的开展继而获得的新理论、新观点等。

(三)思路方法:本课题的研究思路、研究方法、研究计划及其可行性等

1. 研究思路

实际上研究思路所反映的内容即是研究的方法框架,本研究通过何种思路开展研究。实则是对研究方法框架内容的细化。写作时要注意分步骤和时段性。

2. 研究方法

研究方法指研究中使用的工具和手段。一般包括文献研究法、调查研究法、观察研究法、思辨法、行动研究法、历史研究法、概念分析法、比较研究法等。多种研究方法并用可以规避使用单一研究方法的劣势。

3. 研究计划

研究计划要清晰地记录研究过程的每一个步骤。详细写出每个阶段的时间安排、地点、任务和目标、由谁负责。若外出调查,要列出调查者、调查对象、调查内容、交通工具、调查工具等。如果是实验研究,要写出实验内容、实验地点、实验器材等。研究计划越具体,越有利于研究的实施。

4. 可行性论证

可行性论证是指课题研究所需的条件,即研究所需的信息资料、实验器材、研究经费、学生的知识水平和技能及教师的指导能力。另外,还应提出该课题目前已做了哪些工作,积累了哪些方面的文献或调研的相关前期材料等。

(四)预期成果:成果形式、完成时间及使用去向等

1. 成果形式

成果形式一般是著作、研究论文或调查(实验)报告等形式。成果表达方式是通过文字、图片、实物和多媒体等形式来表现的。

2. 完成时间

可根据研究计划的安排来确定完成时间。

3. 使用去向

最终去向一般为著作出版、论文发表等方式。

拓展阅读

1. 研究设计写作的小窍门

2. 科学的本质

[思考与练习]

第三章 观察的方法

科学研究的本质是科学方法。科学方法就是在经验观察的基础上建立并检验科学研究的命题或假设。观察法是一种基本的数据资料收集的方法,在教育研究中处于基础、核心的地位。在教育研究中,人们运用观察法对研究对象的言语、行为等外显表现,或者事物的状况、运行过程、机制等进行描述和记录,形成观察数据。在此基础上,再运用各种数据分析方法,从而解释现象或者获得对事物的较为深入的理解。

[学习目标]

1. 了解观察法的含义、作用、特点、类型;
2. 掌握常用的观察法的记录手段和一般程序;
3. 重点掌握科学观察的基本要求、观察策略、方法与观察记录方式;
4. 能够运用观察工具进行课堂观察记录,特别是进行有效的定量观察记录。

第一节 观察法概述

一、什么是观察研究

（一）观察法的含义

观察有广义和狭义之分。广义的观察，即一般性的日常观察，是指通过研究者的亲身感受或体验来获得有关研究对象的感性资料，带有一定的自发性和偶然性。与日常观察不同，狭义的观察是指研究过程中的观察。教育研究中的观察，要求研究者有目的、有计划地确定观察对象的范围、条件和选择观察工具和手段。

基于此，观察法可以被理解为人们根据研究的目的和任务，有计划地利用各种手段和工具，搜集获取关于研究对象的经验数据的方法。

观察法是一种基本的数据资料收集的方法，在教育研究中处于基础、核心的地位。在教育研究中，人们运用观察法对研究对象的言语、行为等外显表现，或者事物的状况、运行过程、机制等进行描述和记录，形成观察数据。在此基础上，再运用各种数据分析方法，从而解释现象或者获得对事物的较为深入的理解。

按照国际常用的研究方法分类，教育研究方法主要包括两大类：即实证研究方法（或科学研究方法）和解释学研究方法。其中，实验、准实验、问卷调查是三种典型的实证研究方法，其目的在于检验基于经验的判断、命题以及包含有变量关系的研究假设，其逻辑基础是统计归纳。在实证研究中，变量必须可以被明确清晰地进行操作化界定。人类学研究方法、扎根理论是两种比较典型的、常用的解释学研究方法。人类学研究基于阐释学的方法，重在解读和理解；扎根理论基于现象学的方法，重在形成概念及其相互关系，进而发展出关于现象的解释理论。逻辑基础是分析式归纳，主要表现为基于证据的判断和理解。

需要指出，主要以案例研究的形式体现出来的经验研究，近些年来在社会科学研究中越来越受到重视。这种案例研究主要通过描述状态、过程、机制，解释因果关系。在收集数据之前虽然要求提出研究假设，但由于经验研究中的变量难以像实证研究中的变量那样可以被清晰界定和分离，因此其过程和规范偏向实证研究，但数据的来源却是多元的，逻辑过程主要表现为基于证据的判断和验证假设，不能够在实证研究的意义上严格地检验假设。

运用观察法获得的数据可以是定量的，也可以是定性的。无论是定量的数据还是定性的数据，它们均既可用于实证研究（或科学研究），也可用于经验研究和解释学研究。我们在本章除了介绍观察法的一般性知识外，还将侧重介绍科学研究中的观察原则及方法。解释学研究中的观察原则及方法将在第七章关于“实地调查的资料收集方法”部分加以详细介绍。

（二）观察法的作用

观察法作为一种基本的数据收集方法，贯穿教育科学研究的整个过程，并在研究中起着非常重要的作用。

讨论
为什么要进行科学观察？

1. 有助于了解现实教育情境中特定教育现象的发展过程和机制

观察法是有目的、有计划地对客观事物进行系统全面的观察，从而有利于获得关于该事物是什么、怎么样以及运行过程和机制等方面的比较全面、客观的事实材料。

2. 有助于获得典型、真实的数据资料

观察是基于研究假设基础之上进行的，因此有利于寻找具有典型意义的数据。此外，利用各种观察手段和工具收集数据，也有利于获得较客观真实的第一手资料。

3. 有助于研究者发现教育实践中出现的新现象、新问题或是平常容易忽略的问题

在通过观察收集数据资料的过程中，可能会出现研究假设之外的变量，这有助于为我们修订或提出新的研究假设提供经验依据，从而有助于我们发现教育实践中出现的新现象、新问题或是平常容易忽略的问题。

4. 有助于检验假设

通过观察，研究者可以获得教育实践中事与事、人与事、人与人、人与环境之间的各种相互关系的信息，在此基础上，结合实证研究方法并恰当地处理数据，将有助于我们检验先前提出的研究命题或理论假设。

二、观察法的特点及要求

（一）观察法的特点

1. 科学观察具有目的性、计划性

之所以说科学观察具有目的性、计划性，是因为科学观察基于研究假设。研究假设中变量的操作化界定及变量之间的关系，决定了观察的目的、对象、范围和内容。变量的层次及预期使用的分析方法和工具等条件决定了观察工具和手段的选择。

2. 科学观察具有客观性和真实性

首先，观察的内容大多为客观现象、言语或外显行为。其次，教育观察过程中研究者对研究对象往往不加任何控制干预。此外，在观察过程中研究者会尽量避免主观偏见，以保证数据的客观性和真实性。

3. 研究者可以在观察过程中获得第一手的研究资料

在观察过程中,观察者的观察记录可以积累大量生动、细节性的原始资料,这有助于为我们检验研究假设提供经验支持。

思考

为什么观察容易出错?

(二)影响观察效果的原因

我们在研究过程中,有时会发现结果与假设大相径庭。此时,先不要急着推翻原来的假设,而是要认真检查数据收集过程是否出现错误。一般在下列情况下,观察非常容易出错:

1. 人们对所观察事物的相关科学知识严重匮乏

当人们对所观察事物的相关科学知识严重匮乏时,便很难形成具有说服力的解释性假设,这样对教育教学现象产生的原因、教学事件间相互关系的解释往往会流于有感而发,泛泛而谈,缺乏经验证据的检验和支持。例如,对小学低年级学生上课时好动多动现象的解释。当我们没有意识到这可能是一种病症时,单凭教学内容缺乏吸引力、教学方法不恰当等教育教学上的归因,是难以获得令人信服的解释的。此外,对课堂行为背后隐含的教育理念、态度、课堂文化等隐性因素也容易疏于观察,很难对课堂中发生的教育教学现象进行深层次的思考。

2. 观察者的教育科学理论和研究方法训练不足

观察对象的范围、条件,观察内容、观察工具和手段的选择等都会影响到观察结果。观察对象的范围、条件是根据研究目的、研究假设及变量而确定的。例如,对课堂社会网和班级关系网的研究,可以利用班级社会网技术,构建一种分析合作学习、班级小团体以及学习共同体中各类问题的框架。[①]

此外,观察工具的信度、效度,观察记录的方式和手段等也会令观察结果产生巨大差异。例如,课堂观察中观察者如果能够熟练地利用座位表技术,即可基于班级座位表对全班情况和具体学生进行观察。

3. 对假设先入为主、盲目自信,或者学术诚信不足

在这类情况下,往往会出现对不利数据视而不见、忽略不计等挑数据,或因急功近利而恶意篡改数据等问题。我们说,科学研究的过程就是排除相反的假设、竞争性假设和谬误的过程,这样才能认为研究中提出的假设暂时可靠,但是,如果有新的反面或不利证据出现时,我们就要考虑再去修订或抛弃原来的假设。

4. 观察工具的可靠性和有效性、观察技术手段的发展水平欠缺

科学观察基于明确清晰的研究假设,研究假设中的变量是可以被清晰地加

---

① 李文昊,祝智庭. 班级社会网分析:一种观察课堂学习的新技术[J]. 中国电化教育,2009(6):11.

以操作化界定的，即用可观察到的现象、言语和外显行为作为观测指标来反映变量的内涵，因此科学观察的内容往往是结构化的，即观察的内容能够反映变量的内涵及其相互关系。观察工具的可靠性和有效性会影响到观察结果。运用大数据对观察工具进行检验，从而使我们的观察工具更为可靠和有效是提高观察有效性的当务之急。

此外，观察技术手段的发展水平也会影响到观察结果。例如，高速摄影成像技术能够让我们清晰精确地观察儿童动作技能的发展状况；计算机模拟技术的发展有可能让我们进行仿真课堂教学，以此来让教师充分观察并更多地了解和认识来自学生的多种可能反应；电子成像虚拟置入技术的发展有可能让虚拟变成现实的感觉，也可以用于开发关于自闭症儿童社会交往行为研究方面的应用软件，由此可能会让我们更为直观简洁的面对这一领域的问题，因为这样做不存在损害儿童自身利益的问题。这些技术目前在教育研究领域中的应用凤毛麟角，甚至完全没有触及，关于这方面应用技术的研究还有待进一步开发和拓展。

（三）科学观察的基本要求

1. 科学观察首先必须有明确清晰的理论假设作为指导

讨论

科学观察与日常观察、人类学观察有哪些不同？

科学观察与人类学观察的不同之处在于科学观察基于明确清晰的理论假设。包含在假设中的变量及其关系可以被清晰地加以操作化界定，即使变量成为可以被观测到的外显现象、言语或行为。这些决定了观察的对象、范围、条件及观察工具和手段的选择。以文化阐释为基础的人类学观察开始时则往往问题和变量不能够被清晰地进行操作化界定，甚至没有形成问题轮廓。在观察的过程中，对事物的整体轮廓和过程进行描述，然后在此基础上，才逐渐形成对事物或现象的作用与意义的解读。顺便提一下，以现象学解释学为基础的扎根理论研究方法，往往进一步强调要对数据资料编码分析形成核心概念，并通过在核心概念之间形成判断或命题，进一步形成定性的、理解性的关于变量之间相关关系或因果关系的解释理论。

2. 科学观察要求有明确的目的，做结构性观察，观察必须依据研究设计

科学观察不同于日常观察，它基于研究的目的和任务，并以研究设计为依据。对同一现象的观察，研究的目的、任务以及具体的研究设计不同，观察的对象、范围、条件及内容则不同，因此所收集的数据也不同。例如，对儿童注意力分配状况的研究，如果我们的研究目的是想了解儿童注意力分配状况与学业成绩的关系，一般我们会在自然状态下对儿童进行课堂观察；但如果我们想知道某一年龄阶段儿童注意力分配的品质，我们就要进行实验观察，即在严格控制可能会产生干扰的其他可能因素的条件下进行观察。

3. 应了解观察对象的基本情况,观察者尽量保持价值中立,不带偏见

在观察之前应对观察对象的基本情况有所了解。观察对象的年龄、性别、智力发展水平、受教育程度、家庭状况、民族、所在地区、宗教信仰、政治信仰等人口统计学特征可能会对观察结果产生影响。例如,我们要观察学生上课发言的情况。我们可能会发现低年级学生和高年级学生,或者小学、初中、高中、大学等不同学段的学生,在课堂发言状况上差异很大;也可能会发现不同文化背景的学生课堂发言状况也存在差异。在实践中,我们经常会听到老师和家长对孩子上课不愿意举手发言的批评,甚至研究者本身也可能持有这种批评的意识和态度,很显然,这样容易影响到研究结论。实际上,鼓励学生上课积极发言只是在我们的文化背景下的教学理念所倡导的,学生上课是否愿意积极发言可能与其他不同类型的文化背景有关,例如有些文化会把隐忍、谦卑、低调甚至沉默当做美德。这种情况下,研究者如果不加区分地对待,就会导致研究结论的偏差。

4. 科学观察要有计划地进行,事先要拟定观察提纲或观察量表

事先拟定观察提纲,确定观察维度和形成具体的观察指标,能够有助于保障在有限的时间内进行有效的观察。对于旨在检验因果关系的实验观察来说,除了要求观察内容结构化之外,观察程序的标准化也是必需的。解释学研究方法中的观察则往往是开放性的,预先无法确定观察维度和观察指标。事先不需要制定严密的观察计划、结构严密的观察提纲和观察表,数据资料的收集是随着观察过程的进行而调整的。即便使用观察提纲,其结构也是松散的,由于没有变量甚至没有明确的核心概念,因此这种观察提纲只是大致反映了研究者对某种现象或事物的思考方向,无法形成严密的逻辑框架。

5. 科学观察要注意观察的时间、场合和观察顺序的选择

首先,选择合适的观察时间和场合。对于同一种现象,在不同的时间或场合观察的结论可能不同。因此,很有必要根据观察的目的来选择观察的时间和场合。例如,对 5 岁儿童自制力的观察,在有教师在场和无教师在场的情况下,儿童的表现不同,我们获得的观察结果自然也不同。因此在单向玻璃观察室观察无教师在场的自然状态下的儿童,这种观察才是恰当的和有效的。

其次,要安排好观察顺序。观察时,可以按照一定的主次顺序进行,可以按照时间顺序进行,也可以按照空间方位顺序进行。

6. 科学观察要选择有效的观察策略、记录手段和方法

常用的观察策略有描述观察、取样观察、行为检核。针对这些策略会采用不同的观察方法,诸如日记描述、轶事记录、连续记录、时间取样、活动取样、事件取样、行为检核表法,等等。

相应地,针对这些具体的观察方法还有一些比较方便有效的观察记录方式。

常见的定量观察记录主要有三种方式:编码体系、记号体系或项目清单、等级量表。这一类记录方式收集的数据资料形式体现为百分数、频数、百分比、等级量表的分数等数字形式,这些数据便于进行量化处理与分析。此外,还有描述、叙事、图式符号等定性的观察记录方式,数据主要表现为除数字之外的所有可能的形式,诸如文字、图形、记号、符号、录音与录像,等等。这些数据难以进行量化分析,只能进行定性分析。

常用的记录手段有三种:

(1) 尽可能使用多种观察仪器和记录设备。

(2) 使用预先制作好的观察量表进行记录。该方法适合内容较简单的调查,如观察某种现象出现的频率、对观察对象的某项指标评定等级。

(3) 做观察笔记。在观察笔记中,既要有对关键内容的详细记录,又要在记录旁边写下此时想法和思考的问题。

需要强调的是,进行重复观察,包括多人同步观察和反复观察是必要的,但在观察之前必须进行培训,以便观察小组成员对观察指标的理解能够达成共识。

关于常用的观察策略和记录方式这一部分内容将在本章第二节、第三节中分别加以详细介绍。

三、观察的类型

依据不同的分类标准,观察法可以分为以下几种不同的类型:

(一) 自然观察和实验观察

这是按照观察的情境条件划分的。自然观察就是在自然条件下,直接观察某教育现象发生发展的过程,通过研究者自身的感受和体验来获得有关的材料,这种观察方式一般不会干预或干涉观察对象。所以获得的材料一般只能反映事物的外部特征和表现。而实验观察,由实验的特点决定,具有严格周密的计划,它是通过合理地创设和控制一定的条件,人为改变研究对象,从而可以在最有利的条件下进行观察。这种观察有利于探讨事物的内在因果关系,研究者可以获得更全面、更精确、更深入的事实和资料。

(二) 直接观察和间接观察

这是按照研究假设或研究问题中的变量及其关系能否被直接观测到来划分的。例如,学生对教学的满意度、教师职业倦怠、教师职业压力、教师课堂提问状况与学生回答问题状况的关系;家长参与学生学习情况与学生学业成绩的关系,等等,对这一类能够被直接观测到的、能够反映研究假设中的变量内涵及其关系的现象或人的行为的记录与测量,叫做直接观察。在实验、调查这类实证研究中,我们往往采用这种直接观察的方法去收集数据。

与直接观察相对,间接观察所对应的研究问题或研究假设中的变量不能够被直接记录与测量,因为这样的变量无法被清晰地加以操作化界定。例如,对制度变革原因或结果的考察,更多的证据可能来自历史记录,而且证据的形式是多种多样的,证据的来源也是多元的。在经验研究中,特别是因果解释性案例研究中,我们会常常采用这种间接观察的方法去收集数据。还有对趋势的预测,例如对小学生阅读需求的市场预测,我们不一定对小学生直接进行访谈和问卷调查,而是可以通过追溯和了解过去已经发生过的消费事件或行为来预测未来的消费需求,例如调查市场上针对小学生的图书产品的销量、内容类型、形式类型(电子书还是传统的纸质书),等等。这类间接观察主要优点是极大地扩展了观察的时间、空间,观察者可以相对自由地掌控观察过程。随着大数据处理技术的发展,足够大的观察数据可以有效地描述和预测市场及其未来趋势,相应的,也可以间接地反映小学生的阅读兴趣和需求。

(三)参与性观察和非参与性观察

这是按照观察者是否参与其所从事的活动来划分的。参与性观察是指观察者参与到观察的情境中,与被观察者一起活动,并从被观察者的文化立场出发而进行的观察,观察者一般不暴露自己的身份,是一种隐蔽观察。如人类学家深入到偏远的山区或者少数民族聚集的部落,去了解当地的风土人情、生活习俗、文化与艺术特征,等等。这就是参与性观察。这种观察方式的优点就是可以不破坏和影响研究对象的内部结构,能够得到比较全面、真实的研究资料,但是这种观察会受到观察者自身的主观因素的影响,从而影响研究的客观性。

非参与性观察是指观察者以一种“局外人”或“旁观者”的身份进行观察,可以公开进行也可以秘密进行。如教育社会学中对班级正式群体与非正式群体的互动行为的观察研究。这种观察所获得的资料也许会比较客观,但是会比较表面化,不易获得比较深层次的材料。

(四)结构式观察和非结构式观察

这是按照观察实施的方法来划分的。结构式观察是指有具体的观察目标、问题和范围,有详细的观察计划和观察记录表的一种观察方式,能获得第一手资料,并能够对观察者进行定量分析和对比研究。这种观察方式一般用在对研究对象有比较充分了解的情况下。但这种观察方式对观察工具的信度和效度要求较高,也比较耗费时间,并且实施起来不够灵活。

非结构式观察是指没有具体的观察目标,观察内容与步骤不事先确定的一种观察方式。这种方法的特点是实施起来有弹性和比较灵活,但获取的材料却不够完整。这种观察方式多运用于探索性研究,用于对观察对象不甚了解的情况。

总之，以上各种方法各有不同的适用条件和优缺点，且相互联系、相互补充，要注意将几种观察方法的变化有机结合。

拓展阅读

直接观察

四、科学观察的一般程序

第一，界定研究问题，明确观察的目的和意义。

第二，根据观察目的和人力、经费确定观察对象及其范围和数量，确定观察时间、地点、内容和方法。

第三，选择观察工具。应当首选已有的成熟观察量表；其次才是自编观察提纲或观察量表。

第四，实施观察，收集、记录资料。

进入观察现场之前，首先必须对观察人员进行培训。观察人员首先要与有关部门和单位取得联系，获准进入观察现场。然后与观察对象接触，根据观察计划定位，与观察对象建立适当的关系。实施观察，并做记录。如要条件许可，最好边观察边记录。

第五，资料的分类与整理。观察结束后，要对观察记录及时整理，分类登记、存放，以便查找和进行分析。

例如，我们要对高中文科学生在理科课堂上学习参与情况进行观察，具体的步骤如下：

(1) 观察研究的目的：了解文科学生在理科课堂学习中的表现，以便为改变文科学生在理科课堂中的不良行为提供依据。

(2) 观察对象：6 名高二年级学生，优、中、差生各 2 名。3 名男生，3 名女生。

(3) 观察工具的确定：观察的结构维度包括学生的课堂学习行为、非学习行为两个方面。其中学习行为维度主要包括听讲、做笔记、回答教师提问、向教师提问题、参与讨论、课堂练习等观察类目（观察点）；非学习行为主要要包括做与课堂学习无关的事（具体的包括：与同学说话、睡觉、吃东西、喝水、东张西望、做其他事情等）和学生在课堂上的情绪状态等观察点。

（4）观察的取样：学科取样，抽取物理、化学、生物三科（理科综合）；时间取样，观察两周，每周每科听3节，总共18节。

（5）对资料进行整理与分析，揭示和描述存在的问题。

如果这项研究能够在不同地区、不同层次的学校抽取具有代表性的、足够大的样本，就可以对数据进行统计检验和推断。

课后任务

课后预习：第二节常用的观察策略与方法。

课堂研究学习

要求：各小组针对本组的研究问题，拟定一份课堂观察草案，重点说明如下问题：

1. 观察研究的目的
2. 观察对象
3. 观察工具（初步形成观察提纲）
4. 观察的取样
5. 数据分析的方法与工具

拓展阅读

参与观察

第二节　常用的观察类型与方法

一、描述观察

描述观察是目前常用的课堂观察类型。通过描述观察方法获得的数据资料的形式是多种多样的，诸如文字、图形、记号、符号、录音、录像，等等，这些数据往往难以进行量化分析，而主要是进行定性分析。

（一）日记描述法

日记描述法主要用于长期记录有关儿童个体成长发展的变化过程和原因，是研究儿童的一种常用方法。著名的瑞士教育家皮亚杰以自己的三个孩子杰奎琳、露西安娜、罗伦为观察对象，对孩子们在发展和学习上的行为变化进行了仔细地观察与详细地日记描述，并进行了大量的观察实验，后来出版了《儿童智力的起源》《儿童对现实的建构》和《儿童象征性的形成》三本著作，这些宝贵的资料为皮亚杰从事儿童发展心理学的研究奠定了坚实的基础。日记描述法有时也会记录观察者在观察过程中的经验、体会和想法。

（二）轶事记录法

轶事记录法着重记录某种有价值的行为，可以是有主题的，也可以是没有主题的，随时记录感兴趣的问题，不受任何时间条件限制，事先也不需要做特别的编码分类。如对一个三岁幼儿推理思维发展情况的观察：当有人问他什么是洪水时，他想了想之后很认真地回答："洪水就是西瓜里流出来的汤。"我们可以看到，在整个过程中，这个孩子有了集中推理方法：一是用了归纳推理：凡是红色的水就叫做"红水"；二是用了演绎推理：西瓜汤也是红色的，所以西瓜汤是"红水"；三是用了类比推理，像西瓜汤那样的红色的水可以被叫做"红水"，但他把"红"和"洪"的概念混淆了。

（三）连续记录法

连续记录法是对学生行为做更详细、更完善的记录，要求较长时间内进行持续不断地记录。例如，记录乡村教师一天的工作；用持续一周或更长一些的时间记录幼儿在每天早晨从8点进入幼儿园到8点半步入常规活动这段时间的行为和情绪反应状态，这些累积的资料可能会有助于我们了解和认识幼儿的在某些方面的行为模式及意义。

日记描述法、轶事记录法等主要以叙述性的语言作为工具来记录观察到的现象或行为，这些方法能够收集到全面、丰富具体的资料，但使用起来比较费时、费力，因此用其收集资料难以分析和量化。但在对某种活动或事件进行连续观察记录时，由于涉及的对象或内容比较多，这时除了用语言文字作为记录工具外，往往也用符号或代码来进行记录。

二、取样观察

取样记录取样观察于20世纪20年代后随着行为心理学对行为的研究而兴起，是一种以行为为样本的记录类型。较之描述观察，取样观察具有更好的客观性、可控性和有效性。通过取样，既有助于获得可靠的观察资料，又节省了人力、物力，减少记录所需的时间。取样记录可分为时间取样、活动取样、事件取样。

（一）时间取样法

时间取样法是以时间为标准，专门观察和记录在特定时间内所发生的行为，主要记录行为呈现与否，呈现频率及其持续时间。观察者得到的是行为出现时段与总时段的百分比。

时间取样法的实施步骤如下：

（1）确定观察时间的总长度与每一观察单位时段的长度。时间的安排应该根据一定教育教学环境的具体情况而定。例如，我国中小学大多为40分钟一节课,那么观察时间的总长度可以为 40 分钟。相应地,每一时段的长度可以定为 5 分钟,一次观察有 8 个时段。有时除了一定的观察时间以外,还要留有一定的记录时间。

(2) 准备必要的工具和仪器。首先设计制作观察量表。为了能够把握时间,观察者事先要准备好计时器等。

(3) 按照时间抽样法的要求进行现场观察和记录。注意,时间抽样法仅仅记录在一定时间阶段中某些行为是否发生,而不记录行为发生的次数和持续的长度。在某一时段中某种行为发生一次与发生多次,都只记录一次。

以下是一项对小学低年级学生上课时注意力集中时间和程度的观察研究记录,见《事件取样法应用案例》。

典型案例

事件取样法应用案例

(二) 活动取样法

活动取样法可以以个人为观察单位,也可以以群体为单位,以活动作为选择标准。无论是以个体还是群体的活动为观察对象,都要事先将其活动进行分类,然后再对活动中行为是否出现以及行为发生的次数进行记录。如对上课过程教师讲述行为的观察,对班级群体结构的观察,对课外活动小组、兴趣学习班的学生学习活动的观察。

活动取样观察法的基本要求如下:

(1) 观察者在观察开始前先要根据研究目的和研究任务确定观察目的。

(2) 根据观察目的,确定观察的对象、范围、数量以及需要观察的时间。

(3) 对观察的行为进行分类。分类的逻辑和清晰程度取决于观察者对该问题的文献综述程度和对概念的操作化界定的清晰程度。分类的概念不统一将会影响到观察的效度。

(4) 实施观察并依据上述行为分类的结果,对相应类别的行为发生的次数、时间进行记录。

记录的形式有两种:一是只记录行为的出现与否;二是记录次数,指在限定时间段内行为出现的次数。

典型案例

活动取样观察量表示例

（三）事件取样法

> **温馨提示**
> 事件取样法对所要观察的行为要进行清晰的操作化界定。

选取行为或事件作为观察样本，对某些特定行为或事件的完整过程进行观察的一种方法，叫做事件取样观察法。它的测量单位是行为事件本身，记录的内容以事件为主，把所要观察的事件发生过程记录下来，在此要重点记录事件本身的特征，而不是记录行为或事件出现与否，以及所发生的时间和频次。

事件取样法对所要观察的行为要进行清晰地操作化界定。例如，如果我们要观察儿童的合作行为，首先就要对什么是"合作"进行操作化界定。这样，在观察进行时，只要在操作化界定概念时所提到的这些行为或事件出现，便及时、详细、忠实地记录该行为或事件的特征，一直到行为结束为止。

事件取样记录数据的方式，一般属于描述性的定性数据，有时也结合行为检核表来计算行为的数量。

典型案例

事件取样观察研究实例

三、行为检核法

行为检核法是观察者依据事先编制的行为核对观察量表来核对儿童重要行为呈现与否的一种观察方法。观察者将规定观察项目预先列出表格，当出现预设行为时，就在表格中相应位置注明。此法只判断行为出现与否，不提供关于行为性质的材料。当观察的对象属于不同群体时，还可以通过记录重要行为出现的频次来进行组间差异比较。

心理学家帕顿在对儿童游戏的社会化发展问题进行研究时，根据儿童在游戏中的社会性参与程度，将儿童参与游戏的行为表现分为六种类型：

（1）不参与行为。儿童几乎不加入游戏，碰上有吸引力的玩具或事情才偶尔地玩一下。

（2）独角戏。儿童不关心他人的行为，只是独自一人玩儿玩具。

（3）旁观。儿童在绝大部分时间中自己不参加游戏，而是观看他人游戏，并常常向游戏者提出问题或者建议。

（4）平行游戏。在这种状态下，儿童虽然与同伴一起游戏，但常常是各玩各的互不干扰，很少交流。

（5）协助性游戏。儿童与同伴一起游戏，有交谈，有时还会相互借玩具。但不会围绕同一个目标分工或组织游戏。

（6）合作或有组织地游戏。儿童与同伴表现为围绕着某些共同的游戏目标，彼此分工合作，有一定的组织性。

帕顿对游戏的六种分类，从第一种到第六种，依次体现出儿童游戏的社会性水平由低到高的发展过程。

根据帕顿关于儿童参与游戏的行为表现分类理论，我们可以编制如下行为检核表 3－1：

表 3－1　儿童社会参与性活动观察记录表

游戏参与行为类型	儿童代码	次数/日期
不参与		
独角戏		
旁观		
平行游戏		
协助性游戏		
合作或有组织的游戏		

具体做法：必须事先编制观察工具，列出所需观察的项目，然后才能进行观察。另外，必须在观察表上列出一些具体要求，而且应有一定的顺序性，按确定的观察项目，根据从易到难、从低到高的程度或水平依次排列。

拓展阅读

观察工具的开发与设计

第三节　常用的定量观察记录方式

上文提到过,常用的定量观察记录方式主要有编码体系、记号体系或项目清单、等级量表三种形式。这一类记录方式收集的数据资料形式体现为百分数、频数、百分比、等级量表的分数等数字形式,这些数据便于进行量化处理与分析。需要注意的是,关于定性的观察方法与记录方式等问题,将在第七章“人类学研究方法”中加以详细介绍,在此不赘述。

一、编码体系观察记录方式

观察者在观察过程中以既定观察分类项目为依据,采用时间取样的观察方法,用事先编制的这些观察分类项目的代码来记录预期的行为是否出现,这种观察记录方式被称为编码体系观察记录方式。

目前使用的最为典型的编码体系是弗兰德斯语言互动分析分类体系(Flanders' Interaction Analysis Categories, 简写为 FIAC)。表 3－2 把课堂的言语活动分为 10 类,每个分类用一个代码(即数字)表示。在观察过程中,观察者依照既定分类,采用3 秒时间抽样的方式,记录最能描述教师和学生言语行为种类的相应编码。编码体系的观察记录方式主要适用于时间取样观察方法。

表 3－2　弗兰德斯语言互动分析编码表①

<table>
<tr><td rowspan="7">教师的语言</td><td rowspan="4">间接影响</td><td>1</td><td>接纳学生表达的情感:以平和的方式接纳与理清学生的积极或消极的态度、语气,包括预期到并唤起学生的情感</td></tr>
<tr><td>2</td><td>表扬或鼓励:如说“嗯”或者是“继续”,或开开玩笑以消除紧张状态,但不损害学生的自尊心</td></tr>
<tr><td>3</td><td>接受或采纳学生的意见:肯定学生的意见,并进一步阐明问题,扩展问题或者是向学生提出问题</td></tr>
<tr><td>4</td><td>提出问题:根据教学计划,提出关于教学内容和程序方面的问题,引起学生思考</td></tr>
<tr><td rowspan="3">直接影响</td><td>5</td><td>课程讲授:提供与课程内容和教学程序有关的事实和意见;说出自己的想法并解释;引用权威的说法而非学生的意见</td></tr>
<tr><td>6</td><td>给予指导:提出要求和希望学生照办的意见</td></tr>
<tr><td>7</td><td>批评学生或为权威辩护:为了纠正或改进学生的行为模式而进行陈述;指出或纠正学生的答案;批评责备学生;解释教师自己的行为目的;维护教师的尊严</td></tr>
</table>

① N. A. Flanders. Analyzing teaching behavior[M]. Addison－Wesley Publishing Company,1970:107.

续表

学生的语言	8	应答反应：学生在与教师的某一次接触或联系中做出应答，学生只能在一定情境范围内表达自己的思想
	9	主动发言：学生主动发言或者表达自己的想法，或者是自发的，或者是对教师的应答，但学生可以自由地提出自己的意见和想法
安静或混乱	10	停顿，短时期的安静沉默，或一段时间的混乱。混乱期间观察者无法明确课堂上的语言联系和交往的情况

使用 FIAC 进行课堂观察，一节 40 ~ 50 分钟的课有 800 ~ 1 000 个编码，这些编码反映了课堂中按时间顺序发生的一系列事件，而这些按事件按时间顺序连接成一个序列，又能呈现出课堂教学的结构、模式和风格。①

典型案例

FIAC 应用案例

二、记号体系观察记录方式

记号体系观察记录方式就是事先对所有可能发生的行为进行预期，并列出清单，观察者进行观察时将根据这份清单对被观察者行为的呈现与否做出相应的记录。

记号体系的观察记录方式与编码体系的观察记录方式经常结合起来使用，这样有助于观察者进一步了解行为的类别。记号体系观察记录方式既适用于时间取样观察方法，也适用于事件取样观察方法。

在本章第二节的活动取样观察量表案例中所给出的课堂提问行为编码表，就是将这种记号体系与编码体系结合起来使用的。

典型案例

记号体系观察记录方式应用案例

① 宁虹，武金红．建立数量结构与意义理解的联系：弗兰德斯互动分析技术的改进运用[J]．教育研究，2003(5)：23 - 27.

三、等级量表观察记录方式

预先根据观察需要对行为加以分类并形成观察量表，观察者将在该量表上对被观察对象在某时间段内发生的目标行为做出相应的等级评价，这种记录方式被称为等级量表观察记录方式。进行等级评定时主要需要观察者做出主观判断。这种记录方式主要用于事件取样观察方法。

典型案例

等级量表观察记录方式应用案例

拓展阅读

观察代码及其常用类型

[思考与练习]

第二编　实 证 研 究

第四章　实验研究

实验研究方法是教育研究领域中经常使用的定量研究方法。随着学校教育规模的变化，学校和政府部门都需要通过教育科学研究提供的结构化、定量化的数据，来了解教育实践活动中的因果关系，并以此作为教育决策和教育管理的客观依据。在所有的研究方法中，实验研究是唯一可以说明自变量与因变量之间因果关系的研究方法。实验研究中的关键是要对变量建立适当的控制，进而才能准确地诠释实验资料。

[学习目标]

1. 了解实验研究的内涵、特点以及基本要素；
2. 理解影响实验内部效度的主要因素；
3. 掌握评价真实验设计与准实验设计的具体运用情境。

第一节　实验法概述

一、实验法的含义与特征

（一）什么是实验法

一般提起实验研究方法，人们总把它想成是有关研究自然科学的方法。就实际情况而言，实验研究方法最初是用于自然科学上的。最古老的实验可以追溯到古希腊阿基米德的"解开王冠之谜"的实验。实验研究方法是由自然科学领域的发展而成一套严谨的研究历程，逐渐被用于社会科学的研究领域。最早引进实验法的学科当属心理学，逐步形成"实验心理学"，以后再逐渐应用到教育学等社会科学领域。

当前，实验研究方法被认为是最严谨的研究法，最合乎科学性，同时最具有解释变量因果关系的能力。实验研究方法是通过系统地控制某些实验变量，观测与这些实验操作相伴随现象的变化，同时对影响实验结果的非实验变量加以控制，从而确定实验操作与观测现象之间因果关系的一种研究方法。实验的关键在于进行有控制的比较。换句话说，可以把实验研究概括为：操作实验变量，控制非实验变量，观测因变量，确定实验变量与因变量之间的因果关系。教育研究者所采用的实验，其典型的自变量包括：教学、方法、学习环境的安排、学习材料的类型等。

思考

实验研究法具有哪些基本特征？

（二）实验研究的基本特征

实验研究具有随机化、控制非实验变量、操控自变量及设置控制组四个基本特征。

1. 随机化

随机化就是在一个界定的研究群体中，每一个分子都有相同的机会被抽取作为研究的对象。一般而言，最常用的实验研究中的随机化步骤有两个：一个是随机抽样，另一个则是随机分配。前者是抽取适量的被试作为研究样本；后者是将抽取出来的被试分配到实验组或控制组，让每个抽取的被试都有同等机会接受任何一种实验处理。这两个随机化的步骤，其主要目的在于控制所有可能影响实验结果的非实验变量，使两组除实验者所操纵的实验变量不同以外，其余各方面都达到几乎完全相等或相似的程度。

2. 控制非实验变量

控制是实验者为消除实验变量之外的所有非实验变量而进行的处理，这些非实验变量可能会对因变量产生影响，产生混淆实验的效果，所以研究者必须设法控制或排除实验变量以外的所有非实验变量。研究者会寻求保持除了自变量以外的所有被试者、变量、情境、项目及程序的恒定，目的在于排除自变量之外的因素对因果关系可能造成的影响。

3. 操控自变量

实验者能够直接操控至少一个或更多自变量，这是实验研究与其他研究方法最大的不同之处。对于自变量直接的操控，是指实验者直接控制被试在何时接受以及受到何种强度的实验处理。研究者对于自变量的操控是一种考虑周密的操作。在一个实验之中，被试者接受不同强度的实验处理，而这些不同程度实验处理所造成的影响必须进行比较，以便找出因变量的改变与自变量的改变是否相关，并进而找出自变量与因变量之间的因果关系。

4. 设置控制组

实验研究中通常包含了两组被试，其中一组是实验组，一组是控制组，有时会出现三组或三组以上的组别，有时也可能只有一组被试。在实验过程中，实验组将接受一种或多种的实验处理，而控制组则有可能未接受任何实验处理或是接受不同的处理。其主要目的是要比较实验组与控制组在实验前后的因变量是否存在差异，如此，才可能探讨自变量与因变量之间的关系。

二、实验研究的基本要素

实验研究是获得知识、检验理论的一种特定的研究过程与方法，也是一种特殊的实践活动。作为一种特定的研究过程与方法，一个完整的实验研究，一般由以下八个要素构成：

（一）研究假设

实验必须要有明确的实验假设。实验假设包含变量之间的因果关系，要求用陈述句做出有明确判断的表述。例如，糖的摄入量增多会导致体重的增加。由于对研究假设的陈述就是要提出自变量因变量的关系，这样有了实验假设，才能根据这个假设进一步设计对自变量的操作、因变量的观测和非实验变量的控制。实验假设不是随意提出的，必须具有理论依据和经验事实基础，并接受经验检验。实验假设只是研究者对某一问题的暂时性解答。

> **温馨提示**
> 实验假设包含变量之间的因果关系，要求用陈述句做出有明确判断的表述。

实验研究的目的在于利用实验观察来搜集经验数据资料，以排除相反的假设、竞争性假设和谬误，以此来判断假设是否获得经验证据的支持。原则上，每一个科学假设只存在一个与之相反的假设。例如，我们假设“糖的摄入量增多会导致体重增加”，那么，其相反的假设就是“糖的摄入量增多不会导致体重的增加”。所谓竞争性假设，就是与原有假设不同的、对结果变量的其他解释。例如，“内分泌水平异常可能会导致体重增加”这个假设与我们原来提出的假设

> **温馨提示**
> 实验研究的目的在于利用经验数据排除相反的假设、竞争性假设和谬误。

"糖的摄入量增多会导致体重增加"就构成了竞争性假设。

实验假设是富有创意性的推断,其意义是很重要的。有了好的假设,才可能有好的教育实验设计和实验的结果,才能推动理论的发展,并解决现实中的教育问题。由此可见,假设应当是对理论和实际问题进行反复思考的基础上产生的。

拓展阅读

如何识别科学理论中的谬误

(二)研究被试

在教育实验中,被试是接受实验处理的人。研究者选择具有代表性的样本参加实验,研究结果才能够被推论到更大范围。实验者先以随机抽样确定样本,然后再以随机分配方式将被试分配到实验组或控制组。换言之,研究者根据实验假设选择研究被试,被试应当尽可能地随机选择和分配,并尽可能地使被试具有代表性,但教育实验往往受教育条件限制,多以现有的教学班组成研究被试。

(三)实验组与控制组

实验研究中通常包含了两组被试,其中一组是实验组,另一组是控制组或对照组,有时会出现三组或三组以上的组别,有时也可能只有一组被试。在实验过程中,实验组将会接受一种或多种的实验处理,而控制组则有可能未接受任何的实验处理或是接受不同的处理。其主要目的是要比较实验组与控制组在实验前后的因变量是否有所差异,我们才能探讨自变量与因变量之间的关系。

(四)实验变量

按照变量的功能来划分,实验研究涉及的变量主要有以下几种类型:

1. 自变量

自变量是引起其他变量变化的变量,故也称作原因变量。自变量是在实验中由实验者掌握、在性质或数量上可以变化、可以操作的条件、现象或特征。一般来说,自变量是我们在实验中进行操作的变量,也叫实验变量,或干预变量。在前面举到的例子中,糖的摄入量可能会导致体重的变化,因此,"糖的摄入量"是自变量。

在实验中,运用自变量对研究结果进行干预的过程,被称为实验处理。自变量的取值范围至少包括两个变化值。自变量的每一种变化值被称为一种实验处理水平。在实验中,自变量一般有两个或两个以上不同的水平或者状态。

在实验中有时会涉及两个或两个以上的自变量,此时,观察结果的变化是两个以上自变量的作用引起的,每个自变量又有各自的不同的处理水平。具有两个或两个以上自变量的实验叫做多因素实验,因此,我们需要进行多因素的实验设计。

2. 因变量

因变量是实验中的反应变量。换言之,因变量是因为自变量的变化而产生的现象变化或结果,因此也被称为结果变量。自变量和因变量是相互依存的,没有自变量就无所谓因变量,没有因变量也无所谓自变量。

3. 非实验变量

非实验变量是指那些除了实验因素(自变量)以外的所有可能影响实验结果的变量。非实验变量也称非实验因素或非实验因子。按照在实验过程中可控和不可控的标准来划分,非实验变量可以被分为干扰(或控制)变量和无关变量两种形式。可以被控制的,除了自变量以外的,其他可能会影响到实验结果的因素,被称为干扰变量。与之相对,无关变量是可能会影响实验结果的,但又是不可控的除了自变量以外的其他变量。实验中,总是存在着各种无关变量的影响。实验操作和无关变量的交互作用,对被试也可能产生影响。

温馨提示

实验控制的目的在于把自变量的作用分离出来。

(五)实验控制

实验控制主要是指对干扰变量的控制和对无关变量排除。实验控制的目的在于把自变量的作用分离出来。能否有效控制实验干扰变量和彻底排除无关变量等非实验变量的影响,对于实验研究至关重要,也是进行实验设计和保证实验质量的关键所在。

实验的结果是通过对因变量的观测和解释得到的。干扰变量和无关变量这些非实验变量,它们都不是实验假设中所提出的研究变量,都与实验目的无关,但它们可能会影响到对实验结果的解释。这种影响可能通过因变量的变化被观测到。只有将除自变量以外的一切能引起因变量变化的变量有效控制或彻底排除之后,才能获得可信的和有效的实验数据,进而才能清晰明确地确定实验假设中的因果关系,以此来检验假设。

(六)实验程序

实验程序包括完成实验所需的条件、方法、工具、过程、步骤和具体的操作要求。诸如对如何去操控自变量、如何去观察与测量因变量、如何即时处理实验过程的突发干扰事件等研究的条件、过程、步骤和具体的操作要求。实验程序是实验研究的一项基本构成要素。

实验研究应该有比较严密的程序。在设计实验时,要对实验的程序进行周密设计,这些程序包括每一程序的具体内容,使用的工具、方法、控制措施,实验进行的时间,以及实验中可能出现的问题和处理的办法。对实验程序的设计与说明体现在研究者预先写好的实验计划中，在实施过程中，实验人员将严格按照这些已经设计好的程序一步一步地进行实验。

公开的、设计严密的实验程序有助于数据的累积，其他研究者可以使用相同的实验程序对以往提出的研究假设和结论进行重复检验。这是科学研究的重要特征。

温馨提示

公开的、设计严密的实验程序有助于对以往提出的研究假设和结论进行重复检验。

（七）研究结果

研究结果是我们操作自变量形成的事实。实验就是操作自变量、控制或排除非实验变量、观测因变量。我们在实验研究中所做的一切工作，最后就是形成一个事实。这个事实是由我们对自变量的操作引起的，是通过对因变量的观测看到的，是通过对非实验变量的控制和排除来解释的。如果我们的实验是成功的，那么这个事实就会令人信服地解释为由我们对自变量的操作所形成的。

通过对自变量的操作所形成的事实就是实验的结果。这个结果需要表述出来，怎么表述？一是实验结果要通过对实验数据进行严格的统计分析加以说明。二是运用文字说明加以解释，用文字表述来说明统计分析结果的实际意义以及对于教育教学的实际意义。

（八）研究结论

实验要得出结论，说明实验结果与实验假设之间的关系。换句话说，在实验结论中，要说明以下一些问题：实验结果是证明了实验假设还是否定了实验假设，这个实验结果与已有的相关研究是否一致，这些暂时性的实验结论能否进一步推论到更大的群体之中、它对于教育教学的改善和进一步的研究有什么意义等。研究结论一般体现在研究者撰写的论文或研究报告中。

拓展阅读

实验研究的类型

三、实验效度与控制

实验研究的主要目的在于检验理论假说，即探求因变量与自变量之间的关系，弄清楚因变量是不是由自变量的影响所造成的结果，并在多大程度上受自变量的影响，这就要求实验设计者首先要考虑如何控制自变量、如何准确地观察测量因变量。

（一）实验效度

一项实验要为理论发展做出有意义的贡献，要使研究具有指导教育实践的意义，这项实验必须是有效的，也就是实验必须具备效度。实验的效度就是实验结果的准确程度，效度愈高，实验结果愈可靠。坎贝尔和斯坦利首先提出了实验的内在效度和外在效度的概念①，之后各国学者皆沿用这两种效度来讨论实验研究结果的正确性。所谓内在效度（internal validity）是指实验研究者所操纵的实验变量对因变量所造成的影响的真正程度，即一个实验研究能够有效地检验出所要实验的因果关系。若实验的干扰变量愈多，正确性愈差，则该实验内在效度愈低；反之干扰变量能够完全控制，其正确性愈高，则该实验的内在效度愈高。一项实验必须要有一定程度的内在效度。所谓外在效度（external validity）是指实验结果的可推论范围的大小，实验结果的可推论范围愈大，其应用性及代表性也愈大，实验的外在效度也愈高。②简言之，就是指实验研究结果是否可推论到研究对象以外的其他被试，或研究情境以外的其他情境。如果观察变量之间的关系仅仅对那些参加实验的人才有效，那么实验所获得的结论应用价值就很小。外在效度是衡量教育实验效果的标准之一。

实验效度只是一种理想的追求，它不可能得到完全实现。因为在教育实验中有许多变量需要加以控制，为了获得内在效度而进行严格的实验控制时，就会形成更加人为的实验情境，从而缩小了外在效度或实验的推论范围。这就必然要采取某种妥协折中的办法，以便在控制与推论（即内在效度与外在效度）之间建立适当的平衡。一般来说，理论研究的实验更注重内在效度，应用研究的实验更加注重外在效度。在实验过程中，不可避免地会有一些非实验变量影响因变量，如果对这些非实验变量置之不理，那么因变量的观测值就不完全来自于自变量的影响，实验效度就降低了。所以，为了提升实验效度，必须做好实验变量（或称条件）的控制，通过各种办法排除或减少非实验变量对因变量的影响。

（二）影响实验内在效度的因素

如果一个实验研究没有内在效度，那这个研究是没有价值的，因为内在效度决定研究结果的解释。坎贝尔和斯坦利认为，有九类变量与教育实验的内在效度有关③，或称为内在效度的影响因素，分别是：

1. 历史

历史因素，或称为同时事件，是指实验期间发生的某些事件可能对因变量的

讨论

影响实验内在效度的因素有哪些？你还能举出更多的实例吗？

① 参见 Donald Campbell, and Julian Stanley. Experimental and Quasi - Experimental Designs for Research [M]. Chicago: Rand McNally, 1963:5 -6，使用时有增补和修改。

② 参见 Donald Campbell, and Julian Stanley. Experimental and Quasi - Experimental Designs for Research [M]. Chicago: Rand McNally, 1963:5 -6，使用时有增补和修改。

③ 参见 Donald Campbell, and Julian Stanley. Experimental and Quasi - Experimental Designs for Research [M]. Chicago: Rand McNally, 1963:5 -6，使用时有增补和修改。

变化发生影响，影响实验操作对因变量变化的解释。实验是一个过程，在实验实施处理（对自变量进行的实验操作）的前测和后测之间有一个时间间隔。在实验期间，除了实验处理时会影响被试造成因变量的变化之外，还会出现一些其他情况，也可能会对因变量发生影响，这样的情况是很多的。例如，在一个用时较短的实验过程中，一组被试因为停电或其他偶然事件可能会对实验发生影响。一个语文教学的实验可能因为其他课程（如历史课）的教学中恰好学到相关的内容，使得后测的语文学习成绩提高。总之，后测的结果可能并不单纯是由于实验操作所引起的①。这些事件使实验的结果不能完全以实验操作来解释，这就在一定程度上降低了实验的内在效度。一般来说，实验时间越长，实验处理以外的其他事件对被试发生影响的可能性就越大。因此，历史、经历是实验中必须识别和做出控制的一个无变变量，它有可能成为无效度的来源。

2. 成熟

成熟是指在实验期间被试随着时间推移发生的生理、心理变化对实验结果产生的影响。譬如，强壮、疲倦、没兴趣、专注力降低等都会影响实验结果。再譬如，某教师进行一项长达一个学期的阅读教学实验，学生阅读成绩的提高可能不单纯是由于新的教学方法，被试在此期间也许由于年龄增长，或者在认识能力方面、词汇的掌握方面都可能有自然提高。为避免成熟的影响，被试的选择与分组最好尽可能随机化，同时设一组比较的控制组，以假定两组均有相同的成熟度和发展经验。

3. 测验

测验因素是指前测对后测的影响。很多教育实验为了比较实验前后的情况，在实验处理之前先进行一次测验，但是经过前测之后，被试可能会熟悉测验的技巧和内容。即使不经过实验处理，也可能因为有了前测的经验而使得其后测成绩提高。如果实验需要进行的测验不止一次，前测可能会对后测造成影响，影响实验结果的解释。因此，测验因素通常是设置无前测的对照组加以控制。

4. 测量工具

测量工具是指实验中测试方法技术或工具的无效或缺少一致性。例如，在测量过程中，主持实验者的主观情绪状态发生变化，如变得更严格、疲倦或粗心；或是研究者的个性、态度、价值观的影响，譬如皮格马利翁效应；或测量标准不同，例如，前后测难度不同、不同班级不同测验、测验者不同人。上述这些因素都可能导致研究结果的无效性，所以，研究者要精心选择测验及技术，谨慎观察，加

---

① 参见 Donald Campbell, and Julian Stanley. Experimental and Quasi - Experimental Designs for Research [M]. Chicago: Rand McNally, 1963:5 - 6，使用时有增补和修改。

强基本训练和严格测试手段，并选择好实验设计以控制这些因素。

5. 统计回归

当实验者根据某项心理特质的极端分数而选择研究对象时，统计回归的问题便易产生，特别是在有前后测的实验设计中问题更为突出。统计回归现象，是指被试的测量分数在第二次测量时，有向团体平均数回归（趋近）的倾向。换言之，高分组的被试在第二次测量时，其分数由于向平均数回归而有降低的趋势，但低分组的被试，其分数却有升高的趋势。譬如，研究者选择一些阅读测验分数最低的学生做补救教学实验，经过一段实验时间，再以相同或相似的阅读测验测量他们的阅读能力，由于统计回归现象，这些人的分数会有升高的倾向。

为避免这种因素的干扰，在研究中最好不要采用两个极端的被试，或在研究中将极端分数者单独分组，并注意结果的差异。

6. 选择偏差

选择偏差是指由于被试选择的偏差对实验结果造成的影响。在选择被试的时候，如果没有做到随机抽样和随机分配，那么所选的两组或者几组被试之间在未进行实验之前，本来就可能有各方面能力的偏差，这样的实验结果也不能完全由实验操作来解释。实验结果显示的变化，也可能来自两组之间的实验之前就存在的差异。

7. 被试的流失

研究样本在实验期间的流失是影响两组或多组实验设计内在效度的重要因素。在一个持续时间较长的实验中，被试的更换、淘汰或中途退出都可能对研究结果产生显著影响。其中，时间的等值也要注意，两个班学生缺席次数是否相同、两组学习时间是否相等、课外的补习时间是否相等等，都要加以控制。

8. 选择和成熟的交互作用

上述七项因素彼此的交互作用，将构成影响内在效度的另一个因素，选择和成熟的交互作用即是其中之一。譬如，研究者研究观看描述特殊教育儿童的影片对消除特殊教育儿童偏见的影响，他从两个不同地区选取两组被试，在实验组中，多数为来自中上阶层家庭的学生，而在控制组中，多数来自低阶层。由于面临不断增长，认知能力更成熟，而使特殊教育儿童偏见有逐渐减低的倾向，且此种减低的程度，中上阶层比低阶层更大。经实验处理后，可预期实验组特殊教育儿童偏见的改变会大于控制组，但此种改变可能是因选择和成熟交互作用所造成的结果。

讨论

影响实验外在效度的因素有哪些？你还能找出更多的实例吗？

9. 实验处理的扩散

这是指实验组与控制组的成员具有密切关系，因接触、讨论而会造成实验处理的扩散，因此实验进行时，应避免两组间的接触，要求各组成员间不可互通信息。

（三）影响实验外在效度的因素

外在效度反映出实验结果的概括性和代表性，即研究结果是否可推论到研究对象以外的其他被试，或研究情境以外的其他情境。坎贝尔和斯坦利认为对外在效度的影响主要有如下四个因素：

1. 测验与处理的交互作用效应

在有前测和后测的实验设计中，前测的经验往往会限制研究结论的推论性。其理由是被试对实验处理会更具敏感性，平常情境下未曾注意到的问题或现象，此时变得更为敏感和警觉，以致实验效果可能是由于部分来自前测的经验所产生。因此，实施前测的实验结果不能推广到前测之外的对象中去，只能应用于已做过相似前测的样本。

2. 选择与实验处理的交互作用效应

这种影响表现在选择样本的偏差，被试取样没有代表性。在名牌学校进行实验的结果不能推论到一般或较差学校，一般学校的前段班级实验结果也不能代表普通班的学生。

3. 实验安排的效应

实验安排的效应是指实验情境措施对被试的影响，这就是有名的霍桑效应。这个因素的产生，主要是由于参加实验的被试，觉察到他们正在接受一项实验研究，因此，为投实验者所好，他们可能改变政策所表现的行为方式，努力表现实验者所期许的行为。还有一种亨利效应（Henry effect），是指当实验组采用新方法或步骤时，控制组的被试不甘示弱，力图与实验组一较长短，则控制组的表现常在一般的平均水准之上，此现象又称为“补偿性对抗”。

4. 多重处理干扰

当同样的被试重复接受两种或多种的实验处理时，由于前面的处理通常不易完全消失，以致几项实验处理之间会相互产生干扰作用，因此实验所得出的结论只能推论到类似的重复实验处理的实验，不能推论到非重复处理的实验上去。

从以上的分析可知，实验研究必须兼重内在效度与外在效度，才能确保实验结论的正确性和推论性。内在效度是外在效度的必要条件，但具有内在效度的研究结果不一定具有很高的外在效度，而且内、外效度有时会相互影响。譬如，为防止性别的影响，只选取男生或女生接受实验，虽然内在效度提高了，但是结果的外在效度却降低了，无法推论到不同性别的群体。在实验设计时，必须精心考虑规划，以避免出现可能影响内、外在效度的因素。

拓展阅读

实验的控制方法

第二节　实验设计

实验设计不仅彰显对被试分配、实验程序的安排，也体现着如何控制非实验变量的影响，获得一定实验效度的策略。针对实验中的各种变量、实验程序以及被试的分配进行安排，可以形成各种实验设计模式。在具体介绍它们之前，首先简要介绍一下实验设计中常用的符号及其意义。

X：表示一种处理，即研究者操作或变化的实验变量（自变量）；X_0，X_1，X_2等表示实验处理的不同水平。

O：表示处理前或后的一种观测或度量。

自左至右：表示时间次序或先后。

同一横行的 X 或 O：表示这些 X 或 O 作用于同一组被试。

R：表示被试已被随机化选择、分配和控制。

M：表示把被试加以配对。

……由虚线所隔开的各组是非同质的，虚线表示不能随机选择和部署两组。

Ⓧ：表示事后回溯设计中的自变量，是研究者不能操纵或改变的。

从不同的角度可以对实验设计模式做出不同的区分。按照实验程序中是否安排前测，各种实验设计模式中可分为实施后测设计和前测后测设计。按照对实验控制的程度不同，实验设计模式又可分为真实验设计、准实验设计和前实验设计三种类型。以下重点介绍真实验设计和准实验设计。

一、真实验设计

真实验必须等组。如果不等组，则不是“真实验”。所谓等组，即除了实验因素外，所有能影响实验的其他因素必须相同或相等。

设计是按照随机原则选择和分配，有控制组进行对照比较，能够较好地控制内部、外部无效度来源，使实验得到比较严格的设计。真实验设计都有至少一组控制组，被试随机取样和随机分派到各组。真实验设计存在不同类型的结构模式，下面我们主要讨论几种常用的典型模式。

（一）实验组控制组后测设计

实验组控制组后测设计也被称为随机等组后测设计，这种设计的基本模式如下：

1. 实验组控制组后测设计基本模式

RG_1　　X　　O_1

RG_2　　—　　O_2

在这个基本模式中，G_1、G_2代表两个组，R 表示随机选取和分配被试，RG_1和RG_2是按随机化原则产生的两个组，由于被试的选择和在两个组中的分配都是随机的，这两组可视为随机等组。两个随机等组中的一个组 RG_1接受实验处理 X，是实验组；另一个组没有做实验处理，是控制组。实验处理之后，两组同时进行同样的后测，得到实验组因变量观测值 O_1和控制组因变量观测值 O_2。

实验结果可以通过对两个后测的比较来反映。如果结果表明 $O_1 > O_2$，并经过统计检验证明差异显著，那么实验组的成绩就显著地高于控制组。

对于两个随机等组实验结果的统计分析，我们可以用两个独立样本数差异的 t 检验法来检验。检验之后，$O_1 > O_2$是显著的，有统计学意义。但实验是否有效，还需看非实验变量是否得到了有效控制。

2. 实验组控制组后测设计的主要优点

实验组控制组后测设计是一种比较理想的实验设计，它几乎对所有的非实验变量都有控制作用。

（1）控制了选择作用的影响。随机选取和分配被试，控制了选择偏差、选择与成熟交互作用对内在效度的影响。

（2）消除了历史、成熟因素的影响。由于有随机等组做控制组，对实验结果的分析以两组后测成绩的对照比较为依据。在两组之中，历史事件和成熟的影响是随机的。即使存在历史、成熟因素的影响，它们对两个组的作用是均衡的，不影响对实验结果的解释。

（3）控制了测验及测验工具的影响。由于没有前测，可以避免前测对后测的影响，控制了测验对被试的影响以及前后测工具不一致的影响。

（4）避免统计回归因素的影响。统计回归主要是在被试极端分布的情况下产生影响，随机分配能够避免这种影响，但在有前后测的设计中，仍可能由于某种偶然情况的发生而产生影响，没有前测，不做前后测的比较，就有利于控制它的影响。

（5）消除流失因素的影响。严格地说，除了用消除法杜绝流失发生或者样本很大可以忽略个别流失之外，很难真正达到控制。但是，随机化处理对它还是

讨论

实验组控制组后测设计的主要优点与不足有哪些？

有一定控制作用的。流失的影响主要是破坏两个组被试的分布结构。在两个随机分组中，被试的流失也有随机性。实验组低分缺失和控制组高分缺失同时发生的概率，一般情况下比随机缺失的概率要小。所以，我们可以说这种设计对被试缺失的影响同样具有一定的控制作用。如果真的发生有偏差倾向的缺失，仅从这种模式的设计上是无法进行控制的。

3. 实验组控制组后测设计的不足

综上易见，这种设计对所有的内在效度影响因素都具有控制作用。从非实验变量控制的角度来考虑，这种设计对教育实验来说是相当理想的设计，但此种设计也具有某些不足，它只适用于一个实验处理的实验研究。而在教育实验中要操作的自变量往往不是只有一个水平。譬如两种教学方法，两种教材的比较，等等，都是需要操作两个以上的水平。因此，这种设计模式往往不能满足教育实验的需要。

（二）实验组控制组前后测设计

1. 实验组控制组前后测设计的基本模式

$RG_1 \quad O_1 \quad X \quad O_2$

$RG_2 \quad O_3 \quad — \quad O_4$

这个基本模式与前面的随机等组后测设计模式相类似，不同之处就在于对实验组和控制组除了进行后测，取得后测成绩 O_2 和 O_4 之外，在对实验组进行实验处理之前，对两组还需进行前测，分别取得前测成绩 O_1 和 O_3。

这种设计的实验结果，不能简单地用后测成绩 O_2 和 O_4 做比较，还需要以前测成绩 O_1 和 O_3 的比较作为基准，如果两组前测成绩无显著差异，可以比较后测成绩之间的差异，通过 t 检验，检验差异的显著性。

如果两组前测成绩 O_1 和 O_3 之间存在显著的差异，那么这两组是不等质的。虽然是随机产生的，但也有不等质的可能性，因此我们不能直接对 O_2 和 O_4 做比较，需要用前后测之间的增值（O_2-O_1）和（O_4-O_3）进行比较和 t 检验。

另外，对于这种设计的统计分析，我们还可以采用协方差分析的方法，剔除前测成绩差异的影响，比较两组的后测成绩差异的显著性。

拓展阅读

实验组控制组前后测设计中的实验控制

2. 实验组控制组前后测设计的优点

（1）检验实验组、控制组是否等组

思考

实验组控制组前后测设计的优点与不足有哪些？

对于实验组控制组来说，通过前测可以检查实验组控制组是否存在偏差或进一步证明两组为等组，即具有同质性。如果对于实验组控制组等值把握不大，如样本很小等情况，通过前测可以为证明实验组控制组等组提供依据。

（2）前测数据具有一定意义

当需要对前测成绩进行统计分析和计算时，前测数据对研究是很有价值的。像前面提到的通过协方差分析和计算因变量观测值的增值（O_2-O_1）和（O_4-O_3）来了解实验前后因变量变化的时候，前测数据是很有意义的。

3. 实验组控制组前后测设计的不足

它增加了无效度来源，这是由于前测对于后测的影响是存在的。经过实验组控制组的比较，我们可以认为这种影响对于两个组来说是相同的，不影响对结论的解释。但这种控制作用是相对的、有限的，只是在一定程度上说是有控制作用的，实际上前测的影响并没有真的消除，它对内外效度都可能有一定影响。

（三）所罗门四组设计

所罗门四组设计是所罗门（R. L. Solomon）1949 年提出的一种随机化设计模式，它能够处理测验与刺激交互作用的问题。其基本模式如下：

RG_1	O_1	X	O_2
RG_2	O_3	—	O_4
RG_3		X	O_5
RG_4		—	O_6

在这个设计中，有 4 组随机等组，2 个实验组，2 个控制组，2 个实验组所做的是同样的实验处理 X，不同在于一个组有前测，另一个组没有前测。

这种设计模式就是我们前面提及的实验组控制组前后测和随机等组后测组合在一起构成的。实验组控制组前后测设计和随机等组后测设计都是比较严谨的控制设计。这两种设计模式组合在一起不仅保留了这两种设计的优点，而且还可以获得更丰富的实验信息和更严谨的控制。

讨论

所罗门实验设计能够提供哪些信息？

以下我们重点讨论所罗门实验设计能够提供的信息：

（1）O_2-O_1　如果 $O_2>O_1$ 说明实验处理 X 后，因变量发生了变化，这种变化是不是 X 引起的，仅通过 O_2-O_1 还不能说明。

（2）O_2-O_4　如果 $O_2>O_4$ 说明是实验处理 X 引起了因变量的变化，因为在 O_1 到 O_2 和 O_3 到 O_4 之间只有实验处理 X 的不同，但是 O_2-O_4 都是经过了前测之后的观测值，与前测有关的交互作用有可能影响到对实验结果的解释。

（3）O_5-O_3　O_5 是没有经过前侧的后测成绩，如果有 $O_5>O_3$ 可以说明在没有任何前测影响下,实验处理的作用仍然是无效的。但是 O_5 与 O_3 的比较又不能反映在没有前测的条件下,其他非实验变量控制的情况。

(4) $O_5 - O_6$　如果 $O_5 > O_6$,这说明在随机等组后测条件下,确认了因变量的变化是 X 引起的。

所以,如果有这样的显著结果,我们就可以由充分的理由推断,实验结果是由施加的实验处理 X 引起的。除了具有实验组控制组前后测、等组后测两种设计的优点外,这种设计的一个重要特点是控制、检验前测的影响,$O_5 - O_3$ 可在没有任何前测影响下,检测实验效果。$O_4 - O_6$ 可以反映前测经验的单独作用。$O_2 - O_5$ 可以反映前测与实验处理的交互作用。$O_6 - O_3$ 可以反映历史、成熟的影响效果。

基于上述分析可知,所罗门四组设计控制的严谨,可以了解它所能提供的依据,但是这种设计需要四个随机等组作为实验样本,在一般的教育研究中是很难做到的,所以,这种设计虽然严谨,但在教育实验研究中并不能广泛使用。

拓展阅读

其他类型的真实验设计

二、准实验设计

准实验是指在难以随机分组的情况下,或者为了提高实验情境与实际情境的相似性,运用原始群体进行实验处理的研究方法。①虽然准实验的结果不如真实验可靠,但由于是自然状态,所以如果内在效度能够保障,外在效度往往优于真实验。准实验的关键问题是在不等组条件下保障实验的内在效度问题。准实验设计强调对自变量进行操作控制,但对非实验变量的控制较差,以致无法完全控制实验误差的来源。如果控制不好,则根本不能保证因果关系的确立。但是可用统计方法进行调节,或将一些非实验变量纳入自变量,来提高对于非实验变量的控制能力。基于此,我们可以看到准实验的重点在数据解释,以及实验外间接数据的收集(例如档案资料、访谈、调查等)上。

准实验设计有多种类型,其中主要有以下四种:

(一)不等组前后测设计

不等组前后测设计的基本模式如下:

---

① 张红霞. 教育科学研究方法[M]. 北京:教育科学出版社,2009:136.

G_1　　O_1　　X　　O_2

G_2　　O_3　　—　　O_4

这个模式具有两个特征：有两个组、皆有前后测。因为是在原有的班级进行实验，不是随机分派，因此控制组与实验组是不相等的，但实验处理可以随机指派。

这种模式的优点如下：因有控制组、有前后测，因此可以控制成熟、历史、测验、工具、统计回归等因素影响，提高了研究的内在效度。至于缺点则有以下两点：第一，不是随机取样分组，选择与成熟的交互作用可能会降低实验的内在效度；第二，前后测的交互作用。因为实验组与控制组彼此非等组，因此在统计分析上宜采用共变分析来处理资料，以前测为共变量，以组别为自变量来分析因变量观察值的总变异。

（二）不等组仅施后测设计

该设计适用于易引起实验敏感的实验干预。除此之外，与不等组前后测设计的基本原理相同。所不同的是，该设计利用被试的原始材料作为初始数据代替了“前测”，例如被试档案、入学成绩等。

（三）时间序列设计

时间序列设计系指对一个非随机取样的实验组（或控制组），在接受实验处理之前和之后，重复接受若干次的测量，而非仅在处理前后各接受一次测量，此种设计即为时间序列设计。时间序列设计基本上可分为单组及双组两种形式。

1．单组时间序列设计

单组时间序列设计其基本模式如下：

O_1　　O_2　　O_3　　O_4　　X　　O_5　　O_6　　O_7　　O_8

这种模式是单组在实验处理之前要接受多次的观察或测量，处理前的观察可称为重复的前测（repeated pretests），处理后的观察则是重复的后测（repeated posttests）。若前测每一次所得的分数大致相同，但后测平均数高于前测，则表示该实验处理产生了正向效果。譬如，某教师在采用新教学方法（X）之前连续5周，每周对该班学生实施数学测验1次，在实施新教材之后连续5周，每周对该班学生实施1次数学测验，如果后测分数高于前测，则实验结果显示新教学法有相当稳定的效果。

另有一种时间序列的变形是“相等时间样本设计”，其主要特征为：实验处理与控制处理在相等的时间内交互间隔出现，每位被试均重复接受这些处理。其模式如下：

时间序列	1	2	3	4	5	6	7	8	……
处理序列	X_1	O_1	X_0	O_2	X_1	X_0	O_3	X_1	……

其中，X_1为实验处理；O_1为第一次实验处理后的观测值；X_0为不实施实验处

理,即控制处理。注意,该实验设计中只有一组被试。譬如,对低年级儿童以讲故事的方式研究道德观念的变化,研究者选一个班级施以实验处理,实验前先测验学生道德发展水准,接着设置一种实验情境,如树立榜样,然后再测学生的发展水准。过一定时间后再设第二种情境(即同一个实验处理 X_1 的不同水平),然后再测验。为了控制练习效应,可以设计成 ABBA 顺序安排,A 是无处理,B 是实施处理。

时间序列	1	2	3	4	5	6	7	8
处理顺序	A	B	B	A	A	B	B	A

2. 控制组时间序列设计

控制组时间序列设计,其基本模式如下:

$$O_1 \quad O_2 \quad O_3 \quad O_4 \quad X \quad O_5 \quad O_6 \quad O_7 \quad O_8$$

$$O_1 \quad O_2 \quad O_3 \quad O_4 \quad \quad O_5 \quad O_6 \quad O_7 \quad O_8$$

这种设计适用于固定整组,常用于学校课堂教学。在统计分析上,可以将两组被试各自的一系列时间前测成绩的平均数与一系列后测成绩的平均数加以比较,从成绩的增减说明处理的效果;也可以将两组之间的一系列时间的前测和后测成绩相比较,来判断两组接受不同处理所产生的效果。

总之,时间序列设计因为能够透过系列前测与后测,对一组被试的稳定变化有所了解,也能对两组处理前后的稳定变化进行比较,许多影响内在效度的因素比如成熟、测验、测量工具、统计回归、选择偏差、被试的流失等均能有效控制。但时间序列设计因未能控制同时事件、霍桑效应、练习误差,这样测验的反作用或交互作用效果以及实验安排的反作用效果则无法避免。

拓展阅读

其他类型的准实验设计

第三节 教育实验研究的局限性

尽管教育实验研究具备很多优点,诸如有目的控制变量、能够揭示变量之间的因果关系、能够主动创设实验情境、有严格的实验设计和明确的实验程序、具有可重复性以及丰富社会科学的研究范围等,但是面临繁难的教育情境,仍有其限制,实验研究在教育研究上的限制有如下四点:

一、教育研究的对象本身太复杂

单一变量法则是实验研究法所遵从的最高法则,即要把所有无关变量和干扰变量全部予以控制,留下单独一个实验变量加以操控。教育科学研究中的许多变量是无法操控的,更不能单独分离出来操控,有许多变量彼此相互影响,单独研究一个变量很难了解复杂的教育现象。

二、实验者与被观察者之间容易交互影响

人们熟悉的霍桑效应的现象,意味着被观察者本身便足以使被观察者的行为发生改变,主要原因是观察者和被观察者彼此之间容易产生交互影响。所以,用实验的方法来探讨教育现象,在下结论时必须特别小心。

三、实验情境与实际情境存在差异

实验控制有时会使实验情境与实际情境存在一些差距,甚至真正实验所要求的严格控制误差的办法无法在实际教育情境中施行,因此从实验情境中获得的结论与发现有时并不完全适用于实际教育活动。虽然真正实验研究设计在教育场所中较难达成,但仍然可以利用由使用控制不够严谨的准实验研究来推进教育场所中的实验研究,亦有其相当的价值性。

四、教育实验有时会涉及一些研究伦理的问题

教育的对象是人,以人为实验对象,多少都存在冒险的成分,从人权的观念来看,用人作为实验对象,或改进教学,或为提升教育素质,在实验处理中要有妥善的伦理约束,避免学生身心受到压力或伤害。

[思考与练习]

第五章　调查研究

问卷调查可宽泛的理解为包括资料收集和分析在内的量化研究方法，也可被严格的定义为一种资料收集方法，目前后者使用较为规范。访谈调查则主要是一种定性资料的收集方式。这两种资料收集方式在包括教育在内的诸多社会科学与人文学科领域均具有较普遍的使用，也是很多具体研究方法，如统计调查研究、案例研究、民族志研究、行动研究等方法常用的资料收集方式。

［学习目标］

1. 了解问卷调查和访谈调查的基本概念和适用性；
2. 掌握问卷、访谈提纲的设计，以及问卷调查和访谈调查的事实程序；
3. 掌握量化资料的整理、统计分析和定性资料的处理。

第一节　问卷调查

思考
如何进行问卷调查?

一、问卷调查法概述

问卷调查是教育调查研究中基本的研究方法之一,被包括教育学在内的很多学科所广泛使用。问卷调查研究也是教育研究领域中应用最为频繁的一种实证研究方法。[①] 但目前,教育领域的问卷调查研究还存在很多问题,如问卷设计缺乏测量依据、缺少试测和修正、调查样本不具代表性、问卷的信度和效度不明、调查目的与统计分析方法不匹配、缺少统计结论效度的评价等问题,亟须提高研究质量。[②]

(一)什么是问卷调查法

问卷法本身是收集数据的一种方法,而调查则是将数据收集与数据分析统合在一起的一种研究俗称,问卷调查就是借助于问卷进行调查研究的一种方式。由于对其侧重点理解不同,不同学者对其概念界定也有差异。

一是将其界定为侧重问卷的研究方法。如,问卷调查是研究者把研究问题设计成若干具体问题,按照一定的规则排列,编制成书面的问题表格,交给被调查者进行填写作答,然后收回、整理、分析,从而得出研究结论的一种研究方法。[③]

二是侧重于调查的研究方法。如,问卷调查通常是指对较大人群样本,采取提问的方式获取数据资料,从而对所关心问题的现状进行统计性的描述、评价、解释和预测的一种研究方法。[④]

三是侧重于问卷的资料收集方法。如,问卷调查是采用一种预先设计好的结构化、标准化问卷作为资料收集工具的一种调查方式;[⑤]问卷法是指在社会调查中,采用问卷调查表(常简称为问卷)作为工具,直接从被调查者那里收集有关资料的方法。[⑥]

---

① 朱书强,刘明祥. 实证研究方法在教育技术学领域的应用情况分析[J]. 电化教育研究,2008(8):32-36.

② 钟柏昌,李艺. 问卷调查方法在教育研究领域的应用状况分析[J]. 开放教育研究,2012(6):74-79.

③ 裴娣娜. 教育科学研究方法[M]. 沈阳:辽宁大学出版社,1999:127.

④ 张红霞. 教育科学研究方法[M]. 北京:教育科学出版社,2009:229.

⑤ 郑杭生. 社会学概念论新修[M]. 3版. 北京:中国人民大学出版社,2003:489-490.

⑥ 风笑天. 问卷法[J]. 青年研究,1993(5):39-43.

简要分析上述定义可以发现，问卷调查存在着数据收集方法与研究方法两种取向。因此，从严格的角度来界定，问卷调查仅是一种数据的收集方法，而较为宽泛的理解可将其延伸为使用问卷调查的一种研究方法。目前，学术界日益明确和规范的研究方法体系可明确分为方法论（如定性与定量研究）、具体研究方法（如个案研究、民族志研究、行动研究、叙事研究、实验研究等）、数据收集方法（如文献法、实验法、问卷法、访谈法、观察法等）与数据分析方法（如定性分析与定量分析）四个层次。但是四个层次之间又具有内在的联系，如具体的研究方法既有定性与定量之分，同时又有具体的数据收集方式，这也决定了数据的性质及相应的分析方法。

结合上述分析，问卷调查具有狭义和广义两种定义：**从狭义上讲，问卷调查是通过多个标准化问题而组成的结构化问卷，针对一定群体样本而收集量化数据的方法；从广义上讲，问卷调查则是通过标准化、结构化的问卷收集数据并进行量化分析和研究的一种研究方法**。问卷调查的数据分析一般采用量化的统计分析，因此有时也被称为统计调查研究方法。

思考

问卷调查涉及哪些基本因素？

（二）问卷调查的基本要素

问卷调查的基本要素，从其操作流程和构成来讲，可分为以下几个方面：

一是调查对象，可分为研究面对的调查总体与具体进行问卷调查的样本。所谓调查总体就是调查研究所要面对的个体的集合，而样本则是从调查总体中抽取的用于进行具体调查的部分个体。

二是抽样，即从调查总体中抽取样本。抽样可简要地分为随机抽样和非随机抽样。所谓随机抽样，就是要保证每个样本在调查总体中被抽取的概率相等，可以分为简单随机抽样、等距抽样、分层抽样、整群抽样、多阶段抽样；而非随机抽样可以分为立意（或目的）抽样、方便抽样、滚雪球抽样、偶遇抽样、配额抽样等。非随机抽样一般简便易行，但不能用于统计推论。随机抽样可用于从样本推论至整体的统计推论，但需要样本框等条件和严格按照随机抽样方法、步骤进行抽样。

三是问卷。问卷一般由多个遵循研究与调查目的的具体问题所组成，整个问卷具有结构化的特征，问题的答案具有可以量化处理的标准化特征。

四是问卷的发放与回收方式。问卷的发放与回收也是决定问卷调查成功与否的关键因素，因此问卷调查要采用切实可行的发送与回收方式，必要时可以采用一些辅助手段，如借助于行政单位的帮助或是派发小礼品等。

五是问卷的数据整理与统计分析。问卷的整理主要是问卷本身的整理与编码，如整理就会涉及无效问卷的处理，早期对于填答不完整问卷的处理是直接剔除，现在为提高问卷的使用效率，往往采用一定的基础分技术方法对填答不完整的问卷继续进行利用分析。编码就是把问卷中的问题和答案编成一定的符号、数字输入到计算机中。统计分析则是对输入到计算机中的问卷数据,按照研究要求进行统计分析。

(三)问卷调查的优缺点

没有完美的研究方法,任何研究方法或数据收集方法都兼具优点与缺点,问卷调查也概莫能外。

讨论

问卷调查是不是任何研究都适用?

问卷调查法具有如下优点和局限性:一是可以在短时间内收集大量可以量化的信息,方便快捷,节省时间、经费和人力;二是问卷调查的结果可以量化,便于统计处理与分析;三是问卷调查的结果客观性强,可以很大程度上避免质性研究中因人而异的主观性;四是问卷调查可进行大规模的调查。

问卷调查亦存在诸多缺点:一是问题设计比较复杂,要反复进行并结合理论解释与被调查者的实际境况而不断调整;二是调查结果广而不深,容易停留在现象表面;三是问卷调查较多采用自填问卷,其填答的质量常常难以保证;四是问卷调查的回收率往往难以保证;五是问卷调查结果统计分析的随机抽样往往在社会领域一般难以实现,尽管国内大部分的统计调查研究都进行统计推论,但是大部分的研究都无法实现随机抽样。

当然,相对其他数据收集方法,如观察、访谈法等,问卷调查法有优有劣,这取决于具体的研究实际。如问卷调查可以节省时间、人力等,但是这种方法一般适用于研究经费充足的情况。如果研究者是学生,经费不充足而时间、人力充足,则更适合于使用其他的数据收集方法。同样,问卷调查的实证研究要证实或证伪理论假设,那么在问卷调查就必须有清晰、明确的研究假设;倘若对于研究现象仅处于一般的探索之中而无明确假设,或是出于建构理论或解释框架,那么问卷调查则不适宜。相反,如果研究现象已经具有了丰富积累与可以实证的明确研究假设,那么问卷调查无疑优于其他数据收集方法。因此,研究者要根据实际情况选择优化的研究方法,而不是一味的依赖某种研究方法。

二、调查问卷的基本结构

问卷的设计,因调查目的、使用情境、设计要求等不同,在结构上会有一定的差异。一份完整的问卷应当由问卷标题、问卷说明、填答说明、问题与答案、结束语、其他内容等组成。

(一)调查问卷的标题

调查问卷的标题是问卷调查目的与内容的整体反映,其在表述上必须具有下述几个方面的特征:

一是标题要简洁且逻辑通畅。如有学生设计的问卷调查题目:"城市化背景下广州市城中村学生的家庭教育调查”,其中的“城市化背景下”就是多余的内容,因为“城中村”这一概念的出现,就意味着城市化进程了。

二是标题表述要明确、适宜,不要过于理论化。明确是指标题能够明确反映调查的意图,让被调查者对调查问卷有着清晰直观的理解,而不至于误解。适宜主要是指标题用语适宜于被调查者群体的心理或者境况,如在标题上,“家庭环境对于中学生升学影响的调查问卷”要比“家庭背景对于中学生升学影响的调查问卷”要适宜一些,原因是后者的敏感性更强。不要过于理论化,是指问卷调查标题需要使用被调查者可以接受的语言来表述,过于理论化的标题容易让被调查者望而却步。

三是标题要能够涵盖问卷的所有内容。如果问卷标题过于狭小,无法涵盖问卷调查的所有内容,很容易让被调查者产生困惑乃至不信任,进而会中途拒绝或是不认真地填答问卷。如一份标题为“中小学教师课堂教学状况的调查问卷”,其中有大量的问题涉及其家庭情况,这就会让很多被调查者对此极为不解,甚至产生反感,从而影响了调查质量。

最后,如有可能,尽量选择新颖、富有趣味的题目,以吸引被调查者的好奇心,提高填答问卷的热情与积极性。如“学习用电子设备对学生学习行为影响的调查问卷”,就很容易吸引家长的兴趣与关注,因为随着学生学习用电子设备的日益增多,其对于学生学习行为具有怎样的影响,也是家长非常关注的问题。

（二）问卷说明

问卷说明主要涵盖了问候语、问卷说明,其目的在于引起被调查者的参与兴趣,并消除其参与的疑虑。其中问候语则是一些尊称和“您好”等问候语。问卷说明,则包括研究目的、研究内容、研究单位与保密措施等。问卷说明的叙述一般要言简意赅、清晰明了,以节省问卷篇幅。问卷说明中的保密与保护措施也尤为重要,以消除被调查者的参与顾虑,并提高问卷填答的真实性,如写明问卷仅为研究所用,问卷无须署名,研究者负责调查问卷的保密等。

（三）填答说明

填答说明是为被调查者更好配合调查问卷的填答工作而进行的指导,也被称为问卷的指导语。指导语最主要的内容是交代清楚回答问题的要求和回答规则,以避免由于答题者不清楚回答方式而造成错误填答。如“填答说明:1. 在无特殊说明的情况下,每个问题仅选一个答案; 2. 具体问题后有‘可多选’说明时,可选择多个答案”。收集到的调查问卷一般需要用计算机进行数据处理,而混乱乃至错误的填答方式往往难以处理,进而导致调查问卷的无效。此外,对于邮寄问卷,往往还需要说明问卷寄回的时间要求。

（四）问题与答案

此部分为调查问卷的正文或核心部分，包括问卷调查所要调查的问题及其备选答案等内容。大部分的调查问卷，都倾向于将被调查者的背景信息，如性别、年龄、收入、受教育程度等信息问卷放置问卷问题的起始部分，但是这一做法已经遭到了最新研究和资深问卷调查研究者的反对①，原因是这些涉及个人隐私内容更应放置于问卷问题的末尾。

（五）结束语

一般是对于被调查者的感谢，或者也可询问被调查者对于问卷设计或是问卷调查的看法或感受。对于成熟、定型的问卷，多是致谢；而对于试调查的问卷，则后者更为合适。

（六）其他内容

其他内容包括问卷的编码和问卷实施的具体情境信息等。问卷的编码就是对问卷编号、问卷中的问题及其答案设置为计算机处理的代码，当然这种编码既可以与问卷设计同时进行（即预编码），也可以在问卷收集之后再进行（即后编码）。如很多问卷设计习惯用 A、B、C、D 等作为问题答案的选项，但是计算机分析的始终是数字，那么这就需要将 A、B、C、D 等代码转换为 1、2、3、4 等。问卷实施的具体情境信息一般包括问卷编号、填答或回收日期、填答地点、调查员编号、审验员编号等，以便明确问卷调查的工作责任或方便查询、核实。

三、问卷的编制

思考

如何编制调查问卷？

（一）问卷的类型与问题的类型

1. 问卷的类型

问卷的类型，从不同的角度出发则具有不同的划分结果。使用什么类型的问卷，则取决于调查目的、具体境况等条件。

从问卷填答方式划分，分为自填式问卷与访问式（亦称代填式）问卷。自填式问卷是指调查者将问卷发放给被调查者，由被调查者自己进行填写的问卷。访问式问卷，则是指调查者根据设计好的问卷或是问卷提纲提问被调查者，然后根据被调查者的回答来填答的问卷。一般来说，访问式问卷，其真实性、准确性和回收率都较高，但是调查的成本也高。采用何种调查问卷，则取决于研究的经费与研究精度的要求等。

按照问卷发放方式，可以分为报刊调查问卷、邮寄调查问卷、派发调查问卷、网络调查问卷、电话调查问卷、人员访问式调查问卷，他们分别通过报刊、邮寄、

① 王兴周．定量社会调查技术［M］．杭州：杭州出版社，2006：81.

人员派发、网络、电话和人员访问发放问卷，前四种多是自填式问卷，后两种多是代填式调查问卷。采用以上何种调查问卷方式，取决于调查者与被调查者的接触方式与接触程度。

按照问卷问题的编排方式，问卷可以分为开放式问卷、封闭式问卷与混合式问卷。封闭式问卷是指问卷的问题具有完备的答案可供选择，调查者只需按照要求选择答案而不能自由发挥。开放式问卷是指问卷没有任何备择答案，被调查者自由填写。混合式问卷则是问卷中兼有封闭式问题与开放式问题。一般问卷采用何种方式，取决于研究者对于研究问题的把握和熟悉程度，对于非常熟悉的研究问题，则一般采用封闭式问卷，而对于不熟悉、不太了解的研究问题，则可以采用开放式问卷，通过被调查的填答内容来深入和熟悉研究问题。当然，如果介于二者之间，那么则适于采用混合式问卷，对于熟悉的问题采用封闭式问题，对于不熟悉的问题则采用开放式问题。

按照问卷的结构方式划分，可分为结构式问卷和无结构式问卷。结构式问卷是指问卷的编制和设计按照研究目的和问题进行精心设计、逐步展开、前后相连的问卷。无结构式问卷则是没有任何精心、严密的设计安排，只是围绕研究问题来随意的提出问题供被调查者填答。结构式问卷一般都是封闭式问卷，较为常用；而无结构式问卷一般是开放式问卷，不经常用。其实，结构式问卷与无结构式问卷与结构式访谈、无结构式访谈高度趋同，只是把访谈提纲转换成了需要填答的问卷而已。

按照问卷的用途划分，可以分为甄别问卷、调查问卷和回访问卷。甄别问卷是按照调查要求甄别被调查者是否适于调查的问卷，一般都是针对性别、年龄、收入、受教育程度、职业以及一些特定情况（如某种经历）等进行，且较为简短。调查问卷则是被调查者的适用性得到确定的情况下而使用的证实问卷。回访问卷则是为了核实原有调查问卷质量而设计的需要回访调查的问卷，一般适用不多。

2. 问题的类型

问题的类型具有多种划分标准，包括问题答案的形式、问题的作用与问题形式等，不同标准的划分结果不同。

从问题答案的形式的上划分，可以被分为开放式、封闭式与混合式。开放式问题一般是问题明确，没有备选答案；封闭式问题则是具有完备答案供选择；混合式则是提供备选答案，但针对部分选项提供自由回答，如，F. 其他________（请注明）。

按照作用来划分，问题可分为背景性问题、客观性问题、主观性问题、检验性问题。背景性问题是指有关被调查者个人背景方面的问题，如性别、年龄、收入、职业等问题。客观性问题是指各种事实或行为，如每月购书的次数等。主观性问题则是指被调查者的思想、情感、态度、认识等主观状况的问题，如：你喜欢上语文课吗？检验性问题是为检验被调查填答问卷是否真实而设计的问题；这种问题往往与其他问题内涵相近，但在编排顺序上具有一定的间隔，让被调查者不会明确感受到；检验则是通过两个内涵相近题目答案的巨大差异而进行。

按照问题的形式，问题可以分为填空题、单项选择题、多项选择题、排序题、等级式题、表格式题、相依问题和开放式问题。

（1）填空题，需要被调查者自己填写。如，你的年龄是____岁（请填写）。

（2）单项选择题，被调查者只需选择一个选项。其中，这一类型还包括了二项选择题与是否式选择题。

如，你的性别：1. 男　2. 女

你是否认同班主任的体罚行为：1. 是　2. 否

（3）多项选择题，被调查者可选择多个答案。

如，你喜欢的科目老师有（可多选）：

1. 语文老师　2. 数学老师　3. 英语老师　4. 化学老师　5. 物理老师　6. 政治老师　7. 生物学老师

（4）排序题，要求被调查者按照一定的顺序排列答案。

如，请按照你对科目的喜欢程度，从大到小排序，依次是（　　）

1. 语文　2. 数学　3. 英语　4. 化学　5. 物理　6. 政治　7. 生物学

（5）等级式问题，要求被调查者在由高到低或是由低到高的等级答案中进行选择。一般常用的等级有 3 等级、5 等级和 7 等级。等级越多，答案越精确，但是填答的困难越大；等级越低，填答越容易，但答案越不精确。因此，5 等级较为常用。

如，你与同桌的朋友关系：

1. 非常好　2. 好　3. 一般　4. 差　5. 非常差

（6）表格式，或是矩阵式问题，就是将一组不同的问题和相同的答案合并成为一个表格，来让被调查者填答。

如，下述语文教师课堂教学各方面的评价，请在你认为合适的选项后打“√”（每项仅选择一个答案）

	1. 非常满意	2. 满意	3. 一般	4. 不满意	5. 非常不满意
课堂教学内容					
课堂教学进度					
课堂教学语言					
课堂教学方式					

(7) 相依问题,是指前后两个或多个问题关联,后面的问题是否填答依赖于前面问题的答案选择。

如,Q11. 你本学期是否参加校外课外辅导班的学习(如果选择答案2,请跳过Q12题继续作答):

1. 是　2. 否

Q12. 你本学期每月课外辅导班的平均费用是:____元(请填写)。

(8) 开放式问题,直接提问,不提供备选答案。开放式问题可以让被调查者深入、自由地回答问题,但是也存在答案的标准化不足而难以量化处理的不足。

如,你觉得你们班主任与同学们的关系如何?

最后,问卷中常用的一种问题编排方式是量表,其基本上都是以表格式问题的方式排列,问题数量可达几十或是上百,很多心理学的量表甚至就是问卷主体,占据了问卷的大部分篇幅。教育学常用的量表包括李克特量表(likert scale)、瑟斯顿量表(thurstone scale)、语义差异量表(semantic differential scale)、等级量表(rating scale)、配对比较量表(paired comparison scaling)等。

(二) 问卷编制的一般程序

1. 问卷设计原则

问卷设计原则是关乎问卷设计、发放、填答、回收和结果整理分析的系统性准则,任何设计中的失误都会导致后续环节操纵中的各种问题。因此,熟悉并严格遵循设计原则对于提高问卷调查质量具有至关重要的意义。问卷设计包括内容性原则、结构性原则、表述性原则、形式性原则四个方面。

内容性原则要求问卷设计的主题鲜明、内容明晰、理论基础坚实。问卷设计必须具备明确的主题,切记漫无目的,一个没有明确主题的问卷自然也不会具有明确的价值。内容明晰,是问卷中各个部分的内容都围绕问卷主题展开,逻辑清晰,而不是关系强弱、远近飘忽不定。理论基础坚实,是指问卷调查的内容一定有理论基础，而不是随意提问或“我想知道”，这在严格的科学研究中尤为重要。很多问卷设计的新手，在初次设计问卷时，都将重心放在“我想知道什么”方面，这已经不是科学研究了，科学研究与日常经验的巨大的区别之一就是是否具有明确的目的。所以问卷中的内容或问题都以已有的理论或是研究积累为基础来设计，而不是以自我为中心的随意提问。同时，对于问卷的统计分析也就因问卷中暗含的理论假设而能证实或是证伪理论，从而实现科学研究的意图。其实，很多问卷的主题、内容方面一旦具有不足，相当大的程度上都是对已有理论和研究借鉴不够而过于“自我”的结果。

结构性原则主要是指问卷的结构完整、问题顺序合理。结构完整，是指上述提及的问卷结构尽量保持完整，否则会给问卷的发放、填答、回收、统计处理等后续工作带来很多问题。问题顺利合理，是指问卷问题的顺序编排要符合被调查者的思维和心理状态，这就需要遵循下述顺序：一是先封闭式问题，后开放式问题；二是先容易、简单的问题，后困难、复杂的问题；三是先具体性问题，后抽象性问题；四是先一般性问题，后敏感性问题；五是先具有趣味性问题，后枯燥性问题；六是问卷内容按逻辑顺序展开。

表述性原则是指问卷内容的表述，要简洁明确、通俗易懂。简洁明确是指问卷内容的表述要言简意赅，让被调查者一目了然而愿意回答，而不要让被调查者因问卷冗繁而心生厌恶。同时，问题的表述不要有歧义或是诱导性，这样容易导致被调查者难以作答或是根据诱导而非本意来回答。通俗易懂是指内容表述要使用日常化的语言，让被调查者容易理解，不要使用晦涩难懂的语句或是专业词汇，以防被调查者心存畏惧、望而却步。如果问卷中具有一些敏感性问题，也需要进行语言表述技巧的处理，从而促使被调查者放心填答。

形式性原则，主要是问卷的篇幅长短适宜、问题设计形式前后衔接。问卷篇幅长短适宜，一般来说问卷越长，收集的信息越多，但是越容易引起被调查者的烦躁情绪而进行不实填答，因此问卷的篇幅长短要适宜，一般调查问卷以可以20分钟填答完的篇幅为宜。问题设计形式的前后衔接，是指问题的设计既能测量前面理论假设中的概念或经验性指标，也能方便后续的统计分析。例如，联合国教科文组织测量妇女地位的指标经常使用受教育程度、经济收入以及经济收入来源三项指标，如果以此来设计妇女地位的调查问卷，那么就需要包括上述三个方面的内容或问题；同时，对于受教育程度，可以采用高等教育/职业教育（定类变量）、不同等级文凭（定序变量）或是受教育年数（定距变量）三种类型的变量设计，但无疑定距变量的设计最好，原因是在统计处理中，变量层次越高，使用的统计方法可以越多、越复杂，且高层次的变量可以降低层次来使用，但是低层次的变量却不能提高层次来使用。

2. 问卷设计步骤

问卷设计一般分为以下几个设计步骤：

步骤一：明确问卷调查的目的和内容

问卷调查的第一步是要明确其调查的目的和内容。就是要通过问卷调查收集的信息回答什么样的问题。其中，问卷调查回答的问题是现实问题还是理论问题是核心，对于研究而言，后者尤为重要。因此，需要问卷调查的研究中，必须与研究的理论基础、研究假设紧密相连，而不是随意提问。

步骤二：确定所需的资料收集

问卷调查是研究资料收集的环节，那么就必须根据研究意图明确需要收集什么样的资料，且这种资料的收集必须通过问卷调查的方式来完成。在研究中，不同的理论具有不同的假设，也具有不同的变量，如果这些理论与假设都是研究所涵盖的内容，那么在问卷中都必须涉及。另外，收集资料的方式有多种，如文献法、观察法、访谈法、实验法，那么在使用问卷调查时，需要从研究要求和客观条件上确定问卷调查是最优的方法，否则就要使用其他更优的数据收集方法。

步骤三：确定问卷的类型与统计处理方法

确定问卷调查的类型，主要是因为被调查者接触的方式不同，确定了问卷的结构乃至不同方面需要突出的重点不同，如对于熟悉、充足把握的内容可使用封闭式问卷，对于不熟悉的、没有把握的内容要使用开放式问卷。同样，需要询问较长、复杂和深入的内容，需要使用访问式问卷，而街头、偶遇、即时的访谈需要简短的问卷；而电话访问则需要对话风格与语气、富有吸引力的语言表述；邮寄问卷则需要尽可能地利用问卷的说明与详细的填答说明。考虑到统计处理方法，则是根据问卷调查采用什么样的统计处理方法可以回答研究中的问题或意图，那么就必须根据统计方法的技术要求来设计问卷中的问题，如，确定什么样的变量、变量层次是定性、定序还是定距等，后续的环节还需确定问卷的数量等。

步骤四：设计问卷结构

设计问卷结构包括问卷结构、内容编排、问题编排、格式编排等内容。在问卷结构方面，问卷主要确定需要哪些结构性的内容以及重心。如编码是采用预编码还是后编码，以确定问卷编码的设计；自填问卷的填答说明尤为重要，而访问问卷则可简略或者是省略。内容编排，则是从研究目的与要求出发，确定研究的理论与假设有哪些，需要编排什么样的内容，这些内容既不可缺少也不能重复，以及不同方面内容编排顺序等。问题编排，则是确定询问什么样的具体问题，与研究的指标息息相关，以及这一问题采用什么样的形式，如需要快速回答或被调查者表达能力不足，则适合于封闭式问卷，而需要深入回答且被调查者表达能力较高则更适于使用开放式问卷。格式编排则是，问题的具体编排顺序，如前开放后封闭、先易后难、先具体后抽象等。

步骤五:设计具体问题与问卷的格式、排版

设计具体问题,就是设计与研究内容相应的各个具体问题,包括问题的内容(即询问什么)、问题的形式(如开放与封闭)、答案的层次(如定性、定序还是定距)、问题的措辞表达(要通俗易懂而不要专业高深)。具体问题的设计既可以采用结构法,也可以采用卡片法,结构法则是从研究内容的结构出发,一步步对应地设计具体问题;卡片法则是从研究者的研究思考和积累出发,即时与及时地设计具体问题,随后再按照研究要求进行组合和增减。问卷的格式与排版,则是指问卷的排版要严肃、清晰,一般不要有过多颜色、插图、字体等,问题与答案相对集中而不要分散,如一个问题与答案分开,则最好调整在一页上。

步骤六:问卷修改

问卷修改包括两个部分:一是通过同行或是熟悉这一领域的相关人员审阅,然后根据其意见修改问卷;二是通过试调查,发放和回收问卷后,根据问卷填答中出现的错误或问题来修改问卷。需要说明的,一般来说,试调查选取的一定是调查总体的调查对象,且不要出现在正式调查之中。

步骤七:印刷问卷

问卷一旦设计、试用和修改完成,就需要印刷问卷。问卷的数量依赖于研究的要求、抽样结果和实际条件。印刷出的问卷也需要从整体上显示出专业性、职业性、科学性的形象,如双面印刷、装订成册等。问卷设计与装订的雅观也是提高问卷填答质量和回收率的一个重要方面。[①]

3. 问卷编制的注意事项

问卷的注意事项,包括问题设计和答案设计两个方面。

在问题设计上,需要注意下述事项:

一是问题要具体,不要提一般性的问题,或是与具体研究问题、假设不相关的问题。

二是问题表述要清晰准确,避免模棱两可的话、行话或是专业技术用语。

三是一个问题只能表述一个内容,且要简洁,不要涵盖两个及以上的内容或是过于冗长。

四是避免使用诱导性问题,如"你赞同学校纪律松弛会导致学生成绩下降吗"?

五是避免促使被调查者感到窘迫的问题,如"你作为一个后进生,经常遭受教师的歧视吗"?

---

① 傅志远. 调查问卷设计常见偏误及纠正[J]. 通信企业管理,2003(7):24-25.

六是避免提问超出被调查者经验或知识范围以外的问题。

七是收集定量信息，要求被调查者答出明确的数量优于需要其计算的平均数，这样可以避免推算和估计。

八是问题尽量避免使用否定性或双重否定性的表述。

九是避免使用判断性表述。如"你每周上几次课外辅导班"？如果被调查者不参与课外辅导班呢？

十是回忆性问题，要考虑时间性，时间越近越好记忆。

此外，问卷设计还应注意文化环境、风俗习惯，采用被调查者容易接受的语言风格和习惯。同时，在问题之外，预留一些调查现场、环境记录的空间，以提高调查数据的质量。①

在答案（主要是封闭式问题）设计上，要注意以下事项：

一是答案具有穷尽性和互斥性。

二是要避免答案与问题不一致。

三是注意答案排列的顺序，有逻辑的依据逻辑排列，没有逻辑的尽量随机排列。

四是答案尽量不要使用贬义词。

五是多项选择题及答案数量不宜过多，一般不要超过 10 个。

六是敏感性问题的答案需要分类设计，以降低问题的敏感性。

如，您的月收入是（请选一项，在答案号码上画"✓"）：

1.　2 000 元以下

2.　2 000 ~ 3 500 元

3.　3 501 ~ 6 000 元

4.　6 001 ~ 9 500 元

5.　9 501 ~ 12 000 元

6.　12 000 元以上

（三）信度与效度检验

信度和效度检验是问卷调查数据质量分析不可缺少的一个重要方面，其在各种研究方法中都有应用，也是研究规范性、准确性和严谨性程度的一种表现。

1. 信度（reliability）

信度是指运用测验工具所得测验结果的一致性程度，也表明了测验的稳定性程度。同时，只有测量值接近真实值时，使用同一工具多次测量同一特性才能获得趋同或相近的结果，此时的测量结果才具有较高的信度，测量结果的可靠性

① 李强."心理二重区域"与中国的问卷调查[J]. 社会学研究，2002(2)：40 – 44.

也就越高。使用同一测量工具,所测结果的差异越小,表明信度越高,所测结果的差异越大,则表明信度越低。信度测量受到很多因素的影响,如时间、被测者、测量工具、测量情境等。在教育研究中,教育测量的信度尤为重要,因为信度高的教育测量或测验才能准确反映教育现象的真实情况,才能为教育评价、预测和决策提供客观、准确、有效的依据,否则会给教育教学实践带来负面的后果。

信度多以相关系数来表示,如用于反映跨时间一致性的稳定系数、跨形式之间一致性的等值系数以及跨项目之间一致性的内在一致性系数等。问卷调查中常用的信度有重测信度、复本信度、折半信度、评分者信度。

重测信度(test - retest reliability)是使用同一测量工具在不同时间重复测量结果的一致性程度。重测信度一般适用于事实性的问卷调查,或不易受环境影响的态度、意识等主观状况;但其易受某些活动的影响,所以时间间隔不宜过长,常用的适当间隔为两个星期到一个月之间。重测信度一般用皮尔逊积矩相关系数计算。

复本信度(parallel - forms reliability)是使用相似测量工具所得测量结果的一致性程度,如使用同一测量目标的不同测量工具,所得结果的一致性程度。复本信度需要不同测量工具(如问卷或是量表)在测试目标和结构方面的高度一致性,否则对于复本信度的计算则缺乏科学性。复本信度的计算也使用上述皮尔逊积矩相关系数。

折半信度(split - half reliability)是把测量项目分成对等两半所测结果的一致性程度。折半信度把问题或项目分成对等两半,一般需要满足两个条件:一是两个部分在难度、区分度和测量目标上高度趋同或相似,二是被测者以相同的状态对待两部分问题或项目,如情绪、压力、疲劳等状态。因此,折半信度常用奇偶数分半,而不采用前后折半,原因是问卷内在结构往往具有前易后难等差异。折半信度的计算公式较多,如斯皮尔曼—布朗(Spearman - Brown)计算系数、弗朗那根(Flanagan)系数、卢伦(Rulon)系数、库得—理查逊(Kuder - Richardson)系数、克伦巴赫(Cronbach)α 系数等。

评分者信度(inter - rater reliability)是指不同评定者使用相同测量工具所得结果的一致性程度。这种信度一般适用于人为评分、标准化程度较低的问卷调查。其分为评分者间信度和评分者内信度。前者是用于度量不同调查者间的一致性,后者是度量同一调查者在不同的场合下(如不同时间、地点等)的一致性。两名调查者的评分者间信度和测量两次的评分者内信度可用 Pearson 相关系数或 Kendall、Spearman 等级相关系数表示。[①]

① 李灿,辛玲. 调查问卷的信度与效度的评价方法研究[J]. 中国卫生统计,2008(5):541 - 544.

对于信度系数的评价,一般认为,低于 0.65 不可接受,0.65 ~ 0.70 勉强可以接受,0.70 ~ 0.80,可以接受,高于 0.80 完全可接受。较为宽松的认定标准则认为低于 0.60 不可接受,0.60 ~ 0.70 勉强可以接受。因此,如果信度系数低于 0.65(严格)或是 0.60(宽松),就需要重新修订问卷或是量表了。

2. 效度(validity)

效度是指测量能够测出所测目标的程度,也是测量的有效程度或正确性。在测量中,效度甚至比信度更为重要,因为测量首先需要有效性,其次才是可信性的问题,没有效度的信度是没有测量意义的。教育现象的测量,涉及个体的内在精神、心理与外在行为等,那么测量的效度就至关重要,测量需要准确,才能客观准确地反映真实情况,尤其是通过外在行为测量其内在的精神与心理状态时,测量难度高,测量效度就是一个非常重要且敏感的问题。

常用的效度包括表面效度、内容效度、结构效度和效标效度。问卷的调查效度是根据调查目的而言,通过调查结果来判断问卷的效度,且通过问卷来调查实际情况,尤其是通过外在行为判断心理状态等,决定了效度往往是居于 0 ~ 1 之间,不会是全有或全无。

表面效度(face validity)是经验观察结果反映所测现象特征的真实性程度,也就是经验常识判断问题或项目含义与所测变量的相关性。

内容效度(content validity)就是测量内容的各个方面反映测量目标涵盖内容的一致性程度,即测量问题或项目的内容是否完整、准确地反映了待测目标所包含的内容组成。具有较高内容效度的问卷调查具有两个方面的特征:一是问卷内容的范围明确;二是问卷中的问题或项目具有代表性。

结构效度(construct validity),又称构造效度、建构效度等,是指测量工具对所测目标在理论维度及其内部结构关系上的准确性程度。问卷调查提高结构效度,就必具有明确的理论并确定理论的具体方面或维度。

效标效度(criterion validity),也称标准差参照信度,指测量结果与已有标准的一致性程度。①

提高效度的方法有:

一是控制系统误差。系统误差是影响效度的一个重要因素,如问卷填答具有暗示性、答案设计不合理(如被调查者可以猜测)等。

二是精心设计调查问卷,问卷的设计与研究目的、理论和被调查者的实际状况相符,且难度适中、简洁明确、顺序合理。

三是严格按照问卷调查的客观程序进行操作,如抽样要随机、问卷发放与回

---

① 张红霞. 教育科学研究方法[M]. 北京:教育科学出版社,2009:224.

收等。

四是处理好效度与信度的关系。信度是效度的必要条件,但非充分条件。信度低,效度不可能高,但信度高,效度却未必高,且信度与效度还有一定的冲突,既有高信度又有高效度是比较难以做到的。研究在提高信度时,也会在一定程度上降低效度;反之,研究在提高效度时,也会降低信度。①

五是样本容量要适当,抽样方法要恰当。样本容量一般来说越大越好,样本大可以提高被调查者的内部差异,从而提高效度。抽样的容量按照问卷要求通过统计计算,但一般是每个类型不得低于30。抽样方法要恰当,要根据实际情况选择抽样方法,调查总体数量非常大时才可采用分层或是整群抽样,且在群内差异大、群间差异小时采用整群抽样,而在层间差异大、层内差异大时采用分层抽样。

六是问卷的长度要适当,问卷内容较长可同时提高信度与效度,但也会引起被调查的烦躁等负面情绪,从而影响问卷调查的真实性。但问卷短,则难以保证问卷调查的信度和效度。

四、数据的收集与解释

(一)问卷的发放与回收

调查问卷的发放与回收,事关问卷调查乃至整个研究的成败,二者之间也紧密相关。问卷调查具有以下几种发放与回收的方式:

第一,调查员发放并回收。此种方式由调查员当面派发问卷并在调查者填答完成之后回收,问卷的填答率、有效性、准确性可以有效地提高,同时也可以保证较高的回收率。但这种发放与回收方式具有较高的操作难度和成本,如在操作方面需要清楚明确的被调查者信息,事先联系,其他部门的协助等以获得被调查者的配合,同时使用大量的调查员也较为耗费人力。采用这一调查方式派发调查问卷,也需要选择、培训调查员。

第二,邮寄发放与回收。通过通信邮寄的方式发放和回收问卷,其操作简便易行,但缺点是填答率、有效性、准确性和回收率往往难以保证。

第三,报刊发放与回收。通过在报刊中刊登问卷的方式邀请读者参与调查并回寄问卷,操作简便,但仅适用于内容简洁、篇幅较短的问卷调查,且回收率难以保证。

第四,网络发放与回收。这一发放、回收方式应用日益广泛,其通过电子邮件和网络平台邀请被调查者参与问卷调查。此种网络调查的成本最低,且问卷

① 李灿,辛玲.谈问卷调查的可信度与有效度问题[J].商业时代,2008(15):65-66.

回收迅速,并易于数据输入,但依然存在填答率、有效性和回收率欠佳的问题。

此外,在一些发达的国家、城市等地区还适用电话调查,电话调查可以跨越地域性限制,节省经费,但使用人力还是机器来进行电话调查,往往效果不同,其调查的具体时间点也很重要。罗纳德·扎加和约翰尼·布莱尔就当面派发(即调查员发放)、邮寄发放、网络发放、电话调查四种问卷发放方法,在所需费用、收集数据时间长短、问卷长度、问卷复杂程度、问题复杂程度、题序控制、开始式问题的适用、可视辅助手段使用、个人记录使用、亲近度、敏感问题、无胁迫性问题、抽样框偏倚、回答率、回答偏倚、对拒访和无法联系的了解、对现场调查的控制、记录答案的质量等方面,进行了相对的比较,上述方法各有优劣。[①]

问卷的回答率越高,调查越成功。尽管就有效回答率存在争论,但专业领域的研究一般要求回答率要不低于70%,一般新闻媒体所进行的社会调查则可以接受较低的回答率。提高问卷的回答率,可以采用以下几种措施:一是物质奖励,如送小礼品或抽奖等,最高可提高20%的回答率。二是提升问卷内容设计的专业性与外观的美观性,这样可以从问卷内在的特征方面吸引被调查者积极参与,从而提高问卷的回答率。三是问卷发放前的通知、联系和沟通,是提高回答率的有效方法。四是再次联系、催促或给没有填答的被调查者发跟踪信,对于提高问卷的回答率具有明显的积极作用,但前提是需要区分出那些没有填答问卷的被调查者。

(二)数据的整理与统计分析

问卷调查所收集到的数据是量化数据,这就需要将数据进行整理并输入到计算机中,之后进行统计分析。其数据整理可以分为资料的审核、编码和录入三个部分。

数据的审核,严格的程序包括初审、复审和总审三个步骤。初审一般由调查员自己或是调查员之间相互审核。复审主要由调查小组组长或是专门的监督员来审核。初审和复审主要是发现问卷中虚假、错误、遗漏及逻辑紊乱等情况,以及时发现和更正问卷填答中的错误。总审主要是审核问卷填答的整体情况,如计量单位的使用是否统一,问题顺序是否一致等,其目的在于审核和评估问卷的总体质量,并方便下一步的录入。

问卷的编码是问卷信息转换为数字的过程。问卷中获得的信息都是文字信息,这需要将这些文字信息数字转换,进而进行量化处理。如对于问题:"你的性别,1. 男　2. 女",那么问题表述"你的性别"可简化为性别,用Q1作为标签

---

① [美]罗纳德·扎加,约翰尼·布莱尔. 抽样调查设计导论[M]. 沈崇麟,译. 重庆:重庆大学出版社,2007:29.

值输入到计算机,答案选项用1代表男,用2代表女。数字型的填空题,可直接输入答案,对于多选题,可采用多重二分法、多重分类法等技术,如多重二分法,就是将每个答案转换成一个是否题进行信息录入。① 如果是填空的非数字型答案题目,往往是将所有答案收集在一起进行分类并编码(每个类型一个数字)。

数据的录入,就是将数据编码录入到计算机的过程。目前数据录入往往根据特定的软件使用方式进行录入,但这种录入方式往往不能保证录入数据的质量,如异常值、错误值等,这需要数据录入后调用软件程序进行录入数据的审核。目前专业的数据录入为提高录入质量,往往采用一些可提前设置好数据校验程序的软件,如 Visual - Basic、FoxPro、Pcedit 等软件,这些软件录入的数据也通过一定方式直接转换为 SPSS、SAS、STATA 等统计软件接受的数据格式。运用软件进行的数据录入校验,只能发现其中的异常性错误,如性别编码只有1与2,3、4等数字就明显是异常值,但其无法校验在正常值内的录入错误现象,如问卷上是1,错录为2。因此,很多数据录入还需要人力校验,如一些专业调查机构往往让两个人录入数据,或然后比对两份数据的一致性,从而发现并校正数据录入中的错误。

数据的统计分析,就是运用统计方法分析数据的过程,目的在于通过精简的数字图表等来综合反映大量的数据,并分为统计描述和统计推论两个部分。统计描述就是运用统计指标描述数据的一种方式,如集中趋势的均值、离散趋势的方差、统计图表等,其目的在于通过简要的指标来简化整个资料。统计推论是通过样本推论总体的情况,代表性的则是各种显著性检验。

统计分析的起点是变量,无论是单变量的统计描述、参数估计还是多变量相关关系。变量(variable)就是表示事物现象某个特征或方面且可以变化的概念,其与衡常不变的常量相对,并构成统计分析的起点。变量根据不同的划分方法经常分为不同的类型。

按照变量之间的关系可分为自变量、因变量、中介变量和无关变量。自变量是指能够影响其他变量的变量,自变量既可以是自然状态下自行变化的变量,也可能是实验条件下研究可以操纵、控制的变量。因变量是指受其他变量影响而变化的变量,也是随着自变量的变化而变化的变量。中介变量是既受一些变量影响同时又影响另一些变量的变量,处于自变量影响因变量的中介地位。无关变量就是研究不予以考虑但在实际研究中又具有影响的变量,其在研究中具有干扰作用,也被称为干扰变量;其在实验中需要被控制,所以又被称为控制变量。

按照变量的层次可以分为定性(亦称定类)、定序、定距和定比变量四个层

① 李灿. 调查问卷中多项选择题的处理方法[J]. 统计与决策,2006(06):161.

次。定性变量就是表示内务内部成分或是不同类型的变量,它只是表述事物的属性类别,没有大小之分,如性别。定序变量就是表明事物大小、顺序属性的变量,如年级、成绩排名等。定距变量是表示事物具有等距数量差异的变量,其不但可以比较大小,也可以加减运算,但没有固定原点(或绝对零点),如学习成绩。定比变量,表示事物具有固定原点(或绝对零点)且具有等距数量差异的变量,其除了具有以上变量所具有的运算特征,还可以进行乘除运算。此外,还有根据变量的间断与连续把变量分为间断型变量与连续型变量,前者包括定类和定序变量,后者包括定距变量和定比变量。① 在社会研究中,大部分定距变量也是定比变量,只是定距变量而不是定比变量的不多(如智商),所以一般也将定比变量与定距变量合并使用。② 同时,在统计分析中,从定性、定序、定距到定比,变量属性是层次不断提高的,高层次的变量可以转换为低层次的变量来使用,但是低层次的变量一般不能转换为高层次的变量来使用。下述统计方法的具体内容与计算公式,可参阅各种教育、心理或是社会统计学教材。

对于单个变量的统计描述包括数据简化、集中趋势和离散趋势,并因变量的层次不同采用不同的统计方法。集中趋势与离散趋势分别是数据的集中与离散情况。对于定类变量的数据简化分析包括次数分布(frequency distribution)、比例(proportions)、比率(rates)、对比值等(ratios)图示法(包括箱型图、饼形图等),集中趋势的描述主要是众值(mode,出现次数最多的值),离散趋势的描述包括异众比率(variation ratio)、异质指数(index of qualitative variation,IQV)。

对于定序变量的数据简化分析包括累加次数(cumulative frequencies)、累加百分率(cumulative percentages),集中趋势的描述主要是中位值(median,位置居中之值),离散趋势的描述主要有四分位差(interquartile range),以及计算机程序可提供的从 3 以上的各种数字分为差,如 5、7、10 分位差等。

对丁定距变量的数据简化分析,就是直接的曲线图(curve)或是将数据分组后的矩形图(histogram)或多角线图(polygon),集中趋势的描述就是均值(mean),离散趋势的描述主要是标准差(standard deviation)。

对于两个变量的数据简化包括相关系数和交互分类表等。相关就是一个变量的变化与另一个变量的变化相关联,可分为相关变量同向变化(同时增减)的正相关与相关变量反向变化的负相关。交互分类表(cross table),包括最常见的列联表(contingency table)与条件百分表(conditional percentages)。相关系数的计算以变量的层次为基础,不同层次变量的相关系数不同。

---

① 王孝玲. 教育统计学[M]. 4 版. 上海:华东师范大学出版社,2007:9.

② 卢淑华. 社会统计学[M]. 4 版. 北京:北京大学出版社,2009:19.

定性对定性变量的相关系数包括：Lambda、Tau－y 系数。

定序对定序变量的相关系数包括：古德曼（Goodman）和古鲁斯卡（Kruskal）的 Gamma 系数、萨默斯（Somers）的 dy 系数、肯德尔（Kendall）Tau－a、Tau－b、Tau－c 系数、斯皮尔曼（Spearman）rho 系数。

定量与定量变量的相关，也就是线性回归，主要使用皮尔逊（Pearson）积矩相关系数 r，这一相关系数适用于是变量间具有线性关系，而不适用于非线性关系。

定性变量与定序变量的相关系数，一般是将定序变量视为定性变量来分析，采用 Lambda、Tau－y 系数。定性变量与定距变量的相关一般采用相关比率（correlation ration）eta 平方系数（E^2），定序变量与定距变量的相关也采用这一系数。

统计推论必须以随机抽样为基础，其中从样本中计算的数值为统计值，即样本某种数据特征的描述，推论总体的数值为参数值，即总体某种数据特征的描述。统计推论分为参数估计与假设检验两个部分：参数估计就是通过样本的统计值推论总体的参数值，如从样本的均值推论总体的均值；假设检验就是通过样本来检验针对总体设定的假设正确与否。

参数值的估计包括点估计和区间估计。点估计就是用一个样本统计值来估计总体参数，区间估计则是用样本统计值的一个区间范围估计总体参数值。同时由于是估算，那么估计值就有一个可信度的问题，常用的可信度包括 95%、99% 与 99.9%。由于统计计算的方便，实际上经常使用显著性水平 α（即 1－可信度）0.05、0.01、0.001 来表述。一般来说，估计的区间越大，可信度就越高，估计的区间越小，可信度就越低，二者成正比。因此，点估计虽然最精确，但实际上却最不可信，一般不常用。区间估计一般包括均值、百分比以及积矩相关系数等。

在假设检验中，一般具有两个假设，包括研究假设（或备择假设，简称 H_1）与虚无假设（或原假设，简称 H_0），二者截然相反。假设检验都是检验虚无假设，进而通过虚无假设的接受与否来确定研究假设正确与否，虚无假设一般是假定不同样本间不具有显著差异或是变量间不存在相关关系。假设检验总体上包括参数检验与非参数检验。参数检验主要已知总体分布进而检验总体参数。非参数检验不假定总体分布，也不检验总体参数，而是检验总体某些性质。

假设检验的常用内容包括单个大样本的总体均值检验、百分比检验、单个小样本的总体均值与方差检验、两个大样本总体的均值差与百分比差的检验、两个小样本总体均值差、方差比的检验，以及配对样本均值差的检验等。对于相关系数的检验，定性与定性变量、定序变量的相关一般用 χ^2 检验，定序与定序变量的

相关一般采用 Z 检验或是 t 检验，定性、定序变量与定距变量的相关一般采用单因素方差分析中的 F 检验，定距与定距变量的相关也采用 F 检验。上述检验的大部分内容也是参数检验的内容。

非参数检验包括 χ^2 检验（Chi – square test）、符号检验（sign test）、符号秩检验（signed – rank test）、秩和检验（rank sum test）、游程检验（run test）、累计频次检验（cumulative frequency test）、单向方差秩分析（one – way analysis of variance – rank）、双向方差秩分析（two – way analysis of variance – rank）等。

按照教学的阶段性目标，本章上述有关问卷调查数据的统计分析方法，均集中于单变量和双变量的分析，这也是本科统计学课程的主要内容。有关数据的多元统计分析，如详析模式、多元回归、因子分析、聚类分析等内容，则是研究生阶段的课程学习内容，而复杂的统计分析，如路径分析、结构方程、多层线性模型、生存分析等则是博士阶段的学习内容。本章介绍的统计分析方法是索引式的，各种方法的具体数学原理请参考专业统计学书籍。

（三）数据解释应注意的问题

数据解释应该注意的问题包括统计分析与结论解释两个方面。

在统计分析方面，需要注意下述方面。首先，所有的统计推论应该建立在随机抽样的基础上，否则没有推论价值。其次，所有的统计推论关注的重心在于总体而非样本，旨在通过样本推论和分析总体的情况。再次，有关变量相关的假设检验主要关心总体中是否存在这种相关，而非相关的强弱。[1] 最后，不要将相关关系等同为因果关系，因果关系的界定需要三个条件，包括因果的时间先后、相关、相关的独立性（相关不因其他因素的影响而存在）。[2]

在结论解释方面，一是要注意方法的适用性、准确性和完整性。适用性就是统计方法适用于所分析的资料，[3] 如大样本的 Z 检验与小样本的 t 检验。准确性，就是对数据分析进行准确的解释，如逻辑对数回归分析 $Y = b \times \text{Log}x + a$，回归系数不是自变量 X 与因变量 Y 的回归系数，而是 Y 与 $\text{Log}x$ 的回归系数。完整性就是统计分析往往具有很多结果，需要完整的分析展示，如回归方程既需要常数项（a）、回归系数（b）、显著性水平（α），还需要整个方程的解释力（R2）。二是要注意解释的理论与经验基础。统计分析归根结底是一种基于数字的数学分析，任何两组数据都可进行统计分析，但这种分析是否具有社会意义，依赖于研究者基于理论和经验的解释。三是要注意分析单位与推论的层次性问题，二者

课后任务

自选研究题目，试编制一份调查问卷，并且对回收后的调查问卷进行数据分析和整理。

① 李沛良．社会研究的统计分析[M].2 版．北京：社会科学文献出版社，2002：205.

② [美]艾尔·巴比．社会研究方法[M].11 版．邱泽奇，译．北京：华夏出版社，2009：27.

③ 刘菊红．调查问卷中的统计分析方法[J]．上海统计，2002(2)：35 – 37.

必须保持一致，否则就会出现解释错误：由高层次分析单位得出低层次分析单位的结论就是层次谬误，由低层次分析单位得出高层次结论就是简化论错误。① 四是注意研究假设的表述和使用，尤其是原假设不但要有精确性、具体性，如原假设要精确到具体词语的表述，以及原假设针对的是真实性还是适用性等，而且还要避免诱导性。②

拓展阅读

问卷调查研究实例推荐

第二节　访谈调查

一、访谈调查的概念及适用的问题

访谈调查就是以口头访谈的形式收集被调查者客观与主观信息资料的一种调查方式。科学的访谈调查与日常会话不同：一是访谈调查是研究性活动的一个环节，之前具有大量的理论与现实准备，后续也具有相应的资料分析；二是访谈具有明确的访谈目的，而不是随便或随意的谈话；三是交谈双方的关系上不同，访谈者一般具有主动性，而不是日常谈话中谈话双方具有平等性。访谈法在教育研究中被日益广泛的使用，但也存在一定问题，需要不断提高研究质量。如有研究者认为访谈法虽然较易操作，但也存在偏离研究初衷、扭曲失真的使用和结果，这需要研究者在访谈预设、情境融入、访谈控制和资料取舍方面加强反思。③

思考

访谈调查有哪些优缺点？

访谈法具有的优点：

一是访谈收集资料具有灵活性。访谈是一个双向的沟通与交流，可随着话题、内容与情境的变化而不断调整，因而能够收集较为客观、真实的资料。而问卷调查则是基于问卷设计者的主观判断，其中难以涵盖多调查对象的各种境况，实施过程的调整程度不大，如被调查者的心情不佳或是情绪不够稳定，那么就太

① 风笑天．现代社会调查方法［M］．武汉：华中科技大学出版社，2009：17．

② 潘绥铭，黄盈盈，王东．“元假设”：社会调查问卷的灵魂［J］．学术界，2008(3)：85－92．

③ 刘继萍．追寻“真实”：教育访谈法中需澄清的几个问题［J］．广西师范大学学报：哲学社会科学，2009(2)：89－93．

容易导致问卷调查结果难以获得或是失真。

二是访谈调查获得的资料较为准确。这主要是因为访谈员与被访谈者直接交流,被拒绝的概率较低,访谈员可事先准备并适当控制访谈环境,并能给予被访谈者较多的思考,以避免其他因素的干扰。因此,访谈获得的资料较为准确。

三是访谈获得的资料较为深入。一是当被访谈者对于研究有所不解或是回答不够深入时,访谈者可以通过解释、追问来改善沟通或深入获得资料;二是当被访谈者对某些问题有所顾忌或是明显进行掩饰时,或是访谈内容引起其具有明显的变化时,访谈者可从其表情、动作姿态进行观察,及时调节访谈的情境和进程,从而获得较为准确的资料。

访谈调查也具有如下缺点:

一是成本较高。访谈是一对一、长时间的交流和沟通过程,之前需要预约、准备,访谈中还需要全神贯注、不断调整,之后还需要进行资料的整理,这些都非常的耗费人力和物力。

二是缺乏隐秘性。面对面的访谈,彼此对对方的身份和社会背景都有一定的了解,这些内容随着访谈的进行还会进一步的深入,这对于访谈一些敏感性、隐秘性的内容则会起到限制作用。而不记名的问卷调查,则具有较好的隐秘性,被调查者则因具有隐秘性而能提供一些敏感性的信息。

三是受访谈员的影响较大,影响了调查资料的客观性。访谈员与被访谈者的沟通,其表情、姿态、动作、言语对于被访谈者具有不言而喻的影响,其对于访谈过程的控制、引导也不可避免地影响到被访谈者的回答,因此访谈要做到完全的客观具有一定的难度。尤其是当访谈者与被访谈者差异较大时,这种影响更为明显。

四是访谈调查所获数据的标准化程度低,其分析往往因人而异。访谈获得的资料,一般都是定性资料,难以进行标准化的编码与量化分析,其分析结果往往依赖研究者个人的把握。因此研究者的学术背景、研究积淀与个人取向等都会影响到访谈资料的分析,这也导致访谈资料分析具有难以排出的主观性问题。

访谈调查的适用性,除了要结合上述优缺点来考虑,要扬长避短,同时还需注意其在下述不同层面的不同表现。

在研究目标上,访谈调查一般适用于动态、系统、复杂性的研究。访谈调查由于通过访谈收集资料,其资料可以较为深入和广泛,适合于了解事物的动态性、系统性和复杂性。相比较而言,问卷调查则适用于静态、局部、结构简单的研究,尽管定量研究也涉及动态性、复杂结构的分析,但是其对于数据的要求较高,因而较难以实现。

在研究类型方面,访谈调查一般较多地适用于定性研究中各种研究方法资料的收集，如个案研究、现象学的研究、民族志研究、教育叙事研究等。访谈调查的对象虽少，但每个对象的信息量大；问卷调查虽然调查对象多，但每个对象的信息量少。因此，访谈研究凭借深入、全面的信息，深刻揭示研究对象或是其某些方面。

在研究过程中，访谈调查可以贯穿研究的探索和实证阶段。在研究的探索阶段，研究者对于研究的理论解释或是事物现象不够明确，可以通过初步的访谈调查来理清思路。同样，即使在研究思路明确、理论解释清晰的实证阶段，访谈调查也可以作为理论解释的实证探索，尽管其实证的效度不及统计调查研究。

在研究地位上，访谈调查还可以作为实证研究的解释性补充。量化的实证研究对大量的量化信息进行分析，数据分析结果往往与现有理论难以吻合，让研究者难以准确、有效地进行解释，这就需要辅之以访谈来解释。事实上，计算机对于量化数据的分析，其以数理统计的原理为基础，但无法提供其解释，就像任何两组数据都可以通过统计分析得出相关系数，但这种相关性如何解释就需要研究者的理论把握来完成，而研究难以解释时，通过少数调查对象的深入访谈则可以有效地进行补充性或矫正性的解释。

二、访谈调查的类型

访谈调查具有很多类型，从不同的角度划分往往具有不同的结果。

根据访谈对象数量的多少，可以分为单一访谈与团体访谈。单一访谈是访谈人员针对被访谈者一对一进行的访谈。团体访谈是指访谈者组织一群访谈者进行一对多的访谈。单一访谈较为常见，但是也较耗费时间、人力；团体访谈可以节省人力、物力，但是对于访谈的技能要求较高，难度也较大，因为访谈场景的引导、控制和调节存在更多的变数。

根据访谈是否借助于访谈工具，分为直接访谈和间接访谈。直接防范是访谈者不借助于任何外在工具而凭借感官进行的访谈，也就是面对面的访谈。间接访谈则是访谈人员必须借助于外在的工具进行的访谈，如电话访谈、网络访谈等。直接访谈可以在访谈的时候观察被访谈者的表情、动作、姿态的变化，因而获得的信息较多，但匿名性差；而间接访谈具有较多的匿名性，但也会因此失去即时观察的机会而丧失很多信息。实际上，当网络应用的日益普遍，一些研究者已经将二者结合起来使用，如使用 QQ 访谈，作为现场访谈的一个补充。①

根据访谈的时间跨度可以分为横向访谈与跟踪访谈。横向访谈是在同一时点就访谈问题同时访谈很多被访谈者来集中收集资料。跟踪访谈，也是纵向访

---

① 辛朋涛，段兆兵．“QQ”访谈法：现场访谈法的一个有益补充[J]．技术应用，2007(4)：72－74.

谈,指针对一个问题随着时间变化而固定访谈同一批被访谈者。横向访谈主要是静态的结构性研究,而跟踪访谈则一般用于动态变化的研究,访谈操作的难度较高。

访谈中最为常用的分类则是依据访谈提纲结构而进行的划分,其包括结构性访谈、半结构式访谈与无结构式访谈。结构性访谈是研究者依据具有清晰、明确结构的访谈提纲针对被访者进行的访谈。半结构式访谈则是访谈提纲只有一个粗略的访谈构架,访谈人在此构架下访谈被访者,访谈具有较大的弹性。无结构式访谈,亦称开放式访谈,则是访谈事先没有设计任何访谈结构,访谈者与被访谈人就话题自由交谈。一般来说,结构性访谈的标准化程度较高,访谈中被访者自由延伸和变换话题的弹性几乎没有,尤其是采用精密设计的访谈问卷,那么被访者只需要简要选择答案即可;因此,结构性的访谈亦被称为标准化访谈。半结构式的访谈具有了粗略的访谈构架,访谈者和被访谈者可以在此构架下进行访谈话题的延伸、拓展、转换,其具有一定程度的标准化,亦被称为半标准化访谈。而开放式访谈则是没有任何访谈提纲,被称为无结构式访谈。这三种访谈具有较大的差异,往往在研究的不同的阶段使用,一般情况下,在研究者初期对于研究问题不够熟悉和明确时,较多采用无结构式访谈借此对研究问题或是被研究者进行初步了解。当研究者对于研究问题和被研究者具有一定的把握但不够深入时,往往采用半结构式访谈,既能体现自己的研究意图,亦能展现为研究、访谈的调整而预留一定的空间,所以,半结构式访谈也在访谈提纲的修正过程中被经常使用。而当研究者对于研究问题和研究对象具有明确、深入的了解与把握后,能够设计出体现研究意图的明确访谈提纲时,结构性的访谈就是研究所必然采用的访谈形式。因此,在研究的初始探索、中间调整和最后确定阶段,往往分别使用无结构、半结构与结构性访谈。访谈提纲与访谈过程因此也逐步完善、系统。

三、访谈提纲的编写

访谈提纲是研究收集资料的关键部分,其上承研究目的,下接资料的收集。访谈提纲的质量决定了研究质量的高低甚至成败。因此访谈提纲需要精心、系统设计。包括如下的诸多步骤:

一是明确访谈目的。访谈目的由研究问题与意图所决定,前者的明确才会导致后者的明晰。访谈调查只是资料的收集方式,并非研究方法,很多研究方法(多是定性研究方法)都会采用访谈调查的资料收集方式。当然,研究目的和意图就决定了研究方法,继而也会决定资料的收集方法。如现象学的研究主要用于揭示人们的主观价值、心理体验,而不过问因果关系,那么被访者的体验和感受就是访谈的重心所在[①]；而解释性的个案研究，必然涉及因果关系的探索，那么“为什么”就是访谈中的重要内容；同样，叙事研究中的访谈，以被访者的经历叙述为中心，事情的来龙去脉则是访谈的核心。

二是确定访谈的理论基础或构架。这一部分主要确定研究问题需要什么样的理论来解释，或是要建构什么样的理论基础，解释性理论具有什么样的内容，或是要与建构的理论相类似、相接近、相竞争的理论具有什么样的背景与内容。尽管以建构理论为目的的扎根埋论研究主张，研究之前进行理论回顾反而会产生先入为主的负面影响，进而影响到理论的建构与创新[②]。但在实际中完全回避理论是难以做到的，因为研究者在研究之前都具有一定的理论积淀。大部分的研究从一开始就要准备清晰的理论解释，这也许是相似、相近或是相反的一组理论所组成，因为没有任何一种理论放之四海而皆准，也没有任何一种理论一无是处，理论的解释力总是需要具备一定的适用条件或是一定的解释边界。就同一现象而言，不同学科往往从不同的理念与角度出发，进而延伸出不同的解释性理论，这就需要研究者分析、辨别和选择合适的理论。这既需要研究者具备一定的理论基础，也需要研究者具备对于理论的深入分析与把握能力。

三是划分访谈问题的维度或是方面，这基本上取决于研究的解释性理论。那么就需要分析这些解释性的理论包括哪些方面（亦称理论的维度）、哪些内容、哪些适用条件、哪些解释对象等，这既是理论的构架，也是访谈提纲的构架。学术界对于理论的界定既有严格的标准，也有较为宽松的理解，前者包括很多限制条件，后者则相对宽泛地包括间接的解释模型、概念、经验假设、已有的研究结论等，访谈问题的构架一般是二者皆有，也就是严格界定的理论与宽泛理解的理论的混合。由此来看，访谈调查的问题不是随意的问题，而是经过理论和研究延伸的结果。

四是确定具体的问题，一旦由理论的维度、内容、适用条件、解释对象等决定的问题构架形成，那么每个维度、内容、条件、对象需要深化为具体的问题。但是访谈调查的问题，一般不同于问卷调查的封闭式问题，往往不具有明确规划好的答案，也不同于问卷调查中需要被调查者自由回答的开放式问题，其所有问题的回答都具有一定的自由性，但是也需要访谈者根据被访者的回答或是进行解释、或是追问，或是延伸拓展，甚至是打断（一般多在被访者提供大量的无用信息而访谈时间有限的境况下发生）等。当然，被访者如果已经提供了研究所需的充足的信息，那就无须访谈员进行引导。但一般情况下，被访谈者并不明确访谈者

① 潘慧玲．教育研究的取径［M］．上海：华东师范大学出版社，2005：219.

② ［美］艾尔·巴比．社会研究方法［M］．11版．邱泽奇，译．北京：华夏出版社，2009：47.

需要什么样的信息,因此访谈者的引导是很必要的。具体访谈问题的编制:一是研究者的自我思索,边思索、边积累完善访谈问题;二是小组讨论,大家通过小组讨论的方式集思广益来设计访谈提纲的问题;三是头脑风暴法,从研究问题的各个方面来收集信息,不断设计问题,最后对问题进行汇总和筛选,进而整理出符合研究意图和实际的访谈提纲。

五是确定访谈对象,访谈对象的特征,如背景、经历、年龄、性别、知识层次、态度、价值取向、时间等,也是访谈提纲必须考虑的一个重要因素。依据已有研究和理论设计出的访谈提纲,只是体现了研究者的研究意图和主观把握,而这必须在语言措辞、语气、内容、价值取向等方面与被访者进行必要的契合,才能收到良好的访谈效果,否则就会导致访谈中出现各种问题与障碍。因此,研究的访谈提纲必须与访谈对象的实际相结合,才能是好的访谈提纲。

六是进行试访谈并修改。尽管研究者可以结合理论框架与被访者的实际来完善访谈提纲,但是这一切都是在研究者个人主观努力的基础上完成的,这需要试访谈的客观实践操作来进行进一步的修正。现实的复杂性往往千变万化,往往会超出研究者的预期与研究理论的解释,尤其是在访谈者较多的时候,这种情况尤为突出。只有在试访谈的过程中,访谈提纲的质量高低、有效与否才能获得良好的检验、调整和修正。

四、访谈的实施

访谈的实施既与访谈的前期准备相承接,也与访谈后的资料处理相联系,其中的实施过程还有很多独特的操作步骤。纵贯起来,访谈的实施具有如下步骤:

一是从研究目的和构思出发,设计访谈提纲、确定访谈类型、设计整体的访谈计划。任何良好的研究意图都必须与研究实际相契合,因此,试访谈是提高访谈提纲和计划质量的必经步骤。

二是从访谈计划出发,做好访谈准备。任何通过访谈来收集资料的过程,都必须对访谈的进行有所准备,这主要集中在人力和物力两个方面。

物力的准备包括访谈需要的物质材料,如访谈提纲,以及访谈过程中录音、录像所需的录音笔等设备。当然,很多的访谈还会带有送给被访谈者以示感谢的小礼物等。

人力准备主要就是访谈员的选择、确定与培训等。访谈人员的选择与确定需要考虑三个方面的因素:一是形象端正,习惯良好;二是能力合适,具有一定的经验常识、与人沟通的能力与技巧;三是要诚实、可靠、热情,乐于并能认真从事访谈工作。在访谈员的培训方面,一是编制访谈手册,对访谈的培训进行总体性的细致规划;二是让访谈员了解并熟悉访谈调查的目的、方法与意图;三是让访谈员熟悉访谈调查的类型、技巧、访谈工具的使用；四是使访谈员了解被访谈者的一些基本特征，以及访谈技巧；五是让访谈员掌握访谈中资料判断、分析访谈资料的能力，以及如何在访谈中随机应变以实现访谈任务。

三是安排访谈时间，确定访谈地点、被访谈人等。在访谈时间的确定上，应以被访谈者合适的时间为主，尽量选择双方都满意的时间。地点的选择，也是以被访者为主，选择干扰较少的环境。在被访谈人的选择上，尽量选择能够提供最大信息的主体，如以孩子的家长为访谈对象，就需要选择主要负责孩子教育的家长，这样获得的信息才最为完整。

四是与被访谈人员进行初步的接触，引起其兴趣并争取其积极配合。被访谈者的兴趣和积极配合对于访谈成败和质量高低至关重要。可以在初期的接触中，让被访谈者了解访谈的意图、内容以及访谈中消除顾虑的一些措施，让被访谈者乐于参与访谈。

五是积极把握访谈过程，使访谈不要受到干扰、中断。访谈过程正式开始之后，访谈者在不断访谈被访谈者的过程中，也需要随时征询、观察、判断和了解被访谈者的参与，以及时进行调整，进而塑造良好的访谈氛围，促使访谈的顺利进行。如访谈的时候是否接受录音，要做好不同的处理，被访谈者如不接受，那么访谈者可简要记录或是聚精会神听，事后即可凭借记忆或记录整理访谈资料。同样，被访谈者叙述的经历如果让其产生不愉快的表情，那么访谈者也需要进行同样的表情或语言支持。

六是访谈者应建立与被访者的良好关系，以便在后续还需访谈或核实资料时可以继续获得被访者的配合。访谈者不能因访谈而伤害被访者，这是一条基本的研究伦理；同样杜绝任何让被访者不愉快或是让被访者产生相反感受的行为，都是保证访谈研究和资料质量的必需。而良好的访谈关系，无疑可以促进访谈的持续进行，进而提高访谈调查的质量。

七是访谈实施中，要不断进行反思和调整，以提高访谈质量。访谈中的失误不可避免，但需要访谈员不断反思和调整。访谈中失误的原因很多，比如访谈员的不正确影响，被访人的消极状况、访谈方法与技巧等，这需要访谈员不断反思、改正和调整，以不断提高自身的访谈技能与访谈者质量。

典型案例

女师范生在求职中打扮的访谈提纲

五、访谈数据的整理与分析

访谈数据的整理与分析,依赖于访谈提纲本身是什么样的类型,一般而言,封闭式问卷的结构式访谈资料可用定量处理,但半结构式的访谈可以是定量分析与定性分析的混合,无结构式的访谈则采用定性分析。换言之,访谈数据的分析依赖于数据本身的性质,定量数据需要做定量分析,定性数据需要做定性分析;而数据是定量的还是定性的,则与访谈数据的初期设计和相应的数据收集方式密切相关。

(一)定量分析

在访谈数据的整理与分析中,定量分析主要针对封闭式问卷的结构式访谈资料和半结构结构式访谈中可以量化的部分资料,其分析方法也是与问卷调查数据处理相同的统计分析,但也存在一些差异。

首先,在数据的编码上,封闭式访谈问卷的编码与调查问卷相同;但半封闭式问卷量化数据部分的编码则客观性与标准化程度较低,对于相同问题所提供的可以量化数据,数据处理者需要将其归类并编码,然后输入到计算机进行分析。这种访谈资料中非封闭式问卷的编码,由于事先没有标准的答案,研究者的回答多种多样且具有表述差异,编码也就依赖于数据处理者的归类,其主观性自然较强。因此,为降低这一部分数据编码的主观性,尽量选择客观性较强或是对数据进行简要的量化编码,原因是精细化的编码虽力求精确,但由于不同被访谈者的表述差异而难以进行准确归类,这样反而会导致数据分析的客观性不足。如访谈中学生状况时,年级就是可以进行客观编码的资料;同样,访谈中问及家长对于孩子上课外辅导班的态度,由于家长表述的差异,使用赞成、一般、不赞成的编码方式就优于非常赞成、赞成、一般、不赞成、非常不赞成这种追求精细化的编码方式。

其次,在访谈中量化数据的处理分析上,需要明确很多适用条件。一是访谈样本的抽取是否采用了随机抽样。如果没有采用随机抽样,那么统计推论的基础就不存在。二是即使访谈调查是统计抽样,也需要明确样本量大小对于数据分析结果的影响,因为访谈费时费力,其样本量一般都偏小。在研究中,如果是以定性分析为主,量化资料的展示一定要适当,不宜太复杂。如,访谈调查中如果使用的样本量只有几十个,进行百分比、均值或是相关关系描述的必要性就都不大。三是在访谈资料量化分析的功能定位上,是用于实证还是探索,研究结论的普遍性在样本层面还是在总体层面。如果是采用封闭式访谈问卷且规模较大的访谈调查,那么研究无疑具有实证的功能,但如果不是封闭式问卷或规模较大的访谈调查,那么研究更具有探索的作用(即研究结论在样本中出现,是否能推论到总体依赖于后续研究）。同样，在采用封闭式问卷的访谈调查中，其研究结论能够推论到什么范围，也需要仔细斟酌，如在一个学校随机抽样百名学生进行访谈调查，其结论也仅能推论到该学校，尚不能够推论到区、市、省、国家。

（二）定性分析

访谈法更利于研究者建构意义，运用适当的方法收集第一手资料，进行诠释。[①] 因此，访谈资料大部分是定性的数据，其分析也就是定性分析。但这种定性分析依据研究目的和研究设计可以分为两种：一是为研究的解释性框架提供支撑的分析，这种分析部分带有实证的性质；二是为建构理论的目的而进行的数据分析，这种分析则具有创新和扩展理论的意图。相比较而言，用于理论创新较实证解释框架的定性数据分析难度、复杂性较高。

1. 解释性框架下的定性资料分析

用于进行解释性框架的定性资料分析，主要是经验层面的结构梳理，以与解释性框架相吻合从而达到实证的目的。具有解释性框架的研究末期难度主要在文献梳理现象把握敏感性的结合上，也就是研究者具有丰富、扎实的理论的积累，同时对于现实现象的把握具有高度的敏感性，进而能够从众多理论中选择、抽取或是综合出解释现象的理论解释框架。研究的解释性框架一旦清晰明确，那么后续的访谈提纲就以此为导向来收集数据，数据的分析也就循此思路进行。这种数据的分析，由于已在结构上具有理论化的性质，其分析基本上局限于经验层面，只需按照原有结构进行分门别类的整理即可，并从中选择具有典型性、代表性的资料用于在展示和支撑原有解释性框架的有效性。

当然，这种定性分析，也具有特殊的情况需要关注。一是出现资料对于解释性框架具有证伪而非证实的情况。如果在访谈中出现与原有解释性框架不吻合的资料，或是完全相反的资料，这就意味着解释性框架没有得到证实，而是得到了证伪，这就需要对原有的解释性框架进行修正、扩展或深化。如果访谈资料完全与解释性框架相异，那么在这种证伪的情况下就必须完全放弃原有的解释框架，重新设计解释框架，甚至导致研究的重新开始。证伪研究固然也具有价值，但一般用于他人的经典、重要、普遍性的理论或结论，以此推动理论的创新与变革；但如果是自己依据他人已有理论基础而提出的解释性框架，那么证伪了自己提出的解释性框架，就说明自己的研究价值严重不足；因此，运用解释性框架的定性研究一般都是展现证实的结果，而不是证伪。如果访谈资料中出现对于解释框架既有证实也有证伪的资料，这也是大部分定性资料分析的状况，这就需要对原有解释性框架进行扩展或细化。所谓扩展，就是要在及时性框架中引入新

① 党登峰，王嘉毅．浅析教育研究中的访谈法[J]．教育评论，2002(2)：31－33.

的理论概念或是命题解释证伪部分的资料，通过解释框架的扩充而将证伪的资料纳入。所谓细化，就是在原有解释框架对理论概念或是命题进行细化，以明确原有解释框架的适用性条件，即在什么条件下被证实，什么条件下被证伪，把证伪的资料排除。

二是解释性框架的抽象性与访谈资料的经验性之间具有距离，出现对接的困难。对于这种情况，需要使用自上而下和自下而上两种策略进行调整。所谓自下而上的策略，就是把理论中的抽象命题或者概念具体化可以观察的经验指标，用经验指标与访谈资料相对接，这类似于量化研究中概念的操作化。而自下而上的策略就是从经验资料中概括出抽象的概念，与理论框架相对接。这也是在下面定性资料分析中要论述的编码。

2. 以建构理论为目的的定性资料分析

以建构理论为目的的定性资料分析，其核心是编码，其资料分析的方法步骤基本都是源自于以建构理论为目的的扎根理论研究方法，这部分内容将重点在第八章中阐述，本章只简要介绍其主要步骤。

第一，整理资料，其中包括资料的转换、资料整理和资料的初步类型化。资料的转换是指访谈获得资料最终都要整理为文字资料，如使用录音笔进行的录音资料，需要输入到计算机，转换成 Word 格式。在转换时，无须对资料进行文字、语言的润色或调整，尽量保持访谈资料的原貌和真实；同时，输入到计算机的资料与原始资料在表述、时间、前后顺序、记号等方面保持一致，以备核实和校验。资料整理，就是将资料进行系统化的整理，不同资料的整理其系统化的标准也不同。如果是主题较多的访谈，那需要按照主题将资料分类整理并汇总；如果是主题相同的，就需要按照被访谈者的编号来整理资料并汇总。一些研究都不同程度地提到运用卡片来整理资料，并分类汇总，但这种方法一般是在没有计算机使用的情况下运用。资料的初步类型化，这依据资料本身的性质，如对于复杂、多样的资料可以分为背景资料、人物资料、参照书目资料、分析资料等，对于具体的研究则可根据研究本身的内在构架进行简要的资料分类。

第二，编码，也就是给予原始经验资料以抽象化类别、主题或是概念的过程。编码主要是从经验上升到抽象的逻辑过程，这与量化研究中概念的操作化的逻辑（即由抽象概念到具体经验指标或者变量）截然相反。编码首先需要明确研究问题，在其指导下分析资料，通过资料的类比、综合抽象出可以涵盖大量经验资料的少数抽象分类、主题或者是概念，进而为通向抽象理论的建构建立最初的基础，因此编码也就是经验资料的减少和抽象化。编码包括开放式编码、轴心式编码和选择式编码三种方式。

开放式编码，就是研究者首先设置一些主题以统整和简化资料，然后通过阅读将资料分配到这些主题中去，并在其中根据资料的需要改变原有主题或者增添新的主题，最终形成一个主题名单，用于后续的抽象化分析。开放式编码，仅是对于资料的初步抽象化处理，研究者此时并不关心主题之间的关系，也不深究主题所得隐含或是代表的概念；但开放式编码也需要研究者在具体资料与主题之间不断的往复审视，以提高主题概括的准确性、有效性。开放式编码总体上要求研究者以一种开放的心态，排除个人偏见和研究定势，将材料按照其本身所具有的结构属性进行分类。

轴心式编码，研究者从一组初步的核心主题和概念开始，阅读、整理和分析资料，并在分析中不断依据资料的扩展而补充、延伸主题概念，进而将各种主题、概念、观点组织起来，同时寻找出居于整个资料分析轴心的关键主题概念。因此，轴心式编码的核心在于主题，而非资料，其侧重于主题概念间的比较、排序与关联。

课后任务

试撰写一份访谈提纲。

选择式编码是从一开始就选择一些重要或者是核心的主题、概念来组织整体资料的分析；其以上述的编码为基础，更为明确的识别和运用了资料中的关键或是核心主题。因此，选择式编码不是随意的选择，而是在把握资料的整体与核心之后进行的主题选择。

第三，形成概念。用于建构理论的定性资料，其核心的基石作用就在于从具体的经验资料中抽象出具有普遍性的概念。概念的形成从资料收集时就已经开始在研究者的意识中产生，随着资料收集的丰富、深入，这种概念也会逐渐准确。概念化同样也是定性资料分析构成中组织、概括的一种主要方式。定性资料分析中形成概念的主要方式是通过与已有理论概念的比较、联想、综合、评论来完成。一旦抽象的概念形成，就需要探索并明确概念的联系与关系，最终将概念相互连接并形成理论。

第四，撰写资料分析的备忘录。撰写资料分析的备忘录，主要是描述研究对于定性分析的过程、讨论和反思。备忘录既可以提高通过研究者的反思不断提供资料的分析质量，也可以在资料分析完成之后进行研究的评估。

具体而言，定性资料的分析没有约定俗成的具体分析策略或是套路，其分析与研究者本身的研究积淀与研究能力息息相关，定性研究和定性资料的分析往往都是因人而异的。尽管定性研究和定性资料的分析很多都已建构理论为己任，但现实中定性研究所催生的知名理论却较为稀少，定性研究还需不断推进。正如有研究者就此评论道，定性资料的分析更像是一门艺术而不是科学。

拓展阅读

质性资料分析软件推荐

[思考与练习]

第三编　经 验 研 究

第六章　案例研究

在方法论层面上，案例研究是一种运用个案来探索客观事物规律或人们主观世界的研究模式。它不仅被广泛应用于经济学、社会学、政治学、管理学等社会科学研究领域，作为社会科学的一个分支，教育研究也常常用到这种研究模式。因其具有内在的丰富性、复杂性，所以从不同视角出发的研究者，对于案例研究的含义、性质、特点、类型、功能等都有不同的看法。但作为一种研究模式，案例研究具有大体相同的研究程序与研究设计。

[学习目标]

1. 了解案例研究的类型；
2. 掌握案例研究的含义、特点、程序及要求；
3. 重点掌握案例研究的优势与局限性，案例研究的质量检验标准以及目前案例研究中存在的争论和问题。

第一节　案例研究的含义与特点

一、案例研究的含义

> **温馨提示**
> 案例研究定义为一种研究模式。

案例研究就是运用方便样本作为研究对象的研究。罗伯特·K. 殷指出，“作为一种研究思路的案例研究包含了各种方法，涵盖了设计的逻辑、资料收集技术，以及具体的资料分析手段”。①据此，可以在方法论层面上把案例研究定义为一种研究模式，而不是一种具体的研究方法。在案例研究这种模式中，可以运用不同的研究手段和工具。案例研究具有丰富性，案例研究既有文化人类学研究的取向，也有实证性经验研究的取向，它们之间的关键区别在于研究之前是否有明确的研究假设。因果解释性案例研究便是偏向实证性经验研究的典型范例，其中案例研究的数据既可以是定量的，也可以是定性的。本章将主要在实证性经验研究的意义上对案例研究加以介绍。

案例本身的类型或层次差异，导致了案例研究的丰富性与复杂性。案例研究的含义与对个案的界定息息相关。

（一）研究案例与教学案例

案例研究也经常被称为个案研究。研究案例与教学案例中的案例有极大不同之处，为示区分，教材中使用案例与案例研究这一译法，其意义与个案研究等同。

案例研究中的案例与案例教学中的案例存在差异，它们主要表现在以下几个方面：②

1. 起源和性质不同

研究案例源于案例研究这种研究模式的需要；而教学案例源于案例教学模式的需要。案例教学兴起于哈佛大学法学院并途经商学院、医学院、教师教育学院等高等教育机构，在不同学科中逐渐扩散、兴盛。

2. 案例涉及的内容不同

案例研究中的案例来自于真实的社会事件、群体、组织或个人，具有客观性；而教学案例则是以一定的社会事实为基础进行专业加工而成。

---

① ［美］罗伯特·K. 殷. 案例研究：设计与方法［M］. 3 版. 周海涛，等，译. 重庆：重庆大学出版社，2004：16.

② ［美］罗伯特·K. 殷. 案例研究：设计与方法［M］. 3 版. 周海涛，等，译. 重庆：重庆大学出版社，2004：16.

3. 对数据的真实性程度要求不同

教学案例不需考虑忠实地呈现实证数据，具有一定的建构性，甚至可以是虚构的；教学案例通过有效地突出其有用之处，旨在满足教学的需要。而研究性案例则对此有极其严格的要求，在研究性案例研究中这种行为是绝不被允许的。

拓展阅读

案例研究的起源

（二）什么是案例研究

案例研究因个案本身的丰富性，研究目的的多样性，以及研究过程的复杂性，导致不同学者对其有不同的定义。

1927 年萧（Shaw）的定义，突出强调了个案研究的综合性、动态性和归纳性。个案研究方法强调总的场景和所有因素的组合，通过描述现象发生的事件过程或后果，进而对大环境中的个体行为进行研究或分析并形成假设。贝纳德（Bernard）也认为个案研究是用来阐述和支持命题、规则，并从中归纳出普遍性结论的研究方法。[①]

之后的研究定义，则突出强调了个案的现时性、具体性与特殊性。如 20 世纪 70 年代，尼斯贝特（Nisbett）认为个案研究是一种对一个特殊事件进行系统研究的方法；阿德尔曼（Adelma）将个案研究定义为“对一个事件进行研究的方法统称”。[②] 同样，德尔伯特 · C. 米勒和内尔 · J. 萨尔金德也认为，个案研究是针对一个人、一个团体或是一个事件进行研究的方法。[③] 吉（Gee）认为“作为一种研究方法，个案研究似乎首先用于描述当代事件，并从中得出归纳性的普遍结论”。[④] 林佩璇认为，个案研究是探讨一个个案在特定的情境脉络下的活动特质，以了解它的独特性和复杂性。[⑤]

---

① 汪婷. 个案研究法的研究与发展综述[J]. 武汉理工大学学报：社会科学版，2014(3)：439－444.

② 黄岩，文明超. 个案研究方法评述[J]. 江西金融职工大学学报，2008(4)：137－138.

③ [美]德尔伯特 · C. 米勒，内尔 · J. 萨尔金德. 研究设计与社会测量导引[M]. 6 版. 风笑天，译. 重庆：重庆大学出版社，2005：149.

④ [美]罗伯特 · K. 殷. 案例研究方法的应用[M]. 3 版. 周海涛，等，译. 重庆：重庆大学出版社，2004：13.

⑤ 林佩璇. 个案研究及其在教育研究上的应用[C]//中正大学教育学研究所. 质的研究方法[M]. 高雄：丽文文化公司，2000：239－259.

罗伯特·K. 殷指出,"案例研究是一种实证研究",[①] "它在不脱离现实生活环境的情况下研究当前正在进行的现象;待研究的现象与其所处环境背景之间的界限并不十分明显"。[②] 在此基础之上,殷在技术层面上对案例研究做出进一步界定,他强调个案研究法处理有待研究的变量比明确的数据收集或分析点还要多的特殊情况,所以,需要通过多种渠道收集资料,并且把所有数据资料汇集在一起进行交叉分析,因此,需要事先提出理论假设,以指导资料收集及资料分析,减少研究工作量,避免走弯路。[③] 风笑天认为,个案研究"即对一个个人、一个事件、一个社会集团或一个社区所进行的深入全面的研究"。[④] 也有学者认为,"个案研究是一种运用观察、访谈、查阅历史数据和档案材料等方法收集数据,并运用可靠技术对一个事件进行分析,从而得出带有普遍性结论的研究方法"。[⑤]

思考

什么是案例研究?其具体含义有哪些?

综上所述,在经验研究的意义上,案例研究就是以具有整体性、综合性的现象单元为研究对象,事先提出研究假设,通过多种渠道和方法收集经验资料,旨在描述事物、现象或其过程、机制,通过分析式归纳建立因果解释理论的一种研究模式。其含义具体包括以下几个方面:

1. 案例研究的目的在于描述和解释

在经验研究的意义上,案例研究的目的在于描述事物或现象是什么,以及其发生发展的过程和机制,主要是在经验数据的基础上,通过基于联想推断的分析式归纳逻辑建立关于事物或现象的因果解释性理论。

2. 研究变量难以控制和分离

案例研究适合于发生在当代,但研究变量难以从整体情境中完全分离的问题,即研究变量和干扰变量、无关变量难以控制和分离。

3. 研究对象具有整体性、综合性的特点

案例研究的对象可以是个人、事件、群体、组织、社区、民族、国家等。由于研究对象是基于研究问题或研究假设中的变量而确定,案例研究中的变量难以控制和分离,因此在研究过程中表现为难以对与研究对象相关的因素进行控制和

---

① [美]罗伯特·K. 殷. 案例研究:设计与方法[M]. 3 版. 周海涛,等,译. 重庆:重庆大学出版社,2004:16.

② [美]罗伯特·K. 殷. 案例研究:设计与方法[M]. 3 版. 周海涛,等,译. 重庆:重庆大学出版社,2004:16.

③ [美]罗伯特·K. 殷. 案例研究:设计与方法[M]. 3 版. 周海涛,等,译. 重庆:重庆大学出版社,2004:16.

④ 风笑天. 社会学研究方法[M]. 2 版. 北京:中国人民大学出版社,2005:248.

⑤ 张梦中,马克·霍哲. 个案研究方法论[J]. 中国行政管理,2002(1):43-46.

分离，从而使研究对象表现出整体性、综合性的特点。

4. 多元化的资料收集的渠道和方法

案例研究的资料来源广泛，诸如观察、访谈、调查、实验、文物档案、物证等都可以作为获取经验数据的渠道。同时，收集资料的方法也是多样的，可以是问卷法、实验法、访谈法、观察法、文献法等，其收集的经验资料既可能是定量数据，也可能是定性数据，并需要采用相应的定量或定性分析技术进行数据分析。

5. 对结果的解释基于分析式归纳的逻辑

由于假设中的变量难以从整体情境中完全分离，很难排除其他干扰变量的影响，因此对结果的解释还要充分考虑到在多种证据中形成证据链，其推理判断并不是完全建立在经验数据基础之上的，其中包含有一部分联想推断的成分，逻辑基础是分析式归纳，而不是统计归纳。

二、案例研究的特点

案例研究具有以下特点：

(1) 整体性。案例研究主要用于解释研究对象的整体现象。

(2) 经验性。研究前需要建立研究假设，并根据研究假设收集经验数据，以检验假设。但结论常常包括情绪和主观的成分。

(3) 多重功能性。可建构、检验理论，也可探索、描述与解释现象。

(4) 深入性。个案研究由于数量少，因而不局限于现象的表面，能对现象乃至事物发展变化的动态的过程、机制展开深入、细致的研究。

(5) 研究的自然性。案例研究不对研究变量进行控制，而是在自然情境下展开研究。

(6) 资料来源与收集方法的多样性。针对特定问题进行的案例研究，通常会从多种渠道、运用多种方式收集资料，并通过在数据之间形成证据链以实现研究的整体性。

三、案例研究的优势与局限性

(一) 案例研究的优势

案例研究既能表现出一定的研究优势，亦具有一定的研究局限。案例研究具有下述几个方面的重要优势：

> **讨论**
> 案例研究具有哪些优势与局限性？

1. 研究对象的广阔性

作为一种研究模式，案例研究所涉及的对象极为广泛，可以研究社会世界的广阔现象，小到微观个体，大到一个民族国家，可以静态展示组织、群体结构，也可探索、解释动态的事件过程。

2. 研究功能的丰富性

案例研究具有探索、描述、解释、理解等多重功能。当人们对某一特殊现象缺乏了解时，个案研究可对此进行描述和探索；当社会现象较为复杂时，个案研究可对此进行深入的解释；同样，对于人们的主观世界，案例研究也可以发挥理解的功能。对于案例研究方法的功能，学界也有很多补充，如，个案研究具有三个方面的重要作用：发现问题（motivation）、启发灵感（inspiration）和解释说明（illustration）[①]；个案研究可以了解现象过程与情境脉络，并借此进行研究的发现和理解。[②]

3. 数据收集方法的多样性

由于个案的多样性，不同的案例研究可以选择不同的数据收集方法，如针对文献可使用文献收集方法，针对涵盖大量个体的组织、群体个案可使用问卷调查法，针对个案中的人物可使用访谈法，针对特定的实验设计要求，则可采用实验法收集数据，等等。当然，在一个具体的个案研究中，也可根据研究需要将上述数据收集方法混合使用，而不必拘泥于某一特定方法。因此，个案的复杂性也决定了案例研究中数据收集方法的多样性。

4. 研究情境的真实性

与实验研究不同，大多数案例研究并不对研究变量进行控制，而是在真实的场景中进行数据的收集与研究。这种研究情境的真实性也支撑了研究结论的有效性。实验研究中的实验性效应，虽然可以有效控制干扰变量，并因此提高研究结论的精确性，但是由于实验室情境与现实情境差异巨大，这就导致了研究结论的可推广性与有效性受损，毕竟现实情境没有“干扰因素”的控制。因此，在真实情境中展开的个案研究兼具现实性与研究结论的有效性。

5. 研究方法的互补性

案例研究可以与实证研究、解释学研究进行互补。如针对统计调查研究，个案研究可发挥解释的互补作用；统计分析可以显示变量、现象之间的关系，但是如何解释，则可依赖于对个案进行研究并深入解释；针对个别村落、社区的民族志研究也可借鉴个案研究；叙事研究也都是以个案为基础来收集并分析资料；扎根理论研究的理论建构与探索性的个案研究也具有高度的吻合性。因此，在较为复杂的研究设计与研究过程中，个案研究可以与其他研究方法互补，以更为有

---

① Siggelkow N. Persuasion with case studies[J]. Academy of Management Journal, 2007, 50 (1): 20 - 24.

② Merriam, S. B. Case Study Research in Education: A qualitative Approach[M]. San Francisco: Jossey - Bass publishers, 1988:13 - 14。

效地支持研究意图。

6. 研究结论的针对性

案例研究针对具体的个案展开研究，能够深入、详细地了解个案的内在结构和发展过程，把握个案现象的特点与规律。由此延伸，针对个案本身所存在的问题，如果需要进行改进、调整或是矫正，个案研究也就具有了解决问题的借鉴价值。事实上，国内教育领域中很多具有矫正性目的的行动研究，也都以个案研究为前提。

（二）案例研究的局限性

案例研究的局限，学界也总结为以下几个方面：

1. 难以对研究结论进行科学的归纳

案例研究的推理基础不是统计归纳，而是分析式归纳，研究结论的归纳必然会受到研究者个性因素的影响，进而促使研究结论带有一定的主观性和随意性。而研究者对于研究对象的选择、描述、分析、解释、总结等，都容易发生偏差，这也会导致读者容易对研究产生理解和把握上的偏差。

2. 技术上的局限与研究者的偏见

案例研究没有量化研究中标准化的数据设计、收集与分析方法，从个案的选择、研究到分析、解释，都具有较大的弹性，研究者本人的偏见、分歧或局限必然渗透于研究的各个环节之中，进而影响研究结论的效度与信度，导致研究结论科学性、客观性与可靠性的不足。

3. 大量的时间和人力耗费

密集的劳动力和大量的时间耗费是案例研究中的一个典型问题。个案的选择、接近、观察、访谈、记录、整理、分析、总结等各个环节，都需要大量的人力投入，同时亦伴随着大量的时间耗费，这相对于短时间就可发放成百上千份问卷，并可借助于计算机程序迅速进行数据分析的量化研究来讲，案例研究耗费的人力与时间是巨大的。

4. 案例研究的研究报告较为冗长和繁琐

案例研究的深入性和主观性，导致研究者往往会用大量的笔墨详细描述研究个案，阐释繁琐的资料内容，由此便形成个案研究报告的冗长、繁琐，容易让人产生阅读大量篇幅的报告却所获不多的印象，过分冗长的研究报告甚至让部分读者望而却步。

拓展阅读

案例研究的性质

第二节　案例研究的类型

案例研究因自身的丰富性,而具有不同的类型。对案例研究进行分类,从不同的角度划分会有不同的结果。

一、基于哲学基础的分类

基于哲学基础,案例研究可以分为规范性的案例研究和实证性的案例研究。规范性的案例研究旨在回答应该是什么的问题,具有明确的价值判断,这一类研究都是为建立规范理论而进行的,其理论具有建构性。而实证性的案例研究,强调只有通过观察或感觉获得的经验知识才是真实可靠的,因此这一类的个案研究一般是对理论进行检验或实证,具有理论的实证性。

二、基于研究目的的分类

基于研究目的,案例研究可以分为探索性案例研究、描述性案例研究和解释性案例研究。探索性案例研究是在研究问题和研究假设都不明确的情况下,研究者凭借个人兴趣、直觉、经验到研究现场了解情况收集资料,然后根据这些情况以进一步确定更为具体的研究问题、研究理论及其相应假设。探索性研究往往被应用于人们所不熟悉或新兴的现象,抑或是缺乏研究积累的领域,归根结底就是所要研究的现象缺乏研究积累,没有什么明确的研究问题浮现或是没有太多理论、研究假设可供研究借鉴。由于这样的研究往往缺乏明确的问题意识或理论假设,因此很多人认为这种研究是其他研究的一个前提探索或是前奏。但实际上,探索性研究运用得当的话也是一种独立性研究,毕竟其研究目的和层次基于研究需要而多种多样,指望一个研究包揽天下既无必要,也无可能。探索性案例研究提供了最初的研究积累,包括可用于进一步促进研究探索的研究理论和研究假设,并引发人们的研究兴趣,这也使得探索性个案研究在社会变迁、发展与管理方面被广泛使用。

描述性案例研究,就是通过对一个人物、团体、群体、组织、社区、民族、国家的生命历程、重要方面、焦点事件等现象进行深度描述,以坚实、丰富的经验事实为支撑,从而形成主要的理论观点,或是检验理论假设。描述性案例研究中的个案,小至个体大至民族国家,都能通过资料的丰富收集、整理、归纳,进而建构理论或是验证理论。所以可以说,描述性案例研究只是建构理论和验证理论的工具,其最终目的是指向理论贡献:或发展出新的理论,或检验理论的解释性边界。所谓理论的解释性边界,是指没有哪个理论可以放之四海而皆准,也没有哪个理论一无是处,理论只有在一定的条件、情境或标准之内,才具有其解释力和有效性,在其外则不具有解释力。因此,描述性个案研究对理论的检验,只能在特定的条件下证实或者证伪,并最终指向于确定理论的解释性边界。

解释性案例研究,是指旨在通过特定或一般的个案,对事物背后的因果关系、内在结构和动态变化进行解释。在解释性案例研究中,案例所包含的一些事实被当做自变量,而另外一些事实则被当做因变量,研究者通过对个案背景的参考和对内部情况进行深入、详细地探究,以寻找不同变量之间的相关性、因果关系或者事物的内在结构与发展变换的动态机制。解释性案例研究主要用于研究为什么、怎么样之类有关因果关系和动态变化的问题。

三、基于案例数量的分类

基于案例的数量,案例研究可以分为单案例研究和多案例研究。单案例研究又称经典性个案研究,是指在收集数据时仅选择一则个案作为研究对象。单案例研究,一般会选择不低于一个层级的嵌入式个案,如对一所学校的研究就会包括年级组织、教师、学生个体等各个层级;或是选择具有典型性或极端性的个案,否则对一个仅含单一层面且非典型、极端的个案进行研究的价值和意义不大。单个案一般适用于下述几个情况:一是个案代表解释性理论的关键个案;二是个案是极端的或是独一无二的;三是个案具有代表性和典型性;四是个案具有启示性;五是个案具有动态变化的纵向个案。①

多案例研究,亦称比较性案例研究。多案例研究背后的原理与多元实验相同,一般具有多个案例,但是对这些案例的选择应遵循相同复制原则和差别复制原则,即挑选出的案例或者能够产生相同的结果(逐项复制);或者由于可预知的原因而产生与前一研究存在差异的结果(差别复制)。② 多案例研究能使个案研究更全面,结论更有效,多个案例指向同一结论无疑可以提高说服力。同时,多个案例可以有效地提高个案研究的效度与信度,能够全面地了解和反映个案的不同方面,基于此而形成的理论更完整也更具解释力。当然,使用多案例研究,也需要比单个案研究投入更多的人力、物力与资源。

四、基于案例层级的分类

基于个案的层级,可分为整体性(单层次分析)和嵌入性(多层次分析)案例

---

① 谢芳. 个案研究方法[J]. 北京石油管理干部学院学报,2009(3):5-30.

② [美]罗伯特·K. 殷. 案例研究:设计与方法[M]. 3版. 周海涛,等,译. 重庆:重庆大学出版社,2004:16.

研究。整体性案例研究是指在研究中仅研究个案的整体性，而不关注其具体的部门或是方面。整体性案例的研究，目标明确，简洁明快但是研究不免流于表象而不够深入。嵌入性案例研究指一个案例研究中包含一个以上的分析单位，如一个组织的具体部门单位、个体等，研究除了分析案例整体之外，还需要通过抽样等技术抽取子单位进行分析，并将子单位的分析嵌入个案整体之中。嵌入式案例更为深入、具体，但是也需要更高的研究能力与分析、整合技术，且容易偏离重心，过于关注子单位的分析，而不能回归到个案整体分析中来。

五、基于案例研究功能的分类

基于案例研究的功能，斯泰克(Robert E. Stake)将案例研究分为本质性案例研究、工具性案例研究和集合性案例研究三类。本质性案例研究，其功能不在于理解抽象的概念或者普遍的现象，也不在于建构或检验理论，而在于展示、突出案例本身所具有的意义。这一类型的案例研究，重心在于案例本身，旨在探索案例对于人们的价值、意义以及其在人们主观价值世界中的地位。工具性案例研究，其功能主要是让人们认识问题或发现新结论。这一类型的案例研究重心不在于其本身，而主要在于案例能够提供的辅助作用，即通过该案例研究，能够对人们起到现实认识、意义理解和发现新知的作用。集合性案例研究，其功能是通过观察、理解某个特定的群体、组织、社区或某种特定的形势、事件，以便更好地研究和预测类似现象、整个群体或总的形势。这一类型的案例研究，往往采用对两个及两个以上个案进行比较、综合等的分析逻辑，因此它同时属于多个案研究。斯泰克的研究明显地将案例研究引向人们的主观世界，而不是罗伯特·K.殷所注重的客观世界。①

六、基于案例对理论贡献程度的分类

基于个案对理论的贡献程度，利普哈特则将个案研究区分为六种类型，包括：①非理论个案研究；②解释性个案研究；③产生假设的个案研究；④理论证实的个案研究；⑤理论证伪的个案研究；⑥偏离常规的个案研究。其中非理论个案研究类是不带理论取向的描述性个案研究或探索性个案研究，既不探索理论假设，也不建构或检验理论。而偏离常规的个案研究，则是对于一些偏离常规的个案，现有的理论与假设难以解释，需要对这些个案进行探索以便发现、归纳出新的研究变量，或者对原有的解释性结论进行修正、补充和扩展。利普哈特本人认

---

① [美]罗伯特·E. 斯泰克."个案研究"[C].//[美]诺曼·K. 邓津，伊冯娜·S. 林肯. 定性研究(第2卷)：策略与艺术[M]. 风笑天，等，译. 重庆：重庆大学出版社，2007：67-69.

为，在这些个案研究的类型中，产生假设的个案研究和偏离常规的个案研究价值最大。①

拓展阅读

1. 案例选择的标准

2. 案例研究对研究者的要求

第三节　案例研究的程序

不同学者对案例研究的程序持有不同的划分方法，部分学者认为案例研究可划分为四个阶段：了解事实真相阶段，收集资料和证据阶段，撰写报告阶段，检查阶段；有学者与此观点类似，但在最后补充了研究结果比较阶段。部分学者认为“明确研究问题—形成假设（或者提出理论依据）—确定分析单位—描述个案，提炼主题—提出发现或结论”应该是各类案例研究设计必须遵循的基本模式。部分学者认为案例研究主要包括三个阶段：即准备阶段（界定问题、研究设计与个案选择、研究方法与工具选择）、执行阶段（资料搜集、资料分析与形成假设）与对话阶段（文献对话、总结）。也有部分学者则认为个案研究过程包括：确定研究问题、设计研究方案、收集资料、分析资料、撰写研究报告五个步骤。基于上述对于案例研究程序诸多认识的差异，一些研究者认为案例研究不是一成不变的单一模式，而应根据研究目的、个案多少来具体采用不同的研究程序。②

尽管案例研究程序因案例研究的丰富性而具有差异，但作为一种研究方法，其必然也符合研究程序的规范。个案研究无论其程序有何独特之处，但核心依然是基本的科学研究程序，即发现研究问题、提出研究假设、收集资料、经验概括、理论解释、回归问题。因此，个案研究程序可以分为五个部分：案例研究设

思考

如何进行案例研究设计？

① ［美］阿伦德·利普哈特．比较政治学与比较方法［J］．李陈华，译．经济社会体制比较，2006(3).

② 汪婷．个案研究法的研究与发展综述：基于中国知网（CNKI）的核心期刊文献［J］．武汉理工大学学报：社会科学版，2014(3).

计、选择个案、收集数据、分析资料、撰写研究报告。不同学者主张的各种研究程序,除了表述或划分方式的差异之外,其实质是一致的。

一、案例研究设计

(一)确定研究问题

研究问题要能够反映研究目的,且具有研究价值。因此研究问题的选择,既可从研究文献中获得,又可从现实问题中获得。案例研究的问题一般是回答“为什么”“怎么样”的问题,研究就是收集能够回答这些问题的数据资料。确定研究要回答的问题,就是要明确:要研究什么,研究想要知道什么,已经知道了什么,还不知道什么,等等。因此,研究问题的确定,既需要有发现现实问题的敏感性,也需要对文献做必要的积累和整理,综合二者就可以发现有价值的研究问题。

(二)做出研究假设

研究假设也被称为研究主张,即研究者对所要研究问题的立场、倾向、判断、看法。但值得注意的是,研究者提出的假设,需要有相应的理论支撑,或是以往有经验的积累,而不能是空穴来风、凭空想象、没有根基。理论中的命题,将其中的概念转化为可进行测量的变量,命题也就演变成了假设。

此外,在需要提出研究假设的研究中,往往需要同时提出研究假设与相反的假设,并运用后续的数据分析同时检验两种假设,以提高个案研究的有效性。

旨在建构理论的案例研究亦需要研究者在研究之前构想好一个分析框架,后续的资料收集和分析只不过是不断地对这个研究框架进行修正、补充、完善和深化。而探索性的案例研究则无需做出研究假设或构想研究框架,因为这类研究只是进行初步的研究积累,为以后的研究探索提供研究假设或研究理论的奠基。

也有部分研究者认为探索性研究亦需要研究假设或是解释性理论,但如果探索性研究已经具备如此完备的解释或是理论基础,那么所谓的“探索”也就无从谈起了。

(三)确定分析单位

确定分析单位,即确定分析的对象,更通俗地讲,就是分析什么。一是确定分析单位的类型,如分析单元可以是一个个体、群体、组织、社区或是一个事件等;二是确定分析单位的数量,主要是指分析单位有几个层级。分析单位的层级,主要是根据案例内在的结构来决定;但是每一种单位的重要性,则需要实际数据的分析来确定;研究者需要明确每一层级的意义,划清不同层级的界限，并根据实际研究数据的分析修正、补充、扩展各个层级单位。一般来说，一个完整的分析单位在个案研究中会包括时间、地点、活动、定义和背景几个方面。[①]

（四）确定数据分析的逻辑

在研究设计阶段就明确研究使用了什么理论，需要收集什么样的数据以及对数据如何分析处理。数据分析逻辑的采用应根据数据的性质来决定，定量数据运用的是统计逻辑，定性数据运用的则是分析逻辑。在这一步骤中，最为常用的方法是模式匹配，即通过单一个案的几组信息或是多个案例中的相同信息部分，依据其共性而推导出某种理论假设；或是将研究所收集的数据与假设中的模式进行比较，以确定假设模式的有效性。个案研究很难设定结果的解释标准，人们只能通过对不同模式之间的比较来做研究解释。

（五）解释研究发现的准则

对于分析结果，研究者必须进行合理的解释，包括是探索出了新的研究结论，还是对已有的研究理论进行了证实或证伪。

（六）选择研究数量

研究数量的选择，取决于以下几个方面的需要：一是基于研究需要；二是基于案例本身的特点；三是基于研究者的条件。

二、案例选择

案例的选择要综合考虑研究目的、研究理论、资料收集、样本特征等一系列因素。

案例的选择类似于量化研究中的抽样，但采用的往往是非随机的抽样。案例研究的抽样包括目的抽样和理论抽样两种。所谓目的抽样，就是根据研究的目的和要求选择相应案例的抽样方法。理论抽样则是根据研究中的解释性理论，选择与理论解释相匹配的抽样方法。目的抽样与案例研究的目的息息相关，而理论抽样则与研究选择的解释性理论紧密联系，二者在研究中经常综合起来使用，以兼顾研究目的和研究理论。因此，研究者在研究的过程中要不断进行反思，明确研究目的和理论，要在什么地方选择什么样的案例，以及案例的哪些属性、哪些方面与研究目的、理论相契合。

单一案例，整体性分析与嵌入式分析，既可证实也可挑战一个理论，也可以是极端或是独特的案例。选择多个案例进行分析，则包括案例内分析和交叉案例分析。案例内分析是针对单个案例进行整体性分析，而交叉分析则是案例之

---

① 王革．管理学中个案研究方法的科学化探讨[J]．中国行政管理，2011(3)：116－120.

间的比较或综合，对所有的案例进行统一的抽象和归纳，进而能够得出涵盖多个案例的更为抽样、普遍和精辟的结论。

拓展阅读

案例抽样方法

三、数据收集

数据来源包括如下几个方面：

（一）文件

文件包括信件、备忘录、报告或是其他一些可作为数据的资料。文件的重要性在于它能验证从其他数据收集方法中得到的证据，如从历史政策法规文件中能够核实某个案例访谈内容的真实与否。但是文件本身的有效性、真实性也需要一些其他的数据对其进行核实或考证，所以不要一味将文件视为最准确或是最终的证据。

（二）档案记录

档案记录包括工作日志、地图、调查数据以及私人日记等。档案对不同的案例研究具有不同的作用。档案资料的收集必须仔细，并确定记录来源的精确性，以便做出选择。

（三）访谈

访谈是案例研究中较为重要的数据收集方法。根据实际的需要可以使用各种访谈形式，如开放式或封闭式，结构式、半结构式或无结构式，或是时间较长的深度访谈、焦点访谈等。访谈需要迅速及时的记录，不要距离较长时间后通过回忆去记录，这样容易导致数据的丢失、模糊和混淆。

（四）观察

根据研究需要与实际情况选择有效的观察形式并做相应的记录，包括直接或间接观察、参与性或非参与性观察、结构式或非结构式观察。虽然观察法也是案例研究中非常重要的数据收集方法，但是其中也容易带有观察者的偏见。提高观察数据的客观性，一是通过引入更多的观察者，进行互相比较、参考；二是研究者在观察的过程中要不断地反思，积极有效地克服自己的研究偏见。

（五）问卷调查

对于案例中所蕴含的大量个体，运用问卷调查可以便捷、快速地收集到大量的客观资料，且便于分析。但是对问卷调查收集到的资料的分析，需要嵌入案例的整体分析之中，问卷调查收集到的资料只能作为案例某个层级或是某个部分的研究资料，整个案例的分析依然是以定性分析为主。

（六）人工制品

人工制品包括板报栏、技术装置、机械工具以及艺术品等。

（七）实验

案例研究也可以通过人工实验或是自然情境中的实验来获得和收集研究数据。

案例研究需要从多个方面收集资料，以形成多种来源的资料、数据库与证据链，借此提高案例研究结论的有效性和可靠性。案例研究由于收集的数据多样、使用的方式多样、数据的来源多样，需要建立一个数据库，对数据进行系统的贮存、整理，以便分析和使用。

在选择收集数据的方法时，研究者必须从研究目的、要求和实际情况出发，综合比较各种数据收集方法的优缺点，结合进行选择。如能够进行定量数据的收集，则使用定量数据的收集方法，这样可以避免被繁琐、冗长的定性数据所困惑。

数据收集的量的标准，也就是数据收集多少才够呢？一般而言，确定定性资料的收集数量具有两个标准，一是理论饱和度，二是资料饱和度。所谓理论饱和度，是指研究中理论解释的所有维度都有相应的资料收集，资料能够涵盖所有的理论或是理论的所有维度；而资料饱和度，则是指随着研究资料收集的积累与增多，后续收集的资料与前面收集的资料开始出现重合，如果已经高度重合或是完全重合，即进一步的资料收集已经没有任何新鲜内容，则表示资料的收集已经饱和。

四、数据分析

（一）定性与定量数据的分析

定量的数据分析主要运用统计分析，但是分析的结构一般嵌入或整合在整个案例分析之中，整个个案研究使用的依然是分析逻辑而非统计逻辑，此处的统计逻辑只是展示整个案例的某个方面或部分。定性数据的分析则包括检视、分类列表等重组数据，其中最为重要的是编码，编码是与定量研究中概念操作化逻辑相反的一个概念。操作化把抽象的概念转变为经验的具体变量，而编码则是将具体的经验资料进行概括以提出抽象概念的过程。

（二）分析策略

对于具有解释性理论的案例研究，可用理论推演出的假设作为框架和逻辑主线进行分析数据；对于归纳性的案例研究，由于其本身没有解释性理论，因而需要从个案的数据中整合出一个可以统合数据的框架。为提高案例研究资料的分析质量，研究者还需要做到如下几点：

思考

如何提高案例研究资料分析的质量？

（1）遵循规范的分析过程。资料分析应该包括检验、分类及相应的组合方式。

（2）考虑具体的分析策略。具体分析策略的确定要考虑研究资料与研究主题或研究假设的相关程度，还要考虑研究资料与研究假设、竞争性假设（一个研究中有多个相互竞争的解释性假设）的涵盖与吻合程度，此外，可以通过案例描述展示个案的内在逻辑。

（3）采用具体的分析技术。如模式匹配、建构性解释、个案聚类分析、建构逻辑模型等。

（4）考虑资料的应用程度。为继续提高个案分析的质量，还要考虑资料的应用程度，分析所有的竞争性解释，突出个案研究中最有价值的部分，以及将个案研究与自身原有的知识积累结合起来。①

拓展阅读

案例研究中常用的数据分析方法

五、撰写研究报告

研究报告的表达方式具有很大的灵活性，没有统一的格式要求。但依照社会科学研究领域的规范，案例研究报告一般会包括研究背景与研究问题、文献回顾与评论、解释性框架与研究方法、研究资料的分析展示、研究讨论、研究结论与建议等部分。

罗伯特·K. 殷提出案例研究写作的结构包括线性方式、比较、时间顺序、理论建构、倒置式、不重顺序的无序结构等。② 同时，也有学者建议，个案报告撰写的最有效方式，就是用参与者自身的角度来讲述个案，这样能够促使读者进入参与者的世界而共同体验、理解与发现。目前，个案研究报告中，展示个案参与者

① ［美］罗伯特·K. 殷. 案例研究：设计与方法［M］. 3 版. 周海涛，等，译. 重庆：重庆大学出版社，2004：8－106.

② ［美］罗伯特·K. 殷. 案例研究：设计与方法［M］. 3 版. 周海涛，等，译. 重庆：重庆大学出版社，2004：150.

的资料或是个案访谈、观察的直接叙述已经是写作的通用方式。当然,如果能在研究报告完成之后,让个案的参与者对此进行审阅和反馈,则可极大地提高个案研究报告的真实性、有效性和完整性。

案例研究报告撰写的具体格式要求存在一定的差异。如撰写如何将被研究者的叙述与研究者的描述整合在一起,最为严格的要求是被研究者的叙述既要分段,也要使用不同的字体加以区分;不太严格的做法,则是分段但不进行字体区分,或是不分段但要字体进行区分。当然,国内刊发表个案研究论文的刊物,为节省版面,常常既不分段也不进行字体区分。

此外,案例研究的论文与研究报告具有一定差异。一是读者群的差异,研究论文的读者群主要是专业的学术研究群体,而研究报告的读者群则取决于具体的委托方,或者是政府部门和企事业单位。二是内容涵盖面上的差异,研究报告的内容写作,一般要求大而全,尽量详尽、完整,而研究论文则是小而精,尽力深入而无需面面俱到。同时,让熟悉这一领域的研究者审阅并根据其给出的意见进行思考和调整,也是提高研究报告质量、增强说服力和吸引读者的一种有效方式。

第四节 案例研究的质量、问题与争论

一、案例研究的质量

对于案例研究,既有定性与定量之争,也有研究目的和功能的认识分歧,但作为一种科学的研究模式,案例研究也具有一些衡量研究质量的标准。[①]

(一)效度标准

思考

如何判断案例研究的质量?

所谓效度(validity),就是衡量研究能够反映研究现象的有效性程度。效度的具体分类很多,在个案研究中经常使用的有建构效度、内在效度和外在效度。

建构效度,是指对所要研究的概念形成一套正确的、可操作的测量。要进行建构效度检验,研究者首先要确定研究假设中变量的变异水平(类型或程度);之后据此必须筛选出能够反映变量变异水平的案例。此外,还要考察在资料收集阶段是否采用多元的证据来源,以及证据与数据是否经过核实等问题。

内在效度,只适用于因果解释性案例研究。主要是研究采用的解释的有效

① [美]罗伯特·K. 殷. 案例研究:设计与方法[M]. 3 版. 周海涛,等,译. 重庆:重庆大学出版社,2004:23-43.

性程度,其中包括理论解释与数据的吻合程度,以及排除竞争性解释的程度。前者主要是针对理论解释的有效性;后者则是指理论解释具有多大程度上的唯一性;二者的实现程度如果较低,则表明研究的效度低。因此,这一效度指标也仅用于因果解释性的案例研究,而不能用于描述性案例研究或者是没有理论解释的探索性案例研究。

外在效度,是指研究结论的推广性程度,也就是研究结论的抽象性和普遍性问题。具体地讲,就是案例研究的结论能否推广到更多的案例之中,如推广到一个班、一个年级、一个学校,一个区、一个城市还是更大的区域之中。当然,研究结论的抽象性和普遍性越高,其推论的范围就会越大。

(二) 信度标准

信度(reliability),主要指研究数据的可靠性程度,即重复测量同一个对象所获数据的一致性程度。这种一致性,既包括研究步骤操作的一致性,也包括重复测量所获数据的一致性程度。为提高个案研究的信度,需要使用三角测量的策略。三角测量原本是物理学的概念,指使用不同的测量工具测量同一物体以提高测量精度的方法,运用在案例研究中则是指从不同角度、不同侧面收集同一现象的数据资料,并相互印证、核实,以提高研究数据的信度,因此三角测量也被称为三角互证。此外,通过建立案例研究草案、案例研究数据库等方式也有利于提高研究的信度。

二、案例研究中的一些问题

(一) 案例选择与研究进入方面的问题

案例选择与研究进入是案例研究中非常重要的一个步骤。选择案例既需要对理论和研究的考量,也需要案例所属机构或者是实际情境的许可和接受。现实中的各种因素与研究者自身条件的制约也是案例研究中一个重要的问题与难题。国内有学者就此认为,通过协商以获得接近案例研究环境的机会,可能是案例研究过程中很费力的一部分。如果人们不允许或者拒绝给予这种机会,那么,案例研究就很难进行。在案例研究过程中,接触一些文献、人物或者一些情境,都可能产生诸如机密、民族、种族、性别这样的问题。有些时候我们非常需要这些材料,可是如果碍于机密、隐私、身份、时空等因素而无法进入现场,就可能会在很大程度上影响我们的研究进程,甚至影响研究结论的得出。这就是说,案例研究资料的获得很难保证它是丰富的、全面的、可靠的。即使获得了相关的资料,对这些资料的分析、解释往往也存在着诸多问题,这是因为每份资料都有一个背景性的因素,如果我们不熟悉这些背景性的因素、相关的情境性资料以及一些背景知识，都可能会导致对这些资料的分析出现各种纰缪。[①]

（二）案例的边界问题

案例小至一个个体、事件，大至民族国家、社会运动等，往往都存在如何清晰界定其内在边界的问题。案例应该涵盖哪些内容或哪些方面？以什么依据对此进行判断？虽然可以运用一定的研究规范、标准或根据研究者的能力、经验来对这些问题进行解答，但是这不可避免地会带上研究者的主观性，研究的客观性、中立性也因此而受影响。因此，选择什么样的内容（what）、为什么要选择这样的内容（why）、怎样选择（how）、什么时候（when）、什么情境中（where）、向谁选择（who），对于案例研究来说，这些都是不可避免也容易带来研究困惑与争论的问题。

（三）研究的客观性问题

研究者介入所获得的资料，其真实性、客观性也会因研究者的介入而受影响，这主要表现在研究者与研究情境之间的相互影响。首先，案例研究非常强调研究情境的自然性、客观性与真实性，但是研究者的介入必然促使研究情境中的人物产生某种预期与主观想法，进而做出调整，这将使得研究者无法获得研究要求获取的资料。其次，当研究者深入研究情境，尤其是复杂的涉及不同主体的研究情境时，不同的主体对于研究、研究者的动机、想法、取向具有各种差异，因此而产生各种非自然的变化，且相互影响，这更是增加了保持研究客观性的困难。再次，研究者一旦进入研究场景，也不可避免地受到研究情境及其中人物的各种影响，研究者要保持研究的中立性而完全不受外界影响也存在一定的难度。最后，在研究写作中，作者对案例的叙述如果与研究事实过于接近的话，就会导致读者难以分清作者观点与事实。

（四）研究的效度与信度问题

案例研究虽然主要倾向于质性研究，但有时也试图采用量化研究的方法以提高其研究质量，因此，其研究中的信度和效度也就存在一定的问题。

在外在效度和内在效度方面，案例研究均有不足。案例研究耗时耗力，一般采用小样本的案例，故如果将基于小样本的案例研究结论推论到大样本或是总体研究对象时，其外在效度注定因此而受损，尤其是个案之间差异越大时，案例研究的外在效度越低。在内在效度方面，案例研究通过对个别或是少数案例的内部信息和资料做深入挖掘和分析，以提炼概念，甚至是进行抽象的理论解释或建构，但其核心的逻辑不是统计式归纳，而是分析式归纳，这意味着其推论或抽样逻辑必然具有一定的主观性、随意性，致使内在效度的降低。

---

① 阮思余，王金红．个案研究法的优长与质疑［J］．山东科技大学学报：社会科学版，2011（6）：53－60.

在研究信度方面，个案的异质性不但促使个案难以归纳，而且也影响案例研究结论的推广，因此研究数据的重复性在不同的个案间总是存在着差异，同时，时过境迁的情境差异，或数据收集者和核实者的身份与能力差异等因素，都会导致研究数据的一致性降低，从而导致研究的信度降低。

典型案例

城市女性的打扮意识：主题、内容与母女关系——以广州的个案研究为例

[思考与练习]

第四编　解释学研究

第七章　人类学研究方法

本章阐述了人类学研究方法的基本概念及其与民族志和民族学概念的区别，介绍了人类学研究方法的认识论基础。本章主要侧重以社会文化人类学研究方法中的民族志为例，分析了人类学研究方法的本质特征及其在教育研究中的应用；最后介绍了人类学研究方法具体操作实务。

［学习目标］

1. 了解人类学研究方法的认识论基础、本质及其特征；
2. 掌握人类学研究方法的基本概念及其在教育研究中的适用性；
3. 重点掌握人类学研究的具体操作及其步骤。

第一节　人类学研究方法概述

人类学(anthropology)研究是质的研究方法(qualitative research method)的重要起源之一。按照西方学者的梳理,质的研究方法最早起源于民族志的研究(ethnography,民族志,汉语中还有学者将其翻译为人种志、人种论或者是文化人类研究),民族志的出现被认为是质的研究系统成型的主要标志。而民族志的研究就是人类学研究者从事研究时所采取的主要的研究方法和形式,[①]民族志本身也是人类学中主要的分支。

一、人类学、民族志和民族学的概念区别

在正式介绍人类学研究方法的发展史之前,首先要明确人类学、民族志乃至民族学的相关概念。其实,人类学和民族志不是两个完全等同的概念,在我国,人类学、民族学(ethnology)以及民族志是几个经常被混淆的概念。但总体来说,人类学的概念,其定义不断扩大,1950 年,联合国教科文组织召集美、英、法等 8 国代表在巴黎开会,调查各国社会科学课程的种类及其教学方法。该组织 1954 年发表报告书,其中关于人类学的部分称:在当今世界,各国几乎一致同意以"人类学"为最佳之定名,各国人类学的概念一般包括:① 体质人类学——从事由动物进化为人类的研究以及从解剖学和生理学特征上对人类种族的研究;② 民族志——从事田野考察并对此进行描述;③ 民族学——根据第一手的民族志资料所做的综合研究。[②] 这也是对人类学的一种广义上的界定。

> **温馨提示**
> 广义的人类学包括体质人类学、民族志、民族学。

在广义的人类学研究中,体质人类学是早期人类学的主要研究内容,后来人类学的概念开始推广至人类的社会和文化领域。体质人类学因为更多属于生物学的范畴,所以,社会科学研究通常不会涉猎此领域。在社会科学研究中,许多

① 许多研究者把民族志称为一种研究方法,本教材在写作过程中虽然也不加区分地这样使用"人类学研究"与"民族志研究",但严格地讲,民族志应该是研究资料的一种文本记录方法和呈现形式。该资料通过参与观察、访谈、口述史等田野调查中诸多收集资料的技术手段的综合应用而获得。在资料的记录过程中,则突出运用了"深描"的方法。所谓"深描",就是揭示行为、言语、事件中所隐含的社会文化意义或结构。"深描"的方法是民族志记录方法区别于其他形式记录方法的根本特点。在对资料的解释方面则强调通过文本解读达到对行为、言语、事件的文化理解和阐释。这些是人类学研究方法的核心要义之所在。这种强调深描的"文化解释"范式由人类学家格尔茨奠定,是他在对马林诺夫斯基的"文化科学"范式的继承与批评的基础上提出的。需要指出的是,"文化科学"范式虽然不可能完全实现,但也有其长处,更倾向于前面我们讲过的"经验研究",可用于诸如文化比较研究和制度研究等结构、过程、机制、功能问题的研究,社会学、经济学、政治学等领域的研究多有涉及。"文化解释"范式也应当基于证据建构理论,而不是单纯凭借想象和感受。——主编注

② 何星亮．关于"人类学"与"民族学"的关系问题[J]．民族研究,2006(5):41－50.

学者更强调的是人类学狭义的概念,即是人类社会文化方面的人类学概念。早期的民族志研究始于西方发达国家对一些所谓原始族群及其部落文化的研究,以便解释白人文明社会是如何进化和演变的。[①] 发展到今天,针对这一部分的内容,不同国家的社会科学研究因为侧重点不一样,其对狭义的人类学的名称叫法也不一样。比如在英国学术界,倾向于将这部分的内容单称为社会人类学,这反映出英国对传统的社会制度的研究更感兴趣;而在美国则称之为文化人类学,强调的是对文化的重视。[②] 目前,国际学术界把社会文化人类学等同民族学(Ethnology)的概念,并且趋向于用人类学的名称来替代民族学的名称。所以,"民族学""文化人类学"和"社会人类学"的概念虽然名称不同,但是其内容和指称是基本相同的。当然,我国民族学的概念因为有特殊的国情,其研究内容和范畴比国际学术界的民族学概念要广得多,限于篇幅以及与本章主题无关,这里不再累述。

温馨提示

狭义的人类学主要指社会文化人类学。

本章所强调的人类学概念,其实也是这种强调社会文化人类学的概念。本书主要致力于介绍社会文化人类学在教育研究中的应用,至于体质人类学的内容,因为与社会科学无关,本书不打算涉猎。而之所以在本节的人类学的研究方法中主要介绍民族志,是因为民族志是社会文化人类学的最主要研究形式和方法。在人类学的范畴里,只要提及社会文化人类学方面的概念,几乎就是指如何开展民族志研究的意思。而事实上,许多人类学研究的方法介绍,也基本都是围绕着民族志的发展而开展的。

下面我们将进一步提炼民族志这种人类学最常见的研究方法的基本主张,并探讨在教育研究中运用这种研究方法的可行性。

二、人类学研究方法的认识论基础

正如前面所提到的,民族志是人类学研究方法,尤其是社会文化人类学研究的最主要的表现形式。那么,人类学家在进行民族志研究时,其所持的认识论基础是什么?它和自然科学的实证研究方法的认识论主张有哪些不同?这些正是本节所要解决的问题。

民族志作为质的研究方法的起源,其认识论和自然科学所崇尚的量的研究方法的认识论是截然不同的。自然科学基于数理统计的实证研究方法,其认识论的逻辑为:自然现象是一种客观存在的现象,不受人的主观价值因素的影响,

---

① 钟景迅. 教育公平的应有之义及其研究方法反思:质化研究在其中的作用和意义[J]. 高等教育研究,2013(3):52-60.

② 宋蜀华,白振声. 民族学理论与方法[M]. 北京:中央民族大学出版社,1998:1-2.

自然科学的概念和理论是对复杂现实的世界的主要因素的抽象,这些抽象概念通过可以外显的行为和现象进行观测。科学研究强调抽取主要因素,忽略次要因素,科学知识必须要经过经验的检验(即排除相反的假设、竞争性假设和谬误)才能被认可。[1] 自然科学在文艺复兴之后开始在西欧的科学研究中占据统治地位,其发展对工业生产与人类社会产过了巨大的影响。19 世纪中期左右,奥古斯特·孔德(August Comte)创建了社会学,他将社会现象视之为和自然科学现象一样的客观现象,他主张移植和运用自然数理统计等自然科学所采用的实证研究方法去描述社会现象,希望社会学也能像物理学、化学等学科一样,成为一门价值无涉、完全客观的学科。

> **温馨提示**
> 民族志主要采用以分析式归纳为基础的解释学方法。

但是,社会科学中一些研究问题的特点无法像自然科学一样完全运用这种基于数理统计的实证方法。作为质的研究方法的最早起源之一,民族志的方法显然是不完全认同社会现象是客观存在、价值无涉这种判断的。尤其是当代受后现代思潮等影响的人类学研究,学者在进行民族志研究时,当初所谓"他者"的客观身份显然是不可能的。民族志是主要采用以共情与联想推断的分析式归纳为基础的解释学方法,其认识论完全不同于实证研究方法,从哲学上来看,这归根溯源要从胡塞尔等人(E. Husserl)的现象学等观点谈起。

胡塞尔等人阐述的现象学认为,意识是先于物质而存在的,意识是一个整体,人对世界的直观框架就是"现象"。从研究方法学上看,传统认识论中的主体与客体的关系已经呈现了一种新型的关系,即经验的主体和客体是统一的,即主客体其实是一种主体间性,或者交互主体性,不存在绝对的主体和客体的划分,研究中主客体是完全交互在一起的。具体到研究方法而言,研究者从事研究,其出发点不应是去探索所谓的客观存在的真理。因为,所谓完全客观真理是不存在的,研究者对研究对象或者现象的认识,所归纳的知识及理论本身,都是渗透其自身价值的。在质的研究看来,社会科学的研究者本身也是研究的必要手段和工具,研究者本人对研究对象、现象的情感体验是其他信息、资料获得的重要补充。所以,在对社会现象的认识上,价值和事实同样重要,研究者本身的经历、体验及其情感都是同样重要的研究内容。[2]

这种认识论特性,决定了民族志作为解释学研究的一种主要表现形式,其认识论完全不同于自然科学的实证研究。

---

① 关于什么是科学、科学理论的检验等相关论证详见:齐梅. 教育学原理学科科学化问题研究[M]. 北京:中国社会科学出版社,2007:60－76.

② 张红霞. 教育科学研究方法[M]. 北京:教育科学出版社,2009:364－365.

三、人类学研究方法的本质属性及其特征

在人类学的主要研究方法——民族志的认识论中，其对社会现象的看法和对实证研究的自然科学是不一致的。目前在学界，关于民族志的具体定义也是一个众说纷纭、莫衷一是的概念。在教育研究中运用人类学研究方法，纠缠于民族志是否具有统一概念既没意思，也会陷入语义矛盾的漩涡，只要把民族志的基本概念及主张表达清楚即可。

正因为民族志本身是属于人类学研究方法中的一个主要分支，加上前面已经提到的，许多学者在使用人类学和民族志等概念时往往是混淆的，不加以区分。所以，本节将会综合两个概念的某些相似看法去总结民族志的基本定义及其主张。

关于民族志的定义，学者们强调的无非是两点，第一，民族志本质是一种文化研究；第二，民族志有某些独特的方法论的特点，如它强调通过长期、扎实的田野调查来获得一手的资料，并在此基础上进行理论总结和分析。田野调查的形式和方法，在下一节将结合人类学方法的具体开展进一步说明，本节重点谈谈民族志的本质属性，即许多学者所强调的民族志的文化研究的特质。如皮克洛（C. J. Peacock）就认为，民族志是对人以及人的文化进行详细地、动态地、情境化描绘的一种方法，探究的是特定文化中人们的生活方式、价值观念和行为模式。[1] 而格尔茨（C. Geertz）则认为，民族志是一种反映具体研究地方知识的一种研究，它的实质是社会生活中可观察和不可观察的方方面面构成的伦理、价值、世界观及行动的文化体系。[2]

温馨提示
民族志方法的本质属性即文化研究。

无论强调民族志是一种研究方法，抑或强调民族志本身就是一种研究，学者们对民族志的界定均认为，民族志首先是一种文化研究，文化研究的定性和民族志研究的本质是密切联系。学者从事民族志研究的目的往往是，他们需要去探索所研究的群体及其文化所具有的特征。与量的自然科学研究不同，质的研究并不致力于去探究社会科学现象中所谓客观存在的规律和规则。对于从事民族志的人类学家而言，任何群体和研究对象都具有其独特性，社会文化人类学的研究者就是要去探寻和理解他们所看到的现象背后所赋予的意义。

而按照格尔茨的说法，把意义综合起来就是文化，[3]任何群体都是由有意义

---

① 陈向明．质的研究方法与社会科学研究[M]．北京：教育科学出版社，2000：25.

② 王鉴．教育民族志研究的理与方法[J]．民族研究，2008(2)：12－20.

③ Geertz, C. (1994). Thick Description: Toward an Interpretive Theory of Culture[C]. // In M. Martin and L. C. McIntyre (Eds.). Readings in the Philosophy of Social Science[M]. Cambridge: The MIT Press.

的文化交织而成的，要理解这个群体及其种种现象背后的意义，就必须要挖掘这个现象背后的文化意义，并要对这些意义进行解释性理解。[①] 正因为文化是了解人类群体的根本途径，尤其是隐含在文化中的意义又是了解人类行为及现象的重要线索。所以，对于立志于了解群体特点、特征的民族志而言，文化探究在民族志的研究中显得尤为重要。而事实上，这也是质的研究方法所提倡的：通过对文化的理解阐释去反映和描述社会现象。从这个意义上来说，美国学界将狭义人类学的名称直接定义为文化人类学是值得深思的。

四、人类学研究方法在教育研究中的运用回顾及其适用性问题

（一）人类学研究方法在教育研究中的运用回顾

在教育研究领域运用民族志的研究方法适不适合呢？其实，民族志的研究方法自诞生以来就成为了质的研究方法中的一个重要方法分支，而在教育领域，运用民族志来开展教育研究一直都是教育学界、人类学学界乃至社会学界许多学者所不断努力的目标。

将民族志的相关概念及其主张运用于教育研究有很长的历史，而最明显的表现无非是教育人类学，或者是教育民族志产生及其主张。早期民族志研究的时代，人类学家就开始用民族志的方法去研究学校的课程及儿童的文化。但系统运用民族志的研究方法是源于20世纪初教育人类学的诞生。美国教育人类学创造者休伊特（E. Heweet）早在1904年至1905年间提倡人类学和教育学相结合时就提出，教育要成为科学，就必须要借助人类学的知识和研究方法。[②]

教育人类学的研究在不同时期有不同的研究兴趣和着力点。如第二次世界大战之前，教育人类学界多将学校看成文化机构或社会组织，教育人类学学者更多关注儿童个性、教养方式和文化适应等学校层面的问题。从20世纪60年代开始，越来越多的人类学者开始关注贫困学生和少数民族的学生，关注课堂领域的微观民族志的案例，关注学校里人际间的社会互动，关注班级、班级文化、教学方式、课程设置等学校中比较常见的现象及其背后的意义。总体而言，20世纪80年代之前的教育人类学的研究，多是提倡用民族志的方法去研究教育中的各种微观的现象，其关注点和学校实践息息相关，但缺乏对社会系统环境的关注。

20世纪80年代之后，教育人类学开始关注学校教育中更宏观的问题，许多

---

① 钟景迅．教育公平的应有之义及其研究方法反思：质化研究在其中的作用和意义［J］．高等教育研究，2013（3）：52－60.

② 袁同凯，温馨．现代西方学校教育民族志研究及其新近发展趋势［J］．民族研究，2014（5）：62－73.

学者倡导从历史、政治、经济等不同角度去分析学生学业成就失败的原因。如美国著名的非洲裔教育人类学家奥格布（U. Ogbu）就强调，过往的教育人类学研究者多从民族志研究的角度去关心学校、课堂等学校事务，却缺乏从特定的社会情境去解释和理解学校里的文化现象，民族志的研究应该有更宏观和更深刻的视角，应该关注学校在社会结构中的作用，并着重分析意识形态和社会制度是如何影响学校中的教师和学生的。[①]

民族志的方法自从被运用到教育研究之后，西方学界对这种研究方法和形式青睐有加。教育领域里许多分支学科和派别的研究均能见到民族志方法运用的影子，如再生产理论中的抵制理论学派，这是一派专门研究学校制度自主性的社会学派别，他们认为，学校、教师、学生尽管是不平等社会关系再生产中的工具，但他们在再生产的过程不是简单地顺从，而是一种有意识的抵制过程。在抵制理论正式被提出的20世纪七八十年代的欧美学术界，对学生抵制行为和文化的最出色的研究却是出自英国的学者们，他们中的很多人的研究均采用民族志的研究方法。

例如哈格里夫斯（D. Hargreaves）在第二次世界大战后的英国学校所从事的民族志研究证实，英国学校劳工阶级的学生存在一种"反学校的文化"，这种文化表现在，这些学生不仅在心理和行为上难以接受学校的意识形态，而且他们也会和老师有疏远和隔离感。克里根（P. Corrigan）则专门探讨英国东部某沿海城市两所学校的男生，他的研究发现，男孩们在学校里的抵制行为既激烈又非常有策略。比如他们很少经常采取粗暴而又直接的逃学做法，他们通常会借口病假不上课，或者上一半课才走掉，或者在上课时懈怠和不专心等来表达他们对那些被他们认为是"无聊"的课程；男孩因为害怕被惩罚，所以有时不得不顺从教师的意愿，但他们坚决不认可学校的价值，这些学校的师生关系都很差，教师在学生的心目中是"自大者"的形象。[②]

有关学生抵制行为研究最出色的民族志的代表是英国学者威利斯（P. Willis），他在1977年完成的《学做工——工人阶级子弟为何继承父业》一书（该研究的具体内容，请参考本章后的案例分析），是20世纪的教育研究中有较大影响的民族志著作之一。为了完成这个研究，威利斯在伯明翰一个小镇的中学待了整整三年，他的研究对象是12个中产阶级的白人男孩。

威利斯的研究发现，这些白人男孩在学校所表现出的次文化的特征和其家

课后任务
试撰写一份人类学研究计划。

① Ogbu, J. U. (1987), Variability in Minority School Performance: A Problem i－n Search of an Explanation [J]. Anthropology & Education Quarterly, Volume 18, Issue 4, pages 312 － 334, December 1987.

② 钟景迅. 西方学生抵制行文和文化研究综述及启示[J]. 全球教育展望, 2013(8):34－42.

庭的阶级属性一脉相承，他们崇尚阳刚之气，体现一种“反智力”的倾向，他们不爱学习，专和老师作对。结果，他们学业成绩很差，毕业后又到工厂继承父亲的职业，从而完成不平等社会关系再生产。[①] 威利斯的研究之所以影响大，主要原因在于其研究设计缜密，运用民族志的技术炉火纯青；研究开展跨越时间长，质性资料搜集的信息巨大，结论较为可信。看过他著作的人，都对他书中详尽而细致的质性材料的呈现印象较为深刻，为了更好地说明问题，他在原著中运用了大量的地方俚语来描述研究对象，生动而又真实。需要指出的是，威利斯的整个研究是从实证性经验研究的角度描述和分析了学校在再生产中的作用，他运用了民族志方法收集了大量的经验数据，同时对这些经验数据加以文化解读，无论是理论抑或是研究方法上均有较大创新，其著作无愧于20世纪最有影响的教育社会学著作之一的称号。

思考

为什么民族志适合用于教育研究领域中的许多问题？

（二）人类学研究方法在教育研究中的适用性

回顾民族志在教育研究中的运用过程，我们可以发现相关优秀民族志研究，尤其在西方学界层出不穷、比比皆是。笔者认为，民族志这种人类学研究方法，似乎尤其适合用于教育研究领域中的许多问题，主要基于以下理由：

1. 民族志是有关文化的研究

教育中存在着许多有待研究的复杂的文化现象，民族志强调通过长期的田野调查去观察研究对象，这种文化对象的探究取向于教育中的许多文化不谋而合。

2. 民族志可以近距离地深入教育内部进行探究，也可整体考察教育问题

民族志对于教育领域的许多研究问题而言尤其适合。之前，我们在探讨民族志在教育研究中的运用发展史里谈到，教育民族志的研究经历了从微观到宏观的关注视角转变的过程，无论是微观还是宏观，民族志的实地深入调查的研究取向都比较适合用于探究教育问题。

3. 民族志强调研究者本人的价值取向对研究结论的影响

民族志强调个人价值观是研究的一部分，强调研究者本人的价值取向对研究结论的影响。许多教育研究问题都是仁者见仁、智者见智，不存在所谓的放之四海而皆准的客观规律。民族志对研究者自身价值的强调符合这类教育研究问题的特点。

4. 民族志的设计比较灵活

在田野调研里，研究者经常会根据研究情境的变化而改变研究策略和方法，

---

① ［英］保罗·威利斯．学做工：工人阶级子弟为何继承父业［M］．秘舒，凌旻华，译．南京：译林出版社，2013：228－229.

这种特点尤其适合用于分析不确定因素较多的教育现象。许多教育现象和问题都具有较大的偶然性和独特性,灵活的研究设计方式有助于开展研究和得出结论。

最后要强调的是,尽管人类学家所采用的民族志在教育研究中运用颇多,其许多主张也适合用于教育研究,但民族志的研究并非易事。读过马林诺夫斯基和威利斯著作的读者应该知道,一个优秀的民族志研究需要多么艰辛的劳动与学术知识的积累。我们提倡民族志研究,是希望民族志研究的逻辑思维能更好地启迪理解复杂的教育现象,也希望每个有志于从事教育研究的学习者都能有从事民族志研究的决心和勇气。选择了民族志研究,就选择一个更艰苦而又很愉悦的学术探究之路。

拓展阅读

人类学研究方法的发展简史:以民族志为例

第二节 人类学研究的具体操作及步骤

思考

哪些问题适合人类学研究?

人类学的研究者在进行民族志研究时,一般会遵循以下程序:选择研究问题、确定研究对象、开展研究、搜集资料、分析资料、呈现研究结果。[1] 本节将就人类学研究法的具体操作实务进行介绍,为了更好地说明问题,还是会以民族志作为具体的说明对象。

一、问题的选择及研究对象的确定

(一)问题的选择

选择研究问题是人类学研究者进行民族志研究的首要问题。选题很重要,选择研究问题是研究开始的第一步,一个好的研究选题直接关系到研究的可行性和研究的最终质量。选题的逻辑应该是研究问题决定研究方法,而不是研究方法来决定研究问题。对于要开展的民族志研究而言,除了选题的科学性、创新性等一般的要求之外,研究者还需进一步明确:我所选择的题目是不是适合用于民族志研究?

---

① [美]梅雷迪斯·D. 高尔,等. 教育研究方法导论[M]. 6版. 许庆豫,等,译. 南京:江苏教育出版社,2002:500.

比较适合于人类学研究方法的教育问题通常有以下特征:

(1)具有自然的情境。

(2)探讨关于“怎么样”或者“为什么”这一类问题,旨在获得解释性理解。

(3)关注的是群体性的特点。即使研究对象不多,但也是希望通过对某些人的描述去反映其所属的群体特征。

(4)人类学研究并不注重分析事物的整体发展趋势,而是关注具体事物的特点及其发展转变历程。

(5)关注具有丰富意义的、有待深入挖掘的复杂的社会问题。

> **讨论**
>
> 试选择一个教育人类学研究问题,并讨论该问题的研究对象。

教育研究中能符合以上要求的问题非常多,但在选题时也需仔细辨认民族志在其中运用的必要性。如学生群体的研究,如果你关心的是学生消费文化所具有的特点,那么民族志研究是适合的,你可以找几个具体学生作为研究对象,长时间地和他们接触,观察、分析和总结他们的消费文化具有哪些特征,并分析这些特征形成的原因;但是,如果你关心的是学生消费的状况,那么这个研究可能就不大适合用民族志来进行了。消费状况的研究是一个趋势的问题,你完全可以设计一份问卷来进行抽样调研,通过抽样调查来描述和分析某个学生群体的消费状况特征;你也可以找几个学生来进行质的研究,例如进行几次观察和访谈,探讨某些典型或者独特学生的消费状况是怎么样的。因为消费状况这个研究问题太细了,强调田野调查的民族志可能不大适合。

(二)研究对象的确定

确定研究对象是选择研究问题之后的第二个关键。民族志研究因为要长期蹲点进行近距离观察,研究对象的选择显得尤为谨慎和重要。在教育研究中运用民族志,研究对象的选取必须要考虑以下几个问题:

1. 样本必须具备独特性,并能清楚地回答研究问题

研究对象必须具有研究价值,简单地说就是,所选择的研究对象本身是否具有完成研究任务的特性和功能。① 能成为质的研究对象的样本,样本本身必然具备独特的研究价值。尤其是民族志研究向来强调每一个研究对象的独一无二,强调的是这种独特的文化价值,但对于具体问题而言,这种独特性还应该是样本本身能回答研究问题的独特性。不具备独特性,或者具备了独特性但并不能清楚回答研究问题的样本都是不适合选为民族志的研究对象的。

2. 研究对象对研究的接纳程度

因为民族志研究因为其本身开展研究的特殊性,其研究对象的选择还需考虑到研究对象对研究的接纳程度。现象学的主体间性使我们认清了民族志研究

---

① 陈向明. 质的研究方法与社会科学研究[M]. 北京:教育科学出版社,2000:105.

中的主客体互换的可能，尤其研究者作为研究的一部分，他需要和研究对象有良好的互动才可能对对方进行研究，因为，研究对象接纳研究者实地的可能性是取样时必须深入考虑的因素。

3. 进入实地现场的难度问题

实地调查的进入难度是另一个取样应认真考虑的问题。人类学的相关研究尽管对进入现场调研的时间并没有影响规定，但有学者认为，较为规范的教育民族志需要研究者在教育实地中进行为期一年以上的观察，才能对学校或者课堂有较为深入的了解。[①] 考虑到要在学校停留这么长的时间，所选取学校能否配合就显得非常关键。选择进入实地较为可行的研究对象，是民族志研究能够顺利完成的重要保证。

二、人类学研究的开展：田野调查的含义及其特点

（一）田野调查的含义

田野调查，英文对应为 fieldwork，中文还可以翻译为田野工作、田野作业、田野考察、实地调查等。田野（field）一词的起源，主要是因为早期民族志刚开始的时候，人类学者多是在原始部落开展研究，人类学家眼中的田野的概念是有远离现代文明、发展相对缓慢的地点和地域的意味。[②] 因此，当年的民族志的研究者在研究现场进行的实地调研也被称之为田野调查。但时过境迁，随着民族志研究对象的增多和扩大，许多城市中的群体皆成为了田野调查的对象。所以，田野的概念已经没有早期民族志的那种乡野田间的味道了，于是，田野也趋向于实地和现场调查的意思。从定义上来说，只要我们在研究现场进行观察，或者参与某一社会行为并试图去描述和理解它，最终还会向别人报告我们的研究结果，这种研究方法就可称之为田野调查或者田野研究。[③]

如果说民族志是人类学研究中独一无二的研究方法，那么田野调查即是民族志研究中最为引人关注的研究形式。田野调查甚至被认为是人类学唯一用来区别其他学科的组成要素，是民族志的基础。有人认为真正的人类学知识均来自田野调查，决定某项研究是否属于人类学实际上就是看研究者做了多少田野

---

① 王鉴．教育民族志研究的理论与方法[J]．民族研究，2008（2）：12－20.

② 敖俊梅．田野调查与教育研究[J]．民族教育研究，2007（2）：24－27.

③ [美]艾尔·巴比．社会研究方法[M]．邱泽奇，译．北京：华夏出版社，2009：285－286.[严格来说，田野调查是一种资料收集的途径，具体的经验数据收集方法主要包括观察、访谈、实物和文献等。相对于思辨而言，这些经验资料既可用于广义的实证研究方法中（描述、经验研究），也可用于文化人类学研究方法（基于事实经验的文化阐释）和扎根理论方法（基于经验以及文化理解的定性因果解释）中。——主编注]

调查。①

那么,民族志乃至质的研究方法为什么这么推崇田野调查的做法呢？按照艾尔·巴比(E. Babbie)的说法,田野调查的运用有一个隐含的逻辑,即作为某种社会现象的研究者,如果你想了解某一事件,你何不到它发生的地方去看看,去感受一下,去参与其中呢？② 研究者到实地中,到田野中去亲自参加调查,是获取可靠研究资料的最直接也是最有效的方法,这也是田野调查提倡的原意。

(二) 田野调查的特点及其基本主张

1. 田野调查是一种实证调查

> **温馨提示**
> 田野调查是一种实证调查,这是相对于思辨而言的。

田野调查是一种实证调查(相对于思辨而言,不是狭义的实证调查研究——主编注)。其根本目的是为了获得研究对象真实、自然的状况。自然的情境是质的研究方法最为关键的含义之一,研究的自然性一方面强调的是所从事的研究是在自然的环境中开展的研究。人类学的田野调查很强调研究自然状态下的人。③ 另一方面,自然的情境还要求研究必然不能有价值预设和理论判断,研究者应在自然的研究情境中发现问题,解释问题,提出理论。

在运用人类学研究法的过程中,从事田野调查的人,通常不会带着有明确定义的理论假设去从事研究,比较典型的做法是,他先从无法预测的进程中发现有意义的东西,然后观察,从而得出结论,然后进一步观察,再修正结论,以此循环,螺旋式上升。田野调查的结论得出的是一种"自下而上"的过程,其理论建构是扎根理论的方式。田野调查作为一种实证研究方法,强调要从实地、从现场,即从田野中获取知识、得出结论,这是田野调查的本质。④

2. 田野调查实质还是一种文化研究

民族志为什么这么强调要在实地,在具体的场域、田野间开展调研,这跟社会科学现象的特点是分不开的。文化现象总是分散和琐碎的,它体现在研究情境的方方面面,渗透在实地场域中的每个角落。威利斯在进行《学做工》的研究时,为了搜集这些白人男孩的言语资料去描述这些男孩的反学校文化的特点,他甚至到学校所有能去的场合去观察学生们画过的涂鸦。田野调查的本质是一种文化调查,研究者通过观察、参与、访谈、体验等方式去感悟、认知和诠释研究对象的文化,并在此基础上进行知识和理论提炼,其研究实质上是一种文化分析研究,田野调查的资料搜集方式和民族志研究的研究性质是一脉相承的。

---

① 敖俊梅. 田野调查与教育研究[J]. 民族教育研究,2007(2):24-27.

② [美]艾尔·巴比. 社会研究方法[M]. 邱泽奇,译. 北京:华夏出版社,2009:285.

③ 李政涛. 论教育田野研究的特质:兼论田野工作中人类学立场和教育学立场的差异[J]. 教育研究与实验,2007(6):6-11.

④ [美]艾尔·巴比. 社会研究方法[M]. 邱泽奇,译. 北京:华夏出版社,2009:286.

3. 田野调查强调整体性的和比较的分析方法

田野调查不仅仅注重微观层面、个别案例的研究,它也强调整体性的和比较的分析方法,尤其强调对研究对象的分析要从整体的社会体系和跨文化比较的视角去进行全面把握。田野调查本质上是属于文化研究,这就决定了这种研究必然是微观和宏观相结合的研究。文化的概念既可很宽泛也可很具体,就教育领域而言,文化既可以体现在社会制度层面,也可以体现在具体的课程和教学实践,这些文化都要结合宏观和微观的田野调查才能得以挖掘。尤其值得重视的是,教育问题从来都不只是教育领域的问题,它是社会架构、社会变迁综合变化的产物。作为田野调查的研究者,对于复杂的教育问题和现象,一定要具备善于全面、整体把握的视野和胸怀。

三、田野调查资料搜集方式

在介绍完田野调查的基本特点之后,接下来将介绍田野调查中有的资料搜集方式。人类学家在开展民族志的研究时,其主要的资料搜集方式是观察、访谈、实物分析和文献搜集等,其中以观察和访谈最为重要。

(一) 观察

观察被看做是社会科学或者行为科学中所有研究方法的基石,也是民族志研究中主要运用的资料搜集方法。[1]

对于质的研究和人类学研究而言,观察不仅仅是对事物的感知,更取决于观察者的视角和透镜。而从脑科学的角度来看,人对观察对象的感知主要是人头脑中的认知图式和意向与感觉材料之间相互作用的结果。但是,人的观察思维,于研究的角度而言,不单单是一种脑部反映的过程。研究中的观察不仅是“看”的过程,更是“想”的过程,观察者必定是从自己的观察来创造某种东西,而这种创造既取决于观察者和被观察对象之间的关系,[2]也取决于研究者自己的价值观和知识的局限。

观察有很多种方式,主要的分类有参与观察和非参与观察,其中参与观察是人类学研究中运用的最为常见的观察方法。两种观察方法的区别在于研究者是否进入被研究者的日常活动。参与者观察对于研究者的参与程度是要求比较高,观察者不但要与被观察者一起生活、工作、活动,更重要的是,观察者必须要在这种互动过程中倾听和观看被观察者的状态,以解答要完成的研究问题。从

---

① [美]诺曼·K. 邓津,伊冯娜·S. 林肯. 定性研究:经验资料收集与分析的方法(第3卷)[M]. 风笑天,等,译. 重庆:重庆大学出版社,2007:713.

② 陈向明. 质的研究方法与社会科学研究[M]. 北京:教育科学出版社,2000:227.

操作层面上来说,参与观察是一种非结构性观察,预先没有理论假设,也正因为如此,参与观察具有灵活性和开放性的特点。[①]

参与观察主要是满足于人类学研究中的情感体验的需要。[②] 对于质的研究而言,研究者和研究对象之间的互动是完成质的研究的重要条件,而参与观察能够促进两者互动,使两者能建立良好的互信关系。人类学研究中最早采用参与观察的就是马林诺夫斯基(Malinowski),他在1915年至1917年间在超卜连群岛进行研究时,曾经长时间和当地人生活在一起,进行参与观察。他后来曾经提到过参与观察的三个重要的特点:对观察对象文化的观察要有整体的综合情境考量;除了语言外,要尤其重视被观察者的行为;要对被观察对象有充分的理性的尊重。陈向明教授认为,马林诺夫斯基的三点发现时至今日对社会科学研究仍然有重要的指导意义。[③]

还有学者在分析教育领域在参与观察时提到了"参与者的观察"和"观察者的参与"这两种分类。前者是指被观察对象能完全接受研究者,被观察者的行为不会因为研究者在场而受影响,如以实习教师的身份进入学校的研究者;而后者是指,未能被观察对象所接受的研究者,尽管他们也参与了观察对象,但他们看得到的可能是和被观察者之前不一样的行为,[④]这有点类似实验研究中因"实验敏感"而起变化的研究者。对于研究而言,参与者的观察肯定是更接近真实的理想方法,但往往可遇不可求。

和参与观察相比,非参与观察则是一种不需要研究者直接进入被观察者日常活动的观察。从事非参与观察的研究者,往往是一种完全旁观者的身份。和参与观察相比,非参与观察的研究者通常无法和被观察对象进行交流,这会影响他们对具体问题的了解程度。民族志的研究中,文化人类学学者采用的大多是参与观察。但需指出,在扎根理论方法中,则往往会通过多种渠道和方法进行资料收集,研究者不一定必须要进行参与观察。

参与观察的记录方式不能仅仅依靠笔和纸,在一切可能的情况下应该要进行录像以及尽可能详细的观察记录,要避免后期整理消息大量丢失。

思考

访谈对资料搜集具有哪些重要作用?

(二)访谈

访谈是另外一种重要的人类学资料搜集方式。所谓访谈,指的是研究性交谈,它是指研究者通过口头谈话的方式从被研究者那里搜集第一手资料的一种

---

① 王积超．人类学研究方法[M]．北京:中国人民大学出版社,2014:80.

② 张红霞．教育科学研究方法[M]．北京:教育科学出版社,2009:380.

③ 陈向明．质的研究方法与社会科学研究[M]．北京:教育科学出版社,2000:229.

④ 王鉴．教育民族志研究的理与方法[J]．民族研究,2008(2):12－20.

资料搜集方法。①

访谈最早用于社会科学研究是英国学者布思(C. Booth)在19世纪末开展的对伦敦居民的经济和社会状况的调查,在他之后,许多学者参照他的方法来开展社会科学研究。而在美国,民意测验是访谈另一种较早的形式,在20世纪初期,芝加哥学派是最早系统地将观察、访谈和文献等搜集资料的方法综合起来的。② 对于社会科学研究以及人类学研究而言,访谈可以在以下方面对资料的搜集具有重要作用:

(1)访谈可以了解研究对象的所思所想、情绪感受、他们生活中曾经发生的故事以及他们对这些故事所进行的意义解释。

(2)访谈可以使研究对象发表自己对问题的看法,使研究对象可以对事情过程进行深入、详细的描述,并用自己的语言和概念来表达自己的观点,有机会发出自己的声音。

(3)访谈还可以在研究关系和情境许可的情况下,与研究对象探讨其研究中无法处理的一些敏感话题。

(4)访谈可以促进研究者和研究对象建立良好、互信的人际关系。③

对于人类学研究而言,访谈是能搜集到最多信息的资料搜集方式。下面的案例就是一个半结构式访谈提纲,研究的目的在于促使农村大学新生能谈谈他们和其他同学之间的人际交往,研究者设置如"你跟他们相处时是否会有不开心的事"等问题来回应研究主题,即研究对象的人际交往可能存在困境的研究问题。

一般来说,在质的研究中,刚开始研究时,人类学研究学者多会采用开放式访谈,刚开始的访谈一般都会是一种闲谈式的交谈。随着了解的不断深入,研究者开始逐渐地按照研究问题来了解研究对象的想法,因此,根据一定研究特点而开展的半结构式访谈在研究中被运用就多得多。

典型案例

农村大学新生人际交往困境研究访谈提纲

① 陈向明. 质的研究方法与社会科学研究[M]. 北京:教育科学出版社,2000:165.

② [美]诺曼·K. 邓津,伊冯娜·S. 林肯. 定性研究:经验资料收集与分析的方法(第3卷)[M]. 风笑天,等,译. 重庆:重庆大学出版社,2007:687.

③ 陈向明. 质的研究方法与社会科学研究[M]. 北京:教育科学出版社,2000:170.

对于研究而言，访谈还会有很多技巧，例如访谈中要注意倾听，这种倾听是一种善意的、充满了尊重的倾听，良好的倾听使研究对象可以尽情地发挥，并能建立更好的互信关系。在访谈进行过程中，研究者还应有良好的回应，要能接过研究对象的话，完全对访谈良好的承接。技巧的运用因人而异，对于研究者而言，除了“熟能生巧”的训练之外，平时有意识地提升自己的人际交谈能力是至关重要的。

最后，还要重点强调一下访谈资料的记录和整理问题。

第一，要不要录音的问题。在研究中，我们会经常遇到一旦提出要录音，研究对象就会退出研究的状况。有些研究对象在知晓要录音之后，他们对访谈问题明显有所保留，欲言又止，录音的问题会影响到访谈乃至研究的质量。笔者认为，访谈录音还是必需的，笔者曾经尝试做过两个小时的访谈而没有录音，后期整理发现丢失的信息实在是太多了。没有录音，仅靠纸笔记录，研究者完全无法完整再现访谈对象所谈过的内容，而且纸笔所记录的很多信息事后都证明是错的。因此，从资料搜集方面来说，录音是必需的。

第二，录音材料如何整理。录音资料整理成文字是一件极耗费时间和精力的事。对于一些研究初学者而言，很多人均选择性地转录录音，他们认为有些不重要的录音就不需要转录了。质的研究的资料主要就是文字信息，录音一旦不被转化成为文字，所依存的信息就会消失。因此，录音文字转录一定要尽可能详细，在无法知晓哪些信息对研究有价值的情况下，必须要对原始资料进行最全面的保存，否则，会对研究造成无法挽回的损失。而且，录音整理宜早不宜迟，整理的过程可以结合访谈现场的文字记录对一些表情和语气的状况加以说明，如果整理时间拖得过后，这些相应信息也可能会丢失。

（三）实物分析和文献搜集

在民族志的研究中，实物和文献都是资料搜集一个非常重要的部分。因为，包括文献在内的任何实物都是文化的产物，实物就是文化的最普遍的物化形式，对于研究群体的文化特征而言，实物可以起到很好的辅助作用。

人类学家在从事民族志研究时，他们通常都会注意搜集以下的实物及文献资料：一些官方正式材料，包括一些证件，官方的文献、材料，其中包括统计资料、政策文件、媒体报道、历史文献等以及一些涉及保密的内部文件；还有一些非官方的材料如日记、传记等。[①] 除了这些文字材料外，还会有照片等材料，照片等资料也是质的研究及人类学研究极为看重的研究资料，许多珍贵的历史照片可以从不同的角度去反映当时的历史情境。我们曾经到某中学去开展质性研究，

① 陈向明．质的研究方法与社会科学研究[M]．北京：教育科学出版社，2000：259－260.

看到该中学的每一个教室前面都会贴有该校建校以来所收藏的历届毕业生的合照,这些毕业照无论年代久远和新近,都有详细的说明,照片包括每个学生的名字以及当时任教教师的名字,通过这些照片,研究者对该校的历史文化印象尤为深刻。

拓展阅读

田野记录的四种类型

四、资料分析及研究结果呈现

人类学的民族志研究方法的运用,在搜集资料之后,就进入到资料分析和研究结果呈现的阶段。先说人类学研究方法运用的资料分析,这一阶段主要包括以下三个步骤:编码分类、类属与情境分析、理论建构。其中,人类学理论建构中有关扎根理论的相关内容,在第八章整章专门讨论,这里不做介绍。

(一)人类学研究的资料分析的方法

1. 编码分类

当田野调查结束后,面对这些堆积如山的质性材料,如何处理是个关键问题。在分析这些材料的时候,对这些材料进行分类是日后使用这些材料的基础工作。其中,在对质性材料的分析中,编码是较为常用的一种资料分类方法。

编码的好处在于,对资料进行编码后,研究者可以轻松地根据码号直接、快速地找到相关素材,人类学研究的编码的原则关键在如何定义码号,这需要根据一定的概念为原则。[①]

典型案例

某教师对于外来务工人员交纳赞助费的访谈记录摘要

上述案例中的访谈记录信息非常丰富,如果要进行编码的话,可以有多种编码方法。艾尔·巴比曾经总结有三种编码方式:开放式编码、轴心式编码和选择

① [美]艾尔·巴比. 社会研究方法[M]. 邱泽奇,译. 北京:华夏出版社,2009:382.

式编码,接下来,我们结合具体实例来逐一说明。

（1）开放式编码

开放式编码是指在资料分析中,对概念的初始分类和标注。[①]研究者就是要找出与研究对象相关的众多概念。例如上述案例中的A老师的回答原话,开放式编码至少可以有:外来务工人员、小学、省一级学校、赞助费、家长、义务教育入学等。这些概念都是原始资料中显而易见的关键概念。

（2）轴心式编码

轴心式编码是指研究中的核心概念,轴心式编码意味对资料进行重新分类,可以在开放式编码中寻找更具分析性的概念。例如上述案例中的资料,可以有以下的轴心式编码:择校、外来务工人员子女接受教育、优质教育资源分配不均等。

（3）选择式编码

选择式编码是指研究中与其他编码相关的核心编码,通常是指比较宽泛的概念,例如上面案例②中的资料,可以组成如下的选择式编码:学校赞助费高昂、教育公平问题等。[②]

以上三种编码是按照资料的性质逐一聚焦、提炼的过程,在实际编码过程中,可以借助一些质性资料分析的软件,将不同码名的资料加以分类和整理,如赞助费:省一级(学校)的话赞助费就收五六万……我们收两万多,可以用类似方法将同一项研究中所有被编码为“赞助费”的资料统一整理归类,当写报告一遇到要讨论赞助费问题的时候,就可以将这些资料全部呈现。

关于如何编码,质的资料分析对此有不同的做法,以上所举的例子只是其中的一种做法。编码的主要目的是为了方便研究者对如山的文字资料进行分类,方便他们能更好地理解原始资料中所隐含的信息,进而在研究报告的撰写上能高效地利用原始信息。需要强调的是,对于人类学研究这些质的研究方法而言,码名的定义和命名不是一成不变的,有些被编码的内容既可以属于A概念,也可以属于B概念,在编码的时候要注意加以区分。[③]

编码是一种将整体资料先打散进行不同归类的资料分析方法,这是资料分析最初步却也是较为艰苦的一项工作。

2. 类属分析与情境分析

在对原始资料编码分类之后,人类学的研究方法面临着如何进一步将资料

① ［美］艾尔·巴比．社会研究方法［M］．邱泽奇,译．北京:华夏出版社,2009:382－383.

② 张红霞．教育科学研究方法［M］．北京:教育科学出版社,2009:386.

③ 张红霞．教育科学研究方法［M］．北京:教育科学出版社,2009:386.

浓缩并最终建立起资料之间的必要关系的阶段，这个阶段是最终形成理论、得出结论的必要环节。按照陈向明教授的总结，质的资料的分析存在着两种资料分析方法，一是类属研究（比码号更大意义层次上的单位）；二是情境研究。这两种资料分析方法基本也是人类学家在从事研究时最为常见的两种资料分析方法。[①]

类属分析和情境分析是两种逻辑完全对立的资料分析方法。类属分析，致力于将资料从它们所处的情境中抽取出来，强调通过对比来建立不同资料之间联系。而情境分析，则将资料放置于研究对象所处的自然情境中，按照故事发生的时序对有关的人和事进行描述性的分析。[②]

两种方法都各有长处，但也都有短板，按照笔者的理解，类属分析强调比较不同资料之间的异同，强调建立不同资料之间的关系的重要性。而情境分析强调从研究对象叙事结构出发来组合资料，强调尊重研究对象本身。我们可以举个例子来说明这两种不同的资料分析方法的差异。

例如，我们现在要研究某学校的教师的文化特征。如果我们的研究主题是不同教师文化特征的差异，那么，我们进行资料分析时就可以采取类属分析，区分不同年龄、不同专业和不同地域教师之间存在着哪些文化特征，按照访谈的材料来进行区分比较；而如果我们的研究是该学校教师文化的发展历程的特征，具体来说，为什么这个学校的教师都对教育事业如此热心呢？他们对学校的归属感为什么这么强？等等，那么，我们就可以对资料分析采取情境分析，要从学校的发展脉络去整理相关的校史来同教师进行访谈，按照时间的历程，一步步描述和凸显该学校的教师文化的特征是如何形成的。

其实，类属分析和情境分析在许多研究中都是不可缺少的资料分析方法，将两者结合起来可以获得更佳的效果，可以达到一种共时性和历时性的统一。[③]还以前面的例子为例，如果我们分析该学校教师文化的特征，同时采取类属分析和情境分析两种方法，那么，研究可以设为：该校的教师文化特征形成的过程的同时，不同教师的文化存在着什么样的差异？而为什么最终是热爱教育事业成为大多数教师都认可的理念呢？这其中的形成过程又是如何演变的？

对于许多民族志研究而言，类属分析和情境分析都是可以同时运用的资料分析方法。

（二）人类学研究结果的呈现

人类学研究成果呈现的方式有很多种，可以是论文、著作，也可以是电影、课

---

① 陈向明．质的研究方法与社会科学研究［M］．北京：教育科学出版社，2000：289.

② 陈向明．质的研究方法与社会科学研究［M］．北京：教育科学出版社，2000：296.

③ 陈向明．质的研究方法与社会科学研究［M］．北京：教育科学出版社，2000：297.

件、图片展等，在经过民族志艰苦的资料搜集和分析之后，如何将众多的资料整理成优秀的民族志著作，是研究者面临的最后一个却是难度不小的研究难题。

人类学研究结果的呈现有以下几个问题必须要注意：

1. 要对研究对象或群体进行整体、全面、动态的“深描”

人类学研究成果应该要对研究对象或群体进行整体、全面、动态的“深描”，[1]这种深描是一种全面、细致、内容丰富、材料充实的描述，是一种“全观”式的描述。[2] 研究者对于所搜集到的资料要尽量做到知无不言，对于观察到的现象，即使是和所得结论有冲突的地方，也应全面呈现。我们强调要对人类学的研究进行全面深入的描述，但是，这种描述应该是一种主次分明的描述。在民族志的著作中，最典型的事例应该重点着墨，次要的研究问题可以轻描淡写来达到撑托的目的。主次分明既是为研究主题服务，也是为读者阅读考虑。

2. 要注意理论探讨和研究结果结合

严谨的学术研究，人类学的研究成果应该是研究结果和理论探讨融合的典范。人类学研究首先是学术研究，它和新闻报道或是纪实文学的性质是完全不一样的。人类学的研究者在写报告的时候，不能为了取悦读者而故意夸大事实，对成果的展示应该具有理论深度和具有反思意识的思考。尽管要呈现大量的人类学资料，但其写作结构和一般的学术论文不应该有本质区别。

3. 在表达情感态度的同时，研究者应注意自己在研究中的角色

人类学研究的呈现可以充分表达研究者的情感态度，但研究者本人也要注意自己在研究中的角色。人类学者在开展民族志的研究时，他是秉持一定的价值观来开展研究的，在研究成果呈现时，其价值观可以充分表达。但是这种表达一定要合情合理、适可而止。在从事民族志研究时研究者对于自己在研究中所持的立场，自己是怎样定位自己的角色的，在成文时一定要详细说明，以争取读者的支持，引起他们的共鸣。

典型案例

《学做工——工人阶级子弟为何继承父业》一文中的民族志研究方法运用介绍

① 陈向明．质的研究方法与社会科学研究［M］．北京：教育科学出版社，2000：347.

② 王鉴．教育民族志研究的理论与方法［J］．民族研究，2008(2)：12－20.

[思考与练习]

第八章　扎根理论及其应用

系统的研究必须要有理论的建构。但是复杂多变的社会科学如何建立理论呢？本章介绍的是社会学科常用的一种建构理论的方法：扎根理论。扎根理论（grounded theory）是美国学者格拉斯（Glaser. B. G）和斯特劳斯（Strauss. A. L）在1967年提出的。这种方法强调理论根源于资料且产生于资料。

［学习目标］

1. 了解理论的分类及理论在研究中的意义；
2. 掌握扎根理论的基本概念及其在教育研究中运用的可行性；
3. 重点掌握扎根理论研究的具体操作方法。

第一节　理论的概念及其对研究的意义

在上一章，我们介绍了人类学研究方法的主要程序及其具体做法。在本章，我们将讲述在人类学等质的研究方法中应该如何形成理论，其中，将主要介绍目前质的研究方法中较为热门的一种理论提炼方法——扎根理论的方法及其应用。

一、何为理论

不同的学科对理论的定义及其看法是不一样的。对于自然科学而言，科学研究是人类认识和解释自然界的活动。因此，有学者指出，自然科学理论就是指能对自然科学现象具有普遍的解释意义，可以用来确定事物之间的关系，并且可以用来对未来情况进行预测的法则或者定理。[①]

思考

自然科学理论有什么特点？

具有可以被人们经验所感知的普遍性是自然科学理论的首要特点。从近代自然科学的发展历程我们可以得知，"科学知识"的定义经历了从"超经验的知识"到"经验的科学"转变的过程。漫长的欧洲中世纪，神学垄断了学术霸权，宗教神学所倡导的多是无法被人们的经验所验证的超经验的知识，这些知识和理论借助一些虚幻的概念和宗教教义超出了人们的感觉体验所能感受，却也牢固地钳制了人们的思想自由，这种状态一直到文艺复兴的来临才结束。文艺复兴时期的人文主义者倡导思想解放，他们开始强调"科学"的知识及其理论，他们认为，能称之为科学的理论必须是要经得起人们感性经验的检验和推敲的。更重要的是，科学的理论必须是建立在实证研究基础之上的，是科学的研究方法分析、推理出来的，科学理论就是具有普遍意义的系统化、抽象化的科学知识的集合。科学理论因为确定了事物之间的关系，可以用来预测事物未来发展的趋势，其知识特点具有普遍的意义。在自然科学的理论中，许多理论都是具有普遍意义的，如万有引力定律，它是一个具有普遍性的物理学定律，可以用来说明具有普遍意义的力学现象。所以，自然科学知识及其理论是一种具有普遍意义，在一定时空条件下可以反复论证的知识，这是自然科学理论的第一个特点。

温馨提示

普遍性是自然科学理论的首要特点。

自然科学理论还是一种将人们的科学认识以概括性、抽象性、精确性和严密性的语言表达出来的认识。[②] 和一般的科学知识不同，科学理论知识是一种以概括性的语言为载体的知识。它对一种现象的描述，对一个研究对象的说明，都

温馨提示

自然科学理论是一种以概括性、抽象性、精确性和严密性语言表达出来的认识。

① 陈向明．质的研究方法与社会科学研究[M]．北京：教育科学出版社，2000：318.

② 张红霞．教育科学研究方法[M]．北京：教育科学出版社，2009：9.

是运用高度概括性的语言来作为载体的；另外，科学知识也是一种抽象性的知识，理论知识和一般知识的另一个不同之处就在于，理论更喜欢运用抽象的概念来说明问题，理论知识往往是若干个抽象概念结合在一起的，比如许多自然科学理论都是用数学公式来进行表达的，而数学本身就是逻辑结构最严密的人类语言；另外，科学理论和科学知识一样，它的句法结构必须是精确性和严密性的，它表达的知识和阐释的对象，语言必须精确，逻辑结构和论述思维必须严密、无懈可击。科学理论至少在语义上绝无可能出现自相矛盾的说辞，如果出现这种情况，说明该理论至少在科学性上是有问题的。

以上，我们集中阐述的是自然科学理论的特点。但是，自19世纪近代社会科学产生后，社会科学的学者们开始对自然科学的知识观及其认识论产生了质疑：社会现象和自然科学现象是一样的吗？是不是可以用一种具有普遍性的理论来描述复杂的社会现象呢？

思考

是否能将自然科学的研究方法运用到社会学科？

对于自然科学研究方法而言，其对自然现象的认识主要基于以下两种假设：一是自然现象本身具有固定的和可以重复的客观规律；二是通过量度可以将这些现象的本质呈现出来。[①] 孔德等人当年创建社会学（sociology）也是希望创建一门叫社会学的科学，能像自然科学一样，用数字和量度将社会现象完整、全面地描述出来。然而，随着社会科学研究的深入，孔德和斯宾塞等人当年所强调的社会科学所具有的量化实证研究的特征却面临着越来越多的困难。

原因有两个方面：一是社会现象要复杂得多，许多社会现象具有情境独特性。普遍性的社会规律的确也有，但不多见；二是社会现象的复杂性决定了某些社会现象很难用类似于数学的逻辑与精准的语言进行描述和说明，研究者要说明社会现象的本质往往并不依靠数学。由此可见，因为社会现象和自然现象的本质是不同的，社会科学所认同的知识和理论与自然科学所认同的知识和理论是截然不同的。

讨论

什么是大写的理论？什么是小写的理论？

自然科学所认同的理论是一种“大写的理论”，这种理论可以定义为“定理”“公理”，它是经过实践检验的，在真实性上是可靠的；另外，它也是一种系统的观念体系和逻辑架构，可以用来说明、论证和预测有关自然现象的规律。按照陈向明教授的解释，传统的社会科学，尤其是在量化的实证研究时期的社会科学当年就是希望在社会现象中找到这种“大写的理论”。然而，随着研究的深入，尤其是质的研究方法的崛起，社会科学研究已不仅认同“大写的理论”，更认同一种“小写的理论”。所谓的“小写的理论”是一种观点、猜测和想法，它建立在原始资料的基础上，主要适用于在特定的情境中解释社会现象。小写的理论属于

① 陈向明. 质的研究方法与社会科学研究[M]. 北京：教育科学出版社，2000：14.

一种有关现象内在联系或者命题的集合，是关于某些领域的系统化知识，而不一定要经过实践检验，一定要符合某一预设假说的理论。[①]

温馨提示

社会科学的理论更认同“小写的理论”，即一种观点、猜测和想法。

所以，社会科学的理论可以是非常丰富而多样化的，它既可以是关于社会现象和规律的定理和公式，也可以是对有关社会科学研究对象自身的行为和思想进行意义解释的理论。和自然科学相比，社会科学的理论不一定强调普遍性，而更多地强调要描述、概括、说明研究对象的独特性。社会科学理论和自然科学理论的不同特点，与其研究对象的关注点的不同是息息相关的。自然科学关注的往往是某一类可以重复的、固定的自然现象，而社会科学关注的多为难以固定、并具有独特性的社会现象。自然现象通常都是某类在实验控制下可以重复观察到的有稳定变化规律的现象，而社会现象却往往具有情境，这些现象是不固定的，无法预测，往往独特而难以再现。所以，许多社会科学的理论无法具有普遍性，也许某些社会科学理论在某些领域可以有一定的普遍性，但社会科学理论更多的是针对某一特定个人，或者某一特定人群，它研究的是那些并不具有代表性的人或者群体。和自然科学的理论致力于说明和论证具有普遍性的公理和定律不同，社会科学的理论往往致力于描述和说明某一个人或者某一类人的行为和思想具有什么样的意义特征，这种特征体现出什么样的独特价值。和自然科学理论强调理论可以去推及和预测其他同类现象的功能不同，社会科学理论更强调理论适用的具体时空的情境性。

这一点可从人类学研究的相关特征一览无遗，无论是早期人类学关注某些原始的部落或者人群，还是近代人类学关注的城市里的独特社群，民族志的研究者关注的多是无法重复的具有独特价值的研究对象。即便如费孝通先生 20 世纪 40 年代，基于大量的民族志研究而在《乡土中国》里面提出过的中国人人际关系的“差序格局”理论，它也是一个具有一定时空适用条件的理论。按照费孝通先生的论述，差序格局指的是中国乡土社会以宗法群体为本位，人与人之间的关系，是以亲属关系为主轴的网络关系。这种关系是根据生育和婚姻事实所发生的社会关系。[②] 差序格局理论描述的是中国人传统乡土社会的人际关系格局，该理论的说明对象和适用范围只能是在中国，换了在西方国家，按照费孝通先生的说明，那是另外一种叫团体格局截然不同的理论。差序格局的理论似乎在于描述传统的中国社会更加合适，在当代中国，差序格局的一些概念及其主张是否需要修正来描述转型时期的当代中国人际关系，是另一个颇有争议的问

① 陈向明．质的研究方法与社会科学研究[M]．北京：教育科学出版社，2000：319.

② 费孝通．乡土中国[M]．北京：人民出版社，2008：28.

题。[①] 由此可见,情境性、灵活性是社会科学理论的重要特征。

温馨提示

社会科学研究其研究目的往往不在于要归纳理论。

二、理论对研究的意义

本章第一节中阐述了理论的概念,重点说明了社会科学研究的理论所具有的特点,接下来将要分析建立理论对于社会科学研究的意义。

自然科学研究的自然现象往往具有普遍的规律可循,因而自然科学研究者对自然现象的研究往往致力于归纳出一定的理论、定律用于推广说明同类的自然现象。而社会科学研究和自然科学研究不同,因为社会现象往往是复杂而多变的,许多社会科学研究,如人类学研究,其研究目的往往不在于要归纳所谓的理论,因为这些理论无法具有普遍性和推广性,社会科学的研究更多的在于完整描述和分析每一个独特的研究对象。如果是这样的话,那么,建立理论对社会科学研究又有什么意义呢?

事实上,许多社会科学研究并不致力于建立理论,甚至许多研究根本就没有打算理论化,例如一些旨在对特定社会情境进行民族志描述的研究。[②] 对于社会科学研究,尤其是运用质的研究方法的研究而言,一些学者强调,研究的目的更多的是在解决问题而不是在于建构理论。[③] 对于社会现象的研究,发现问题和解决问题更重要。在这些学者看来,毕竟很多社会现象具有独特性,总结规律性的理论既是徒劳也没有实际意义,致力于描述现象、发现问题和探讨解决问题的方法是更为实际也更加可取的研究目的。

尤其对人类学研究而言,人类学研究者在田野调查中通常都面临着一个陌生的群体,对于研究而言,尽早向读者呈现这一群体的文化特征,并分析其文化现象背后的意义是更需要迫切解决的研究目的。而对于一些复杂而又常见的社会现象,人类学的研究更主要的目的在于解决问题。如有学者从事城市农民工随迁子女的学习影响因素人类学研究,其研究目的主要在于探究影响学生学业的因素。其基本结论是:在当前教育体制弊端暂时无法改变的前提下,当地政府是否给予农民工随迁子女就学、升学的政策保障,在根本上影响着农民工随迁子女的学习动机与教育观念,从而影响着他们的学业成绩。该研究还在此基础上提出了一系列的政策建议。[④] 这一研究尽管其目的不在于阐述深刻的理论,但其研究目的较为贴近现实,提出的建议是建立在一手的田野调查而得出的结论,

---

① 肖瑛. 差序格局与中国社会的现代转型[J]. 探索与争鸣,2014(6):48-54.

② [美]艾尔·巴比. 社会研究方法[M]. 11版. 邱泽奇,译. 北京:华夏出版社,2009:57.

③ 陈向明. 质的研究方法与社会科学研究[M]. 北京:教育科学出版社,2000:321.

④ 尚利芳. 农民工随迁子女低学业成绩的教育人类学研究[D]. 北京:首都师范大学,2013:2.

具有现实意义。

由此可知，建立理论不见得是社会科学研究中必然要达致的研究目的，尤其是有批判理论派的学者主张，知识不能由理论而产生，而只能在社会现实中加以理解，任何新的知识的有效性不在于其普遍性，而在于其所适用的具体的历史环境。[1] 但是，尽管如此，建立理论对于社会科学研究，对于质的研究而言是可行的也是必要的，主要基于以下几点理由：

温馨提示
建立理论不见得是社会科学研究中必然要达到的目的。

首先，建立理论能够深化研究者对社会现象的理解。理论具有概括性、抽象性和严密性等特点，它是研究者对复杂的自然和社会现象高度概括后得出的结论和认识。对于严谨的学术研究而言，研究如果仅仅是描述现象可能还显得略为简单，研究者从事学术研究应该致力于说明更宏观、更深入和更抽象的社会现实，而理论正是实现这一途径的良好工具。

尤其对于从事社会科学研究的质的研究者而言，社会理论可以不是具有普遍性的定理和定律，它可以是具有灵活性和情境性的观点、猜测和想法，它所总结出来的抽象看法是经过研究者深思熟虑的思考而体现出来对社会现象的一种判断和分析。通过理论，研究者自身可以加深对社会现象的理解，也能对社会现象背后的来龙去脉有更系统的梳理和更广泛的思考。对于学术研究而言，高深知识是学术观察、研究区别于一般观察和研究的重要标志，而高深知识往往体现的是高度概括性、抽象性及严密性的理论，对于社会科学的学术研究而言，具备了高深知识的理论是其学术严谨性的表现。作为一类负责任和有影响力的研究，我们理应鼓励每一项社会科学研究都应尽量建立有说服力的理论。

温馨提示
社会科学研究建立理论能深化研究者对社会现象的理解。

其次，建立理论能够促进读者对社会现象有更深入的理解和思考。对于读者而言，阅读一项研究和阅读一本小说、一则新闻的期待是不一样的。严谨的学术研究要能给予读者启发和启迪，能通过理论让读者对社会现象形成深入、概括性的认识。因此，建立理论不仅有利于研究者，更有利于读者。

学术研究不仅为了描述和阐释现实，对于有学术抱负的研究者而言，他们自然更希望自己的研究能在对某一个现象的学术探讨方面形成更深入的认识、引起更广泛的探讨。作为一项对读者有启迪的研究，要实现以上研究目标，建立理论是必不可少的。对于社会科学研究而言，以人类学研究为例，回顾人类学研究中的经典研究，但凡在学界有较大反响的被誉为是经典的著作，大多数都是建立了理论的经典研究，例如一提起再生产理论在教育中的运用，保罗·威利斯的《学做工》中对抵制理论的探讨及其归纳是必读的经典。总之，建立理论可以启发其他的研究者，这是社会科学研究能产生影响的前提。

---

① 陈向明．质的研究方法与社会科学研究[M]．北京：教育科学出版社，2000：321.

最后,建立理论也是从事系统研究的必需。作为一项研究,如果是揭示单一社会现象的研究,其建立理论的迫切性不是那么急需。但如果是作为某一类研究,所研究的对象是错综复杂的社会现象,这类研究无法通过一两项研究描述清楚,需要许多同类的研究出现,这种研究就需要建立理论来加强研究同行之间的对话。例如,如果我们研究某一个非常特殊的学校的择校状况,将某一个在所在地办学口碑最优的示范性中学作为人类学研究对象,由于该中学状况特殊,择校状况具有独特性,那么,该研究就可以深入描述该校择校状况仅进行分析而无需建立理论。但是,如果我们从事的是一个地区的择校研究,在好几所从事研究的学校进行人类学观察时发现该地区不同学校的择校现象具有相似的动因和状况,那么,研究者可能就需要考虑总结该地区学校择校状况的某种模式了,在得出相关结论的时候,要回应已有的研究提出过的理论,并尝试建立理论说明自己研究所面临的择校问题的特点。

温馨提示
系统的研究通常都需要理论的支撑。

系统的研究通常都需要有理论的支撑,这种支撑体现出横向支撑和纵向支撑的特点,横向支撑是指和同时期的研究要有理论对比,在从事研究的时候,社会科学研究者应能对同时期国内外同行提出过的相关现象的理论进行对比回应。纵向支撑是指,研究者本身在从事研究的时候,应能对不同时期自己和别的学者的研究有全面系统的思考。例如,同样是研究择校问题,20 年前、10 年前的理论和当代社会的理论有没有区别?研究者自身若干年前对择校问题的关注和现在的关注有无不一样?不同的研究进行交流,理论是最好的学术交流工具,成熟、优秀的社会科学研究理应能对该研究领域形成过的理论有所回应、完善,如果能在一手资料的支撑下得出具有原创性的理论,那是更理想的结局,但这往往需要研究者扎根领域深耕多年形成的知识积累才有可能实现。

第二节　扎根理论的起源、特点及其在教育研究中的运用

本节将介绍在质的研究方法中,近些年来在学界运用得非常多的一种著名的理论建构方法:扎根理论的概念及其特点。

一、扎根理论的起源

扎根理论(grounded theory)是美国学者格拉斯和斯特劳斯两人在 1967 年提出的一种理论建构方法,也可被认为是一种研究方法。根据陈向明教授的定义,扎根理论其主旨是强调要从经验资料的基础上建立理论,它是一种自下而上建立理论的方法,即在系统收集资料的基础上,寻找反映社会现象的核心概念,然

后通过在这些概念之间建立起联系而形成的理论。①

扎根理论诞生于社会科学中质的研究方法和量的研究方法存在着较大争议的20世纪60年代时期。多年来，在社会科学研究中，一直都是量的研究占据主导，主张实证量化研究的研究者认为，理论应产生于精确、标准化的工具所搜集到的资料的基础上，只有建基于客观事实的资料和经过了科学验证的假设基础上的理论才是可信的。

格拉斯和斯特劳斯针对量的研究理论建构的主张，在阐述质的研究及其建构理论的方法方面进行了突破性的拓展：他们认为质的研究也可以建立理论，并且这种理论建构会更有力；质的研究是将资料收集和资料分析结合起来，这也是质的研究建立理论的基本方法；质的研究将理论和研究结合起来而不是分开，在理论和研究结合方面，它更主张理论建构的灵活性；质的研究也可以是系统的研究，它有一定的规范的理论建构范式和策略。②

格拉斯来自于哥伦比亚大学数量学派，在大学期间，他曾经师从拉扎斯菲尔德（P. Lazarsfeld）接受过严格的量化训练。难得的是，他能将哥大数量学派的理论建构方法完整地引进过来用于质的研究。哥大数量学派，在学术上根源自实用主义哲学，这种哲学思潮强调理论应来源于实践，并能解决实际问题。③ 实用主义提倡要认识到行动的重要性，并主张解决问题是研究最为重要的目的。格拉斯接受实用主义的主张，强调从经验中建构理论，强调要从严格的编码中生成发现并最终形成理论的过程，他提倡为了生成理论有必要模仿量化研究方法的某些专门化的语言来建构理论。④

而斯特劳斯则来自芝加哥大学，他在该校曾经师从布卢默和帕克等人，他将芝大实地研究和象征互动论等主张运用于扎根理论研究。斯特劳斯也深受实用主义哲学的影响，他认为是过程而不是结构是人类存在的基础，人类通过参与过程而产生了结构。主体性和社会意义依赖于我们对语言的运用并通过行动表现出来。因此，任何理论均应源自于现实世界和实地调研，斯特劳斯尤其强调要从行动者的角度来理解社会互动、社会过程和社会变化。⑤

格拉斯主张扎根理论应该是一种类似于量化研究方法的理论产生方法，扎

① 陈向明．质的研究方法与社会科学研究[M]．北京：教育科学出版社，2000：327.

② [美]诺曼·K. 邓津，伊冯娜·S. 林肯．定性研究：经验资料收集与分析的方法（第3卷）[M]．风笑天，等，译．重庆：重庆大学出版社，2007：546－547.

③ 冯生尧，谢瑶妮．扎根理论：一种新颖的质化研究方法[J]．现代教育论丛，2001（6）：51－53.

④ Anselm Strauss，Juliet Corbin. 质性研究概论[M]．徐宗国，译．台北：巨流图书公司：1997：28.

⑤ [英]凯西·卡麦兹．建构扎根理论：质性研究实践指南[M]．边国英，译．重庆：重庆大学出版社，2009：9.

根理论无论在收集资料还是分析资料时都不应带有强制性，不能先入为主地带有问题和分析框架来建构理论。而斯特劳斯和卡宾等人在后期则强调了描述的重要性以及主观构想对理论建构的重要意义，强调主观性介入在理论建构中的重要性。[①] 格拉斯和斯特劳斯尽管最终在 20 世纪 90 年代在关于扎根理论的发展方向中走向决裂，但是，两人都曾经在不同的领域发展和推广的扎根理论，许多学者对两人的贡献都是同样认可的。当然，扎根理论能在学术界有广泛影响，绝不仅仅得益于某几位学者的贡献，事实上，尽管两位最初的提倡者在关于扎根理论的发展方向上出现了分歧，但他们关注扎根理论的方法及其具体做法仍然有许多共通之处，质的研究领域里的许多不同的学者都吸取和综合了他们关于扎根理论的不同看法，并最终形成了有关扎根理论的一些基本准则。正如凯西所强调的，扎根理论方法更多的是一套原则和实践，而不是某个处方和包装好的程序，而且，扎根理论方法是不断发展的灵活准则，而不是一成不变的方法论法则和要求。[②] 因此，本章不会一一介绍扎根理论中的不同派别学者对于扎根理论中的一些细节所体现出的不同观点，而将重点介绍大多数扎根理论学者所认同的一些准则和具体做法，并分析这些准则和特点在教育研究中运用的可行性。

思考

“扎根”的内涵是什么？扎根理论具有什么特点？

二、扎根理论的特点

总体而言，扎根理论方法具有以下几个特点：

扎根理论强调理论根源于资料，也必须产生于资料。扎根理论主张，研究必须要从资料的分析中产生理论，理论必然根源于资料，尤其是产生于一手搜集的资料及其分析。实用主义哲学提倡，研究先有一个情境，然后置身于其中的研究者才会在情境中产生问题；对于研究问题，研究者可以凭借自身已有的经验和知识提出多个假设；然后研究者开始尽可能多地搜集资料，并根据资料检验假设，最终提出解决问题的方法。针对以上提倡，扎根理论的早期创建人如格拉斯等，除了反对要有提前假设的做法外，几乎将其全盘吸收用于扎根理论的方法论中。在扎根理论的提倡者看来，研究者在研究之前是没有理论假设的，他们只有研究问题；在搜集和分析资料后，他们直接从原始资料去归纳研究中遇到的概念和问题，并在此基础上最终总结出结论。[③] 根源于资料、来源于资料是扎根理论的本质特点，而归纳法就是扎根理论的理论产生的根本方法。所谓“扎根”，其内涵

温馨提示

扎根理论强调理论根源于资料，也必须产生于资料，这是扎根理论的本质特点。

① [美]诺曼·K. 邓津，伊冯娜·S. 林肯. 定性研究：经验资料收集与分析的方法(第 3 卷)[M]. 风笑天，等，译. 重庆：重庆大学出版社，2007：249.

② [英]凯西·卡麦兹. 建构扎根理论：质性研究实践指南[M]. 边国英，译. 重庆：重庆大学出版社，2009：12.

③ 冯生尧，谢瑶妮. 扎根理论：一种新颖的质化研究方法[J]. 现代教育论丛，2001(6)：51－53.

就是扎根原始资料,扎根原始数据的意思。

在理论性质方面,扎根理论所提倡的是一种实质理论。所谓的实质理论,其概念是和形式理论相对的,前者是指在原始资料基础上建立起来的适用于解释特殊情境的理论;而后者则是指具有系统化的观念体系和逻辑结构,用于预测、论证和说明规律的理论。①扎根理论所要归纳的就是这种实质理论,它通常不追求归纳具有普遍性和预测性的理论,而是更注重理论的实践性和特殊性,注重从资料中寻找理论,并最终解释实践、指导实践。

扎根理论有比较独特的文献使用方法。如何利用文献,是扎根理论运用中较有争议的问题。在扎根理论学者看来,理论必须产生于实践,产生于原始资料。但问题是,前人文献或者说前人的理论在研究中该起什么样的作用呢?扎根理论的学者们认为,在开展田野工作前,扎根理论的学者们其实是已经有一定的文献积累的,但是,他们在研究前应避免对具体研究问题、对特定的文献进行回顾,因为理论文献会对他们造成事先的概念化,会对理论的形成产生先入为主的影响。

所以,有学者提倡,扎根理论的研究者也可以使用在文献中看到的理论,最好的方法是把这些理论当成原始资料的一部分,在理论得出的过程中进行不断地比较。在理想的状态下,不断的比较过程中,综合原始资料和已有理论可以得到广泛的理论覆盖和理论综合,已有理论可以给原始资料更多的启发并最终促成新理论的诞生。有学者将这种文献使用方法称之为文献回顾延迟,他们强调的是在研究开始前的初期文献回顾中,研究者应围绕着研究兴趣和相关学生视角而展开,以避免一个特定文献回顾。详细的文献回顾应在数据采集和初期理论、概念开始形成后才进行,这样做是为了防止已有的理论对原始资料的污染。以上对文献的运用的主张并不是要求研究者在空白的文献阅读上开展研究,扎根理论研究者强调的是在研究中要暂时放弃已有的理论立场,在没有事先假设的情况下处理数据,扎根理论提倡者尤其强调服从原始资料和秉持开放、宽容的研究态度。②

扎根理论强调自然的研究过程和理论敏感的重要性。质的研究的一大特点就是要在自然的情境下开展研究,扎根理论也尤其强调这种自然的特点。自然的情境强调的是研究者在从事扎根理论研究时,要有充分的注意力和开放的头脑来关注研究对象。对于扎根理论而言,研究问题及其假设不是一开始就有的,

---

① 陈向明. 质的研究方法与社会科学研究[M]. 北京:教育科学出版社,2000:319.

② 费小冬. 扎根理论研究方法论:要素、研究程序和评判标准[J]. 公共行政评论,2008(6):23－42.

而是在研究者进入田野后，搜集到资料，经过对资料的逐步分析和思考，其研究问题才逐步清晰、逐步完善起来。在研究之前，研究问题如若太过清晰，研究者进行数据收集就会受到限制，其对于理论的形成就会失去敏感性和开放性。① 扎根理论强调要在研究中形成一个和研究对象自身相关的，可以解释其行为模式的理论。这种过程本身就是在自然的研究过程中，研究者完全融入情境，通过理性思考自然得出结论的过程。

另外，在完全自然的研究过程中，研究者的理论敏感也显得很重要。由于研究是在完全自然的情境中进行的，研究者要面对的是如山的原始资料，如果没有恰当的理论警觉，研究者很难捕捉到新的理论线索。保持理论的敏感性，要求研究者能对资料分析有一定的聚焦，在比较松散的资料中，可以准确找准方向进行理论建构。② 扎根理论要求研究者具有时刻捕捉理论及生成理论的能力，是扎根理论区别于一般质性研究的特殊之处。③

重视研究的自然情境和强调理论敏感对于扎根理论来说是不矛盾的，在自然的情境中，我们更要强调理论敏感的重要性，尤其对于扎根理论而言，面对复杂的自然情境，如何在错综复杂的各种现象中抽丝剥茧进而提炼出理论，这种敏感不但有赖于从事研究的经验，又有赖于多年文献阅读而养成的研究积累，这对新手研究者尤其不易。

温馨提示

扎根理论强调在资料之间、理论之间要不断地进行比较。

扎根理论强调理论形成过程是不断比较的过程。比较是扎根理论主要的分析方法，这种分析主要是要在资料和资料之间、理论和理论之间进行比较。扎根理论的比较是一种全方位的比较过程，它通常包括以下的程序：研究者首先要根据概念的类别对资料进行比较，这指的是在原始资料刚刚开始编码的时候，要把这些编好码的材料在不同的概念类属中进行比较，找出其特点；然后，研究者要对不同的概念类属进行比较，考虑不同概念类属之间的联系和区别；接下来，研究者要将初步归纳出来的理论返回原始材料进行验证，看此理论是否可以说明原始材料；最后，研究者要在研究报告中全面陈述以上的过程，要将原始资料的编码情况、概念类属及其特性以及不同概念类属之间的关系，理论产生的依据都要一一说明，以达致对研究问题的解释。④

对于扎根理论而言，比较还可以是一种自我比较，研究者可以根据自己以往的经历，包括阅读过的文献、看到过的理论，甚至包括个人的经验和可信的其他

---

① 费小冬．扎根理论研究方法论：要素、研究程序和评判标准[J]．公共行政评论，2008(6)：23－42.

② 陈向明．质的研究方法与社会科学研究[M]．北京：教育科学出版社，2000：329.

③ 周海银．扎根理论：学校课程管理研究的生长点[J]．全球教育展望，2007(3)：50－53.

④ 陈向明．质的研究方法与社会科学研究[M]．北京：教育科学出版社，2000：330.

资料,都可以用于比较进而用来建构理论。理论建构应该是博采众长、多点开花,在扎根理论看来,比较并善用已有资料是建构科学理论的重要步骤。

扎根理论有自己独特的研究评判标准。对于扎根理论的研究而言,研究的评判是严格而又独特的,而且这种评判不但针对研究结果,更要针对研究过程。扎根理论的研究者们强调,扎根理论的根本批判标准就是,其研究过程及其结果必须以原始资料作为基础。在研究过程中,我们通常会从以下问题去评判扎根理论研究的水准:研究最初取样的依据是什么;研究过程中出现过哪些重要的类属;理论性抽样的基础是哪些类属概念;这些在研究中形成的理论如何指导资料的收集;不同类属概念之间的关系是怎么样的;理论是如何在资料中得到验证的;有没有说明不了理论的原始材料;核心的类属概念是怎么被选上的;是在怎样的基础上做出最后的理论归纳。①

除了对研究过程进行评判外,扎根理论对研究结果也有其评判标准,一个成熟的、可信的扎根理论,通常会关心以下问题:研究的概念是否源于原始资料;概念之间是怎样关联的;对资料的分析是否详尽,研究中的类属概念是否已经穷尽;理论中有没有反例;宏观的社会背景有没有考虑;对研究过程的描述是怎样的;研究者自己的见解是否充分;对自己的研究及其研究方式有无反省;等等。②

对于扎根理论的研究而言,有时评判标准并非是铁板一块,不可更改,但大体的原则都是一致的。很多扎根理论的研究在研究过程的描述时往往一笔带过,这是不可取的,因为这不但会影响读者对研究的判断,也会降低研究的信度。

三、扎根理论在教育研究中运用

温馨提示

扎根理论强调的是要建立一种实质的理论,这尤其适用于教育实践。

扎根理论近些年被介绍到我国之后,许多教育领域的学者纷纷运用这种研究方法来开展研究,其情境性、自然性等特点同我国教育研究的实践有许多吻合之处,总体而言,扎根理论适合于教育研究主要体现在以下几点:

首先,扎根理论主张的是要建构一种实质的理论,这和许多教育实践情境较为相似。实质理论强调的是理论的实践性和特殊性,注重在原始资料的基础上建立起适用于特定情境的理论,许多教育领域的现象和实践都符合扎根理论的这种特质。如课堂教学、师生互动、学校管理的具体实践,每一个学校的教育情境都有其特殊之处,它都需要研究者身临其中,经过艰苦的田野工作进行认真观察,仔细研究才能辨析其独特之处,并总结出相应的理论观点。扎根理论所强调

① Anselm Strauss,Juliet Corbin. 质性研究概论[M]. 徐宗国,译. 台北:巨流图书公司:1997:281.

② Anselm Strauss,Juliet Corbin. 质性研究概论[M]. 徐宗国,译. 台北:巨流图书公司:1997:282-284.

的对原始资料和研究情境的注重，强调一切从数据出发，这正是学校相关研究所要求的。对于从事教育研究的研究者而言，所接触到的教育现象多为个别、独特的现象，那么，此类研究就必须要反映学校的实践，符合学校的特色，这种注重搜集学校原始资料，并强调要从这些原始资料中提炼相关理论，正是扎根理论的特长。

其次，扎根理论强调的是理论的不断调整和修正，这符合教育现象复杂多变的本质。前面我们在谈到扎根理论的理论性抽样时已经谈到，在扎根理论的理论形成过程中，是一个随着资料的出现而不断调整理论内容的研究过程，研究者会根据初步形成的理论去决定下一步的资料搜集和分析，而随着资料的丰富，研究者的理论也会出现调整而适应资料的变化，扎根理论的这个特点尤其适用于去分析错综复杂的教育现象。因为，教育现象本身也是丰富多变的，身处田野的研究者最能经常感受到相应教育问题的多变而难以预测。例如像“小升初”的应对策略问题，我国一些城市的“小升初”政策年年变化，学校、老师和家长的应对策略自然也是千变万化。假若要做此研究，在搜集资料时就必然要考虑到多变的现实，要根据不断变化的资料来建构适合用于“小升初”相关现象的理论，

再次，扎根理论注重理论的适用性，这有益于相应教育问题的解决。扎根理论的研究者主张在理论进行建构时，可以使用研究者本身已有的经验知识，也可以从相应的文献中去寻找建构理论的灵感，进而对原始资料做出判断和分析。扎根理论依靠原始资料，依靠一切数据的提倡，其本质是因为它所希望建立的实质理论是一种能回答现实、并能解决现实问题的理论。和自然科学理论致力于论证、说明和预测相应的自然现象不同，扎根理论偏重的是一种“接地气”的理论，它强调的是理论对实践的解释，注重的是理论有没有回应现实并致力于解决现实问题，而不仅仅是预测和论证社会现象。对于教育研究而言，解决问题是研究的首要目的。在教育研究中，研究者运用扎根理论，可以从一手原始资料入手，对教育问题的宏观背景及其实质进行彻底的反思，并最终通过建构理论的形式来思考和回应相应问题的解决，这是扎根理论适用于教育研究另一个重要的理由。

最后，扎根理论的本土意识和开放态度有助于我国本土教育理论的产生。近些年来，我国教育研究从西方教育理论界引入理论去分析和研究中国问题的研究倾向越来越明显，很多学者似乎有类似的看法，没有国外理论视野的教育研究不够时尚、不够先进，更不能算作具有国际视野的研究。这种倾向使得我们在教育研究中所使用的概念、基本假设、分析框架，甚至连研究问题都是从西方学者那里引入的，真的有点匪夷所思。毋庸置疑，就连扎根理论本身也是从欧美学者那里引进和介绍过来的，但许多提倡扎根理论的中国学者却恰恰忽视扎根理

论给我们最重要的启发：要从原始资料出发去构建可信、可行的理论。扎根理论的这个提倡就是要启发我们要破除西方理论的先入为主的偏见，研究中国的教育问题，形成可以解释中国情境的教育理论，必须要从中国的教育实践出发，必须要从中国教育领域搜集到的一手资料起步。能够深刻理解并能活用扎根理论的中国学者必然赞成要构建具有我国特色的教育理论体系的主张，在中国的教育研究中运用扎根理论必然要走本土化的道路。[1]

还要强调的是，教育理论本土化的实现有赖于开放的研究态度和习惯的养成。对于从事扎根理论的研究者而言，在面对资料、构建理论之时，研究者必须有一种开放的态度，要有放低自己成见的胸怀，有主张接触和积极运用不同资料、不同理论和不同观点的意识。目前，我国教育理论界在理论融合、交流和借鉴方面做得很不够，许多学者都是独自为政，即使研究国内教育问题也宁愿去国外找理论而不愿与国内同行交流，这种风气之下尤其难以产生真正有影响力的本土理论。在中国的教育研究中推行扎根理论，就是希望在扎根理论的方法指引下，国内的教育研究能真正打破壁垒、拓展思维，从中国的教育实践的一手资料出发，为最终能构建出可以解释中国教育实践、有助于解决中国教育问题，并在国际上也能有一定影响力的理论奠定基础。

第三节 扎根理论的操作方法

本节将介绍扎根理论的具体操作程序和方法。其中，在典型案例中，为了更好地说明问题，我们链接了一个研究作为扎根理论的案例。一般来讲，扎根理论包括以下的操作程序：搜集资料、编码、撰写备忘录、理论抽样、建构理论、计算机辅助分析资料、写作等步骤，下面将逐一讲解这些步骤的具体做法。

扎根理论的具体操作方法

思考

如何运用“扎根理论”构建理论？

（一）搜集资料

资料搜集是扎根理论研究的第一步，丰富的资料需要研究者具备资料搜集的基本素质和能力。在相关资料的搜集中，研究者所应持有立场的讨论中，许多扎根理论的学者都强调资料搜集的客观性问题。如斯特劳斯曾经说过，资料、数据是不会说谎的，资料是现实性的。而格拉斯则提醒我们，不要通过强加的问题而将资料先入为主地放入主观构想的范畴中，资料的搜集和分析不能有先入为

① 张家军．扎根理论之于课程研究的启示[J]．比较教育研究，2010(10)：81－85.

主的立场。①

尽管扎根理论的许多学者都对资料的客观作用进行了分析，但是我们必须要认清的是，资料本身是对经历的再建构，是一种重构的过程。② 研究对象的经历是发生在过去的事情，无论是访谈还是相关文本，他们呈现给我们的只是一种资料的重构过程。在这种资料的重构过程中，一方面，我们要注意资料的真实性，毕竟重构的过程也会有资料失真，许多研究对象即使在回忆自己的过往，也会存在忘记或者记忆完全错误的可能；另一方面，我们要注意资料的缺失可能，研究对象没有认识到的东西远远比他们说的要多，毕竟他们可能没有意识到哪些信息对于研究是必需的。资料的重构性提醒我们，资料的搜集和分析的过程必须要注意这种局限性对于研究的影响。

温馨提示

扎根理论强调搜集资料要先放弃先入为主的立场。

扎根理论研究的资料搜集方式同上一章所述的人类学的质性资料搜集方式大同小异，主要有观察、访谈、实物搜集、文本等。观察、访谈等在前一章已经讲过，这里不再赘述。在这里，笔者要重点谈一谈深度访谈和文本资料搜集在扎根理论研究中所起的作用。

深度访谈作为一种常用的就具体问题和经验进行深入探究的指向性的谈话，是较为常用的一种质性资料搜集方法。就技术特点而言，深度访谈特别适合用于扎根理论研究，因为两者都是既开放又有方向性，既被形成又自然生成，既有步骤又很灵活的方法。扎根理论要求研究者可以控制数据资料的搜集和分析，而在深度访谈中，研究者可以通过对问题的设置和引导使研究对象生成自己对研究问题的看法和论点，研究者可以在访谈的过程中追踪这些线索从而完成对访谈的把握。③

温馨提示

就技术特点而言，深度访谈尤其适合用于扎根理论研究。

扎根理论所推崇的深度访谈，应该具备以下的特点：访谈应该是一些宽广的开放性问题，通过设置一些开放性的问题鼓励研究对象说出意料之外的故事；从观察一个问题的研究，在进行分析时可以带着更聚焦的问题回放研究对象；访谈问题必须是探究访谈者的主题，要符合研究对象的经验；访谈数据的分析不能有强制的类属归入，研究者需要保持对问题的反思，思考它们对特定的访谈对象和刚刚形成的扎根理论有无作用；研究者在访谈中要保持活跃的态度，对有趣的线索要保持警惕；允许研究对象重新反思研究问题可以引出更丰富的数据；研究数

---

① ［美］诺曼·K. 邓津，伊冯娜·S. 林肯. 定性研究：策略与艺术（第2卷）［M］. 风笑天，等，译. 重庆：重庆大学出版社，2007：551.

② Bond，G. C. Fieldnotes：Research in past occurrences［C］. //In R. Sanjek（Eds.）Fieldnote：The makings of anthropology［M］. Ithaca，NY：Cornell University，1990：273－289.

③ ［英］凯西·卡麦兹. 建构扎根理论：质性研究实践指南［M］. 边国英，译. 重庆：重庆大学出版社，2009：38.

据的分析需要艰苦劳动,研究者往往需要花费很多的功夫才能发现研究对象的意图和其行动的微妙性,研究者要通过连贯的分析从含蓄的数据资料中去挖掘资料背后的意义;在对访谈数据进行分析的时候,研究者需通过反复倾听访谈录音来密切地关注研究对象的感受和想法;关注研究对象的语言,能使研究者在研究对象的经验和研究问题之间架起桥梁。[①]

总之,深度访谈是非常直接又有效的资料搜集方式,对于扎根理论的研究者而言,此种资料搜集方式值得认真把握和运用。

另外,探讨文本分析对于扎根理论资料搜集具有重要作用。文本包括两种,已有文本和新文本。前者是指研究者没有参与形成的各种文献,而后者是指研究对象对研究者的回应时生成的书面数据。新的文本更多地表现为一些日记、自传或者是对研究问题的专门的书面回应,这些资料是侧面了解研究对象的重要佐证资料。而更重要的分析是对已有文本的分析,包括各种各样与研究有关的记录、报告、文献,传媒的报道,文学作品,还有网络上的文字材料,等等。已有的文本通常被认为是相对"客观"的,[②]但是文本的价值取向也是客观存在的。

对于扎根理论而言,文本的搜集和分析必须要将文本置于一定的情境来进行思考,尤其是互联网时代的到来,我们在网络上看到一些相关的数据、报道,一定要弄清这些资料的来源及其倾向性。大数据时代,研究者并不缺少数据,他们更担心的应该是数据的真实性和倾向性。使用文本资料的另一个重要的方式是仔细审查文本而不是只将文本作为是证实证据的材料。扎根理论的研究应该是深入调查和研究文本,要对文本的结构以及内容进行全面的梳理以说明和解释研究问题。

资料搜集是扎根理论开始的第一步,良好的资料搜集直接决定了研究的质量和走向。

(二)编码

对扎根理论中的资料进行编码是扎根理论搜集之后的必经阶段,研究者需要对数据资料进行编码以便提出分析性问题。扎根理论的编码有点类似第七章已经说过的人类学研究方法的编码方法,但扎根理论的编码方式显然更加具体和详细。

在质性资料的搜集中,研究者面对的没有编码的原始资料往往多达几百页,

---

① [英]凯西·卡麦兹. 建构扎根理论:质性研究实践指南[M]. 边国英,译. 重庆:重庆大学出版社,2009:43-45.

② [英]凯西·卡麦兹. 建构扎根理论:质性研究实践指南[M]. 边国英,译. 重庆:重庆大学出版社,2009:48.

温馨提示

编码意味着研究者要对原始资料进行详细的概括和说明。

这些资料林林总总、卷帙浩繁,如果不进行编码,很难下手进行分析。编码就意味着研究者要对资料片段用一个简短的名称来进行归类,同时也对每段数据资料进行概括、说明。编码展现的是研究者如何对数据资料进行选择、区别和分类,这是对数据资料进行分析的前提。①

总的来说,扎根理论的资料编码可以分为:初始编码、轴心编码、聚焦编码和理论编码等阶段。

(1)初始编码(initial coding)

在初始编码阶段,研究者对数据中任何理论都保持开放性的态度,通过比较不同的数据资料,可以形成对研究内容的大致印象。在初始编码阶段,研究者通常会去问这样的问题:这些资料是有关什么的研究?这些资料说明了什么?是谁的观点?可以归结为哪些理论类属?②初始编码是临时的,研究者在后续研究中会根据编码的情况来判断数据的缺失状况,从而随时调整数据的搜集方法。

温馨提示

扎根理论中的编码可以分为:初始编码、轴心编码、聚焦编码和理论编码等。

初始阶段的编码有许多种做法,比较常见有逐词编码、逐行编码、逐个事件编码等。这里,重点介绍后面两种编码方式。

逐行编码就是对所记录的每一行数据都进行命名和编码的过程。逐行编码特别适用于有着丰富细节的原始资料,对每一行数据资料都进行编码分析,能较大程度避免数据遗失,并能在较开放的视野中激发对数据资料的敏感。逐行编码还能使我们不断地思考资料的具有意义,就资料的问题反复追问自己,指出自己存在的差距,并能在随后的资料收集中去关注它。③

表 8-1 所呈现的就是对 A 老师就农民工子女入学门槛问题的一段访谈记录的逐行编码,笔者在每一行的访谈记录中都进行了编码,代码的选择是尽量开放的,有一些句子还编了不止一个代码,例如入学歧视、教育公平等代码在不同的句子中均出现。从技术上来看,逐行编码可以较大程度地留住代码信息,能够对资料分析形成一种较为开放的态度,并为后续的资料编码调整奠定基础。

除了逐行编码之外,在扎根理论的编码技术中,逐个事件编码的方法运用得也比较多。和逐行编码的逻辑不太一样,逐个事件编码是指研究者按照某个事件来进行编码,在这种编码过程中,研究者通常需要比较不同的事件,尤其是比较经过编码的概念化事件。如果研究强调的是事件的整体性,尤其是当观察到

① [英]凯西·卡麦兹.建构扎根理论:质性研究实践指南[M].边国英,译.重庆:重庆大学出版社,2009:56.

② [英]凯西·卡麦兹.建构扎根理论:质性研究实践指南[M].边国英,译.重庆:重庆大学出版社,2009:61.

③ [美]诺曼·K.邓津,伊冯娜·S.林肯.定性研究:策略与艺术(第 2 卷)[M].风笑天,等,译.重庆:重庆大学出版社,2007:552.

的研究情境是处于信息不完全的情况下，事件的整体比较就显得更加重要和有效。逐个事件编码方式可以有利于研究者对事件的整体发展有个清晰的脉络，并且能在事件的比较之间对研究问题及其情境产生更加深刻的整体认识。

表 8－1 访谈记录逐行编码举例

访谈实录	逐行编码
我觉得也应该有一个类似的方法让他们有这个机会去入读公立学校。因为毕竟你在这里工作了，你也是奉献你自己的劳动力么。然后你的子女跟着你，然后连一个读书的机会都没有，或者说他在这里工作了，带着子女过来，还受到你的歧视，是不是。那我工作我交税啊，我给你做贡献啊，可以适当的满足，而且小孩子读书这个问题对于整个国家来说都是有利的。如果回家变成留守儿童，那对于儿童的成长还是很不利的嘛	农民工子女接受义务教育 “两为主”政策（农民工子女）入学歧视 入学歧视；入学门槛 教育公平 留守儿童；教育公平

按照有关学者的总结，初始编码可以使研究者对资料的分析和把握产生契合和相关的效果。[①] 对资料进行初始编码，研究者可以使自己接触到的原始资料逐渐契合研究对象的经验世界。换句话说，研究者通过编码可以逐渐按照研究对象的想法去呈现研究对象的客观经验世界，这使得研究者能更加契合研究对象和研究问题。而原始资料和研究问题之间是需要编码来沟通联系的，无论研究者用什么样的分析框架和视角去分析资料和形成理论，编码都是使两者产生联想的桥梁，这种相关就是初始编码在其中起到的作用。

（2）轴心编码（axial coding）

轴心编码是研究者在初始编码完成后，在分析现象的条件、脉络的情境下，将数据再次恢复为连贯整体的编码策略。轴心编码不是把原始资料中几个核心的概念组织起来建构为一个全面性的理论分析框架，而是要认真发展资料中的类属。[②]所谓类属，它是高于码号的一个比较上位的意义概念，具体是指资料所呈现的一个观点或者一个主题。[③] 发展类属概念，是轴心编码的主要任务。

温馨提示

类属，是比码号更上一位的意义概念，轴心编码就是要发展类属概念。

① ［英］凯西·卡麦兹．建构扎根理论：质性研究实践指南［M］．边国英，译．重庆：重庆大学出版社，2009：69.

② Anselm Strauss，Juliet Corbin．质性研究概论［M］．徐宗国，译．台北：巨流图书公司，1997：109－110.

③ 陈向明．质的研究方法与社会科学研究［M］．北京：教育科学出版社，2000：290.

斯特劳斯和卡宾曾经就如何进行轴心编码而设计使用了一套科学术语，在这个结构框架中，他们使用了条件（研究所处的环境和情境）、行动（研究对象对事件的反应）以及结果（研究对象对事件反应的结果）的概念去进行编码，串起来就是，研究者需要通过轴心编码来回答原始资料里面有关“哪里、为什么、谁、怎样以及结果如何”的问题。①

轴心编码的关键是要形成一定的类属和亚类属（也叫副类属，是比类属低一级的概念）概念，在初始编码中，研究者需要根据数据资料去发展这些类属概念。对于初始编码来说，仅有代码是无法形成理论的，研究者需要在轴心编码中进一步综合和重整，务必将原始资料初步形成一个完整的脉络，比如研究者是否、何时、怎样和为什么这样出现他们对研究问题的理解的。这些整体脉络的资料是相关类属概念综合的结果，研究者设想好类属之间可能存在的某种关系，并将其整合成一个脉络情境之后，他们需要应用原始资料中的证据、事故和事件去反复验证自己的设想。在这一过程中，研究者会反复思考代码以及类属概念在其中的准确性，并依据原始资料随时调整和修改已有编码和类属串联的准确性。②

（3）聚焦编码（focused or selective coding）

聚焦编码是初始编码和轴心编码之后的另一个编码阶段，在这个阶段，研究者需要筛选自己认为最重要的代码或者在原始资料中出现得最多的代码。聚焦代码是一个对代码的重要性进行判断的过程，研究者需要判断初始编码中的哪些代码最能分析原始数据资料。③

在初始编码中进行代码判断选择需要研究者具备一定的研究素养，秉持事无巨细和持续反思的态度尤为重要。研究者在聚焦编码的过程中，要积极，注意力要集中，依照数据资料的指示判断，而不是简单地把数据资料当阅读材料。聚焦编码十分重要，因为研究者决定选用何种编码，来检验逐渐出现的理论框架与所解释的研究问题之间的契合性。研究者最终用来解释和分析数据的编码都是来自聚焦后的编码，反过来，此类经过聚焦的编码也会影响正在形成的新的理论

---

① ［英］凯西·卡麦兹．建构扎根理论：质性研究实践指南［M］．边国英，译．重庆：重庆大学出版社，2009：77.

② Anselm Strauss，Juliet Corbin．质性研究概论［M］．徐宗国，译．台北：巨流图书公司，1997：123－124.

③ ［英］凯西·卡麦兹．建构扎根理论：质性研究实践指南［M］．边国英，译．重庆：重庆大学出版社，2009：73.

分析框架。[①]

聚焦编码关键在于比较,代码的重要性一来体现在其在原始资料中出现的次数,更为重要的是,研究者要从研究对象提供的资料比较中进行判断,哪些代码是更为重要的更能反映研究主旨的代码。有学者在阐述如何聚焦编码的策略时曾经提到,研究者必须要依靠故事线来明确代码的重要性。按照他们的论述,原始资料常常是丰富而凌乱的,但如果能够形成一条故事线,然后依据这条数据线去寻找相关代码,并将其概念化,这种聚焦代码方法对于形成研究成果更加有效。[②] 其实,许多质的研究及其研究成果在理论最终的呈现形式上往往是一个完整而又深刻的故事。这种故事应该是一个有关研究问题和涉及研究对象的故事,它们是由一系列的代码以及类属概念所组建成为框架的故事。对于研究初学者而言,寻找这些故事主旨以及完整地再现故事是非常难的,所以,在对代码和类属进行归类和定义的时候,研究者一定要培养自己具有整体的思维能力,即具备能从宏观视野去把握原始资料的能力。

温馨提示

聚焦编码形成的关键在于比较,研究者要对资料进行比较,看看哪些代码能更反映研究主旨。

(4) 理论编码(theory coding)

在聚焦编码之后,研究者需要在聚焦的代码上进行更加复杂的编码,这个过程就是理论编码。在理论编码的过程中,研究者需要使得类属之间的关系变得更加具体化,把原始资料中支离破碎的情节聚集在一起,使研究中要分析的故事更加有连贯性。

格拉斯曾经定义了一些理论代码的种类,例如原因、语境、可能性、结果、条件、文化、交互性和共识,等等,在他看来,编码是可以按照一定的与理论相关的定义进行理论编码的。例如,如果在相关资料中,研究者发现有许多是与文化有关的内容,那么就可以将其定义为"文化"的理论编码,然后在归结文化理论的时候就可以直接从文化的理论编码中寻找资料。理论代码可以使得资料分析更加具有针对性,有助于研究者更好地形成理论。理论代码可以直接来自资料中的一些术语,也可以来自社会科学中的一些概念,但如何定义理论有时也是比较困难的。使用理论代码的原则是要用理论代码加强自己的分析,但要避免把一些强制性的框架加在数据资料之上。理论代码应该有助于研究者对数据资料的分析进行反思,研究者尤其要思考,已有的理论代码是否已经足够分析数据资

① [美]诺曼·K. 邓津,伊冯娜·S. 林肯. 定性研究:策略与艺术(第2卷)[M]. 风笑天,等,译. 重庆:重庆大学出版社,2007:553.

② Anselm Strauss, Juliet Corbin. 质性研究概论[M]. 徐宗国,译. 台北:巨流图书公司,1997:136-137.

料了。[1]

编码是扎根理论资料分析中较为重要的一部分,对于扎根理论的编码而言,忠实于数据,依靠数据进行分析,是避免先入为主的关键。无论研究者对数据资料形成什么样的看法,无论他总结出了什么样的代码和类属,他一定要时刻进行反思:数据资料是否支持我的看法?[2] 代码是数据资料和理论之间的过渡,或者是桥梁,对于扎根理论的研究者而言,准确编码是顺利完成研究的关键一步。另外要注意的是,研究者应该尽量多地将原始资料转换为代码,代码分析是扎根理论形成理论的基础,原始资料一旦无法转换为代码,它的价值就会荡然无存,进而对研究也就失去了意义。为了能更多地分析和利用原始资料,对资料的编码务必要详细具体。

(三)撰写备忘录

撰写备忘录,也叫撰写分析笔记,是扎根理论研究中在数据分析和最终形成研究成果之间的关键环节。撰写备忘录有助于激发研究者的思维,使其以新的方式看待原始资料和编码。[3]

温馨提示

备忘录也叫分析笔记,撰写备忘录有助于研究者激发思维,对原始资料和编码能形成新的看法。

撰写备忘录有许多细节问题值得注意:备忘录本身要详细而有条理;备忘录是对要研究中的许多资料分析的相关过程进行详细记录,形式不是最重要的,关键是必须要对研究中的点滴进行记录。备忘录的撰写是一种对资料分析进行反思的过程,为了避免迷失在如山的资料的分析中,研究者需要通过撰写备忘录督促自己明确资料以及理论分析的重点所在;备忘录要有一定的逻辑结构,不能成为简单堆积材料的记录;备忘录撰写要贯穿研究始终,从一开始就写备忘录有助于研究者研究伊始就充分激发自己的思维。

具体来说,一个优秀的备忘录应该包括以下内容:对代码和类属的定义及其形成的过程有详细的说明;能对不同代码、类属进行比较;为代码和类属的定义提供证据支持;发现和反思分析存在的问题;通过提出问题来考察代码和类属的准确性。[4]

撰写备忘录对研究及研究者还可以起到以下作用:对于资料的分析逐渐形

---

① [英]凯西·卡麦兹.建构扎根理论:质性研究实践指南[M].边国英,译.重庆:重庆大学出版社,2009:85.

② [英]凯西·卡麦兹.建构扎根理论:质性研究实践指南[M].边国英,译.重庆:重庆大学出版社,2009:87.

③ [美]诺曼·K.邓津,伊冯娜·S.林肯.定性研究:策略与艺术(第2卷)[M].风笑天,等,译.重庆:重庆大学出版社,2007:553.

④ [英]凯西·卡麦兹.建构扎根理论:质性研究实践指南[M].边国英,译.重庆:重庆大学出版社,2009:104.

成理论性的看法；设定分析的过程；获得数据资料分析的自信心和能力；[①]激发研究者的灵感在研究中进行检验；形成新鲜的看法、概念，发现新的关系；形成研究成果的大致结构，把资料数据分析和研究成果写作联系起来。[②]

备忘录的撰写在扎根理论的研究中具有独特的地位，它不但是资料分析必要的一部分，更是扎根理论研究不可或缺的一部分。有研究者甚至主张，可以使用备忘录把聚焦代码提升为概念类属，在备忘录中思考哪些聚焦的代码可以发展成为对研究有用的类属，这种主张无疑是把备忘录写作视为编码工作的一部分。在他们眼里，备忘录显然已经超出研究反思的范畴，它实际上是资料分析的一个必经阶段，是扎根理论的核心。[③]

（四）理论性抽样

扎根理论主张在资料搜集和分析之后，有必要回到经验世界去重新搜集。

用资料来填补理论上的缺口和漏洞，这就是理论性抽样的阶段。具体来说，所谓理论性抽样是指研究者根据一些已证实具有理论相关性的概念来进行抽样，这种抽样是伴随着研究过程而逐渐深入的。理论性抽样的具体做法通常是：研究者先进入田野，搜集资料，然后对原始资料进行分析初步总结出理论，然后以此理论作为下一步研究的抽样基础。在扎根理论的研究程序中，前面的理论是下一轮研究工作的指导，包括以什么样的方式搜集资料，都可以依据研究初期形成的初步理论进行指导。[④]

理论性抽样是累积性的，因为经过了一轮的资料搜集之后，研究者对资料和类属的认识也会累积增加，他的抽样聚焦会更有深度。[⑤] 在研究之初，研究者选择的研究对象往往会比较宽泛，因为害怕资料遗失，其所搜集的资料一般也是尽可能地多而难以分类。经过资料分析之后，研究者开始逐渐形成理论，并对自己的理论进行检验，然后又将理论和原始资料进行比较。在不断的调整理论的过程中，研究者一方面可以根据资料检验理论的解释度，并对资料中出现的而理论中无法解释的内容进行调整；另一方面，研究者也可根据埋论的指示，逐步剔除掉一些和理论不相关的资料，而逐渐将注意力放在一些内容丰富、对建构理论更

---

① ［美］诺曼·K. 邓津，伊冯娜·S. 林肯. 定性研究：策略与艺术（第2卷）［M］. 风笑天，等，译. 重庆：重庆大学出版社，2007：555.

② ［英］凯西·卡麦兹. 建构扎根理论：质性研究实践指南［M］. 边国英，译. 重庆：重庆大学出版社，2009：108.

③ ［英］凯西·卡麦兹. 建构扎根理论：质性研究实践指南［M］. 边国英，译. 重庆：重庆大学出版社，2009：119.

④ 陈向明. 质的研究方法与社会科学研究［M］. 北京：教育科学出版社，2000：330－331.

⑤ Anselm Strauss，Juliet Corbin. 质性研究概论［M］. 徐宗国，译. 台北：巨流图书公司，1997：199.

有直接关系的资料上。①

这种理论检验是持续进行、贯穿整个扎根理论研究过程的。经过理论抽样之后，研究者会逐渐注意到资料的一些独特之处，也会更加关注研究过程中的资料搜集方式。但要强调的是，扎根理论的理论性抽样，必须有一定的弹性，研究者可以从各个切入点去决定抽样，但这种弹性也必须要有计划，不能随意。理论性抽样还是必须以理论所规定的相关性概念作为基础，不能够随意发挥、漫无目的。② 而扎根理论的学者们尤为强调，扎根理论的目的在于发现，理论尽管可以作为抽样的指导，但研究者不能让理论束缚。扎根理论研究要完全服从于资料，资料出现什么变化，理论也要怎么变，理论本身也是要检验的，理论抽样本身就是一个动态发展的过程。

（五）建构理论

在资料分析中，扎根理论的研究最终会走向建构理论的阶段。在理论建构方法上，尽管扎根理论的内部存在着建构主义和客观主义这两种截然不同的理论建构方法，但总体而言，扎根理论的理论建构还是有一些普遍获得认同的共识。

在建构理论阶段，扎根理论的研究者追求的是经验的一般化，在这个一般化的过程中，研究者需要考虑哪些经验，或者哪些类属概念以及一般化认识可以被赋予理论的地位；这些理论是为了什么目的；这些理论多大程度上已经概括了原始资料所蕴含的内容。

> **温馨提示**
> 扎根理论中建构的理论必须要融入研究情境，必须要依据情境来建构理论。

融入情境，在研究的具体情境中建构理论是扎根理论研究，尤其是建构主义扎根理论的重要主张。建构主义的扎根理论强调要把资料数据和分析看作和研究对象分享的经验和关系，任何理论都是具体情境中产生的，脱离了情境、脱离了研究对象的理论是不可信的。③ 当然，具体研究情境下产生的理论，研究者有时也需要考虑它可能在多大范围内可以适应别的情境。但这不是重点，对于扎根理论研究而言，依据情境来构建适用于本研究情境的理论才是最关键的理论建构任务。

另外，质的研究，无论是资料搜集还是理论建构，都有价值观的问题。在建构主义扎根理论研究者的眼中，理论建构当然是有价值取向的，理论的产生要依赖于研究者本身的立场和观点。研究就是研究者通过理论建构来完成对研究对

---

① 陈向明．质的研究方法与社会科学研究[M]．北京：教育科学出版社，2000：331.

② Anselm Strauss，Juliet Corbin．质性研究概论[M]．徐宗国，译．台北：巨流图书公司，1997：200.

③ [英]凯西·卡麦兹．建构扎根理论：质性研究实践指南[M]．边国英，译．重庆：重庆大学出版社，2009：169.

象进行具有深度想象力的理解的过程。[①] 尽管有学者认为意义存在于数据资料之中,研究不过是去发现它,但是,这在具体研究实践中根本就是无法实现的。

扎根理论的理论建构还有赖于理论敏感的作用,对于一名成熟的扎根理论研究者而言,构建理论的关键是,研究者向下要深入资料,立足资料为本;向上要深入经验的抽象,将原始资料中的类属概念逐渐抽象,最终抽象成为一般化的语言。建构的理论必须要深入研究、深入生活的核心,并能就研究中的实际情境提出新的问题和见解。[②] 理论建构的过程,研究者需要对理论进行检验,即在整个理论建构过程中,研究者需要反思自己所建构的理论是否已得到资料的支持,理论的内涵和外延是否已经涵盖了已有的资料。如果出现资料和理论不符的情况,研究者必须要对理论内容进行修正、完善,直至可以完全解释资料。

要注意的是,读者不同、研究的性质不同,扎根理论所归纳的理论自然也会有所不同,但总体而言,作为学术研究,理论归纳必须要用词准确、避免歧义,并具有一定的抽象性,扎根理论一般构建的都是实质的理论,其理论形式还要体现一定的应用性和实践性。

(六)计算机辅助分析资料

近些年来,随着计算机技术尤其是软件科学的飞速发展,利用计算机来分析数据资料的研究也越来越常见。

许多学者都指出,用计算机软件进行编码比传统的人工编码有很大的优势:例如计算机编码具备同时使用不止一个代码做多重搜索的能力,还能将备忘录置于文本不同的位置;在资料分析中,软件还可以将研究中的不同代码、类属以及各种研究关系用图表的方式直接表达,使之一目了然。在编码材料的查找中,软件的功能更是强大,相关代码能迅速归类呈现,有条不紊,线索清晰。[③]

目前,在学界运用得较多的是 NVivo 软件,这是由澳大利亚设计较为流行的一款质性资料分析软件,它专门用于分析质性的语言资料。有关这方面的内容,我们将会在拓展阅读中做专门的简单介绍。

信息化时代,即使是质性研究也可以在很大程度上实现智能操作。但尽管如此,也有扎根理论的学者对计算机辅助分析的运用有隐忧。如有学者提出,相应软件的应用会形成一个虚假的关于扎根理论的印象:可以程序化强制编码或

---

① [英]凯西·卡麦兹.建构扎根理论:质性研究实践指南[M].边国英,译.重庆:重庆大学出版社,2009:160.

② [英]凯西·卡麦兹.建构扎根理论:质性研究实践指南[M].边国英,译.重庆:重庆大学出版社,2009:171.

③ [美]诺曼·K.邓津,伊冯娜·S.林肯.定性研究:策略与艺术(第2卷)[M].风笑天,等,译.重庆:重庆大学出版社,2007:558.

者用机械化操作代替解释性的分析。凯西曾经专门就用计算机软件去分析扎根理论的材料提出以下几点质疑：扎根理论的方法还不被理解，计算机软件分析存在隐患；软件以及计算机程序更多来进行验证研究而不是进行研究；程序过分机械化会导致研究者形成误解；解释性的工作可以还原为一套程序。①

> **温馨提示**
> 一些软件（如NVivo）尽管存在不足，但是其许多功能可以为研究者用于分析原始资料。

凯西的担心不无道理，但是其担心有点过了。技术进步终究是趋势，即使是量化研究，许多统计类的高级分析现在都是完全交给了相应的统计软件来完成，一直以来其相应的研究结果也较为可信。对于软件的运用，我们当然要保持批判性运用的态度。但是，切忌因噎废食，从NVivo等软件的功能来看，在资料分析各个方面，这些软件的确能够节省研究者大量整理资料的精力和时间，而且其机械化的操作使得数据资料归类的精准度更高。对于功能强大的质性材料分析软件，扎根理论的研究者应该要认真学习并加以利用。

拓展阅读

NVivo 8 软件功能特点介绍

（七）写作

扎根理论研究的最后一步，就是研究者要进入写作过程，需要将资料分析中的理论和相应内容一一呈现。在这个阶段，研究者需要通过写作来保存和呈现分析资料的过程，并将自己对研究问题的思考完整地呈现出来。

格式是研究者自行决定的，扎根理论的研究其实也很少有固定格式。但无论采取什么样的格式，研究者都要注意是为了研究而修改格式，而不是为了要把研究塞到某个格式中去，要让格式服务于研究、服务于想法，让研究做出妥协。②

对于扎根理论的研究而言，写作阶段，研究者是需要将资料分析的结果和文献研究和相应理论视角选择结合在一起的。在资料分析中，为了避免先入为主的观点，我们强调研究者对文献的掌握要稍微延迟，但在写作阶段，研究者都必须要纵览文献，并要结合研究主题进行分析。文献回顾也是个比较的过程，研究者需要对原始资料和文献进行深入比较，并最终形成自己的理论框架。扎根理论从根本上说是一个比较的研究，文献比较要贯穿整个写作阶段，研究者需要借

---

① ［美］诺曼·K. 邓津，伊冯娜·S. 林肯. 定性研究：策略与艺术（第2卷）［M］. 风笑天，等，译. 重庆：重庆大学出版社，2007：558－559.

② ［英］凯西·卡麦兹. 建构扎根理论：质性研究实践指南［M］. 边国英，译. 重庆：重庆大学出版社，2009：194.

助已有文献的观点最终形成自己的结论。

在扎根理论中,有一个特点是贯穿扎根理论全部程序始终的,那就是要持续地反思研究过程。从搜集到的资料中分析,扎根理论研究的每一步都在不断调整,并发展出新的概念和看法。通过以上分析,不难发现,扎根理论本身也是一种方法论不断发展的研究方法,关于它的很多概念仍然在成型和发展中,作为一个负责任的研究者,我们对扎根理论的运用也必然要体现反思的特点:即通过对研究中出现的各种问题进行持续反思来不断改进我们的研究,这种持续反思的过程是不断学习、不断进步的过程,研究者要相信持续的反思最终必然能收获有益的研究体验。

典型案例

《大学公共危机——发育与治理运用》中扎根理论的具体运用

[思考与练习]

第五编　基于问题解决的研究

第九章　行动研究

行动研究的创始人勒温(K. Lewin)认为,行动研究是将研究者与实践者的优势相结合以解决社会实际问题的一种方法,他强调实践活动与研究活动的结合。行动研究可以应用在社会情境,如管理学领域、经济学领域或教育学领域等。在学校教育领域中,教学研究、课程研究、管理评价、政策制定、不良行为干预等领域都可以使用行动研究。

[学习目标]

1. 了解行动研究的定义、历史与发展;
2. 掌握行动研究的研究过程;
3. 重点掌握行动研究的过程。

第一节　行动研究概述

一、行动研究的历史与发展

行动研究（action research）是20世纪40年代至50年代初，由美国社会工作者约翰·科里尔（J. Collier）、德裔美国社会心理学家勒温提出的实践性研究范式。可是由于方法论的缺失，它一度受到质疑和争论，后逐渐没落。行动研究的复兴始于20世纪60年代的英国，当地教师发起了为解决课堂和学校实际问题的教育改革运动，即"教师即研究者"（Teacher as Researcher）运动，随后开展了福特教育计划，这为行动研究提供了实践支持。之后，西班牙和奥地利政府在进行教育改革时也采用了行动研究，无形中进一步促进了对行动研究的方法论的发展与完善。随之行动研究作为一种应用性研究范式重新受到关注。无论在社会学、教育学还是心理学，甚至在产业界，行动研究都作为一种解决实践问题的方法被广泛使用。经过50多年的应用与发展，现代的行动研究吸纳整合了被视为异质性甚至对立面的思辨研究、量化研究与质性研究，正在超越20世纪被定位为单一研究范式的局限，实现从禁锢向自由的发展，逐渐发展成为一种具有现代整体主义观的研究范式。[①]

思考

你能总结行动研究的定义吗？

二、行动研究的定义

行动研究的创始人勒温认为，行动研究是将研究者与实践者的优势相结合以解决社会实际问题的一种方法，没有不实践的研究，也没有不研究的实践。[②]他强调实践活动与研究活动的结合。"教师即研究者"的领袖人物约翰·埃利奥特（J. Elliott）提出，行动研究是在社会情境中进行，为改善社会情境中的实践质量服务，行动研究的基本目的是改进实践而不是构建理论[③]，因为理论的建构总是在行动之后。埃利奥特明确了行动研究的"实践改进"本质。英国学者凯米斯（S. Kemmis）指出"行动研究是社会（包括教育）情境的参与者，为提高对所从事的社会或教育实践的理性认识，为加深对实践活动及其依赖的背景的理解

① 黄甫全，左璜．当代行动研究的"自由转身"：走向整体主义[J]．教育学报，2012，8(1)：40－48.

② Lewin, K. Action research and Minority Problems[J]. Journal of Social Issues, 1946(2): 34－46.

③ Elliott, J. Action research: a framework for self－evaluation in schools[M]. Cambridge: Cambridge Institute of Education, 1981: 1.

所进行的反思研究”,“从封闭向开放的转变”。[①] 凯米斯强调了行动研究中的“理解与认知”“反思”与“开放性”。拉博柏特(R. Rapoport)认为“行动研究是在研究者与实践者达成一定的伦理意向,通过协议合作解决处于当前情境中的实际问题,追求社会科学的知识”,他强调“合作”与“成果”。在日本出版的《社会心理学小词典》中,行动研究被定义为,为了使社会现象或问题朝向某种方向变革,研究/实践/训练相互辅助、相互循环建构系统的研究方法,强调“目的性与指向性”“合作”和“系统”。

行动研究一般可以应用在社会情境,如管理学领域、经济学领域或教育学领域等。例如,在学校教育领域中,教学研究、课程研究、管理评价、政策制定、不良行为干预等领域都可以使用行动研究。

第二节　行动研究的特征

行动研究具有以下四大关键特征:参与与合作、实践与改进、研究与反思、评价与推广。

一、参与与合作

行动研究的参与者不仅有研究者,也有实践者,在教育领域,实践者即老师或者学生,还有评价者。研究者、实践者和评价者既可以各属三方,也可合并为一方,或者两方。各属三方可以整合、利用更多的资源和信息,获取更加客观的结论。但是如果条件有限,也可以合并为一方,或者两方。但是无论各属三方,还是合并一方,都需要参与者平等合作,这其中没有优势方,也没有劣势方。可是在传统的教育研究当中,教师或者学生往往处于被研究的地位,仅仅被作为研究的对象,或者研究资料的提供者、研究成果的实践者。而在行动研究中,尤为强调老师和学生成为研究的主体,成为研究者、实践者和评价者,做到“在研究中行动”“在行动中研究”的研究法则。

典型案例

案例 1:生成性园本教研模式研究

① Kemmis, S. Action research as a practice - based practice[J]. Educational Action Research. 2009, 17(3):463 - 474.

在案例1行动研究中，教师作为生成性园本教研模式的实践者，也是研究者，还是评价者。老师不是被动地参与教研，不是被动地听园长指导，而是主动去参与、评价、反思和改进。最后，重新树立学习观，提升自我。

典型案例

案例2：多媒体一体机对幼儿早期阅读能力的影响研究

在案例2行动研究中，实践者、研究者和评价者分属三方。评价者被独立出来，主要是为了研究结果更加客观，不受到实践者和研究者主观意志的影响。分属三方可以整合各方的优势，互相弥补不足，使研究更加饱满。

典型案例

案例3：某专业教学质量专项改革研究

在案例3行动研究中，学生再也不是研究的对象，而是成为研究的主体，加入到研究中、实践中，同时也成了评价者。师生共同合作，赋予了行动研究新的含义。

行动研究中的合作，既指参与其中的研究者、实践者和评价者之间与内部的合作，也指参与者与外部群体或制度合作，如与学校管理者、地方教育管理者之间的合作。在合作中，没有“权威”，只有共同研究的合作者，平等交流是合作持续的基础。研究机构或者高校研究人员由于具有深厚的教育研究功底，容易被视为研究中的“主体”而过度影响教师的反思与实践。一线教师由于没有专业权利，所以教师的意见没有表达的机会，渐渐成为“失语”的人群。校内管理者或地方教育管理者也容易从行政管理的角度对教师的实践与研究发号施令。这些都会导致合作研究失败。

实施行动研究的目的之一，就是要提升参与者的学习能力，而真正的学习来自于自我学习和自我建构。没有人可以强迫他人改变观点，所以只有在平等的交流中，在信任的前提下进行倾听、思考和内化，才能重建知识观、价值观并提升能力。

二、实践与改进

实施行动研究的目的之二是为了使社会现象或问题朝向某种方向改进，这也是行动研究的根本目的。改进的方法和效果需要实践的检验,实践的过程也是发现和完善改进方法的过程。在案例3中,新型教学模式、实践模式和评价体系在实践中被检验其有效性,也在实践中被逐步地完善。

三、研究与反思

行动研究不是单一的研究方法,而应是一套有科学架构的研究系统。"研究"指行动研究应有科学的研究态度、科学的研究方法和科学的研究过程。

科学的研究态度实际上就是一种科学精神。这包括:

(1) 神圣与敬畏。指对所从事的研究心怀神圣之感、心存敬畏之情。

(2) 怀疑与求真。怀疑是科学研究的基本态度,是对客观现象的追问,不轻易相信所谓的定论。求真是科学研究的根本目的,是实事求是地认识客观世界,探索客观真理,获取客观的、真实的知识。

(3) 严谨与认真。体现在科学研究中需要做到一丝不苟、追根溯源、条分缕析和精益求精。这是一种研究精神,也是一种研究习惯。

(4) 自由与责任。这里的自由是指学术自由,包括思想无疆、思维自主、不束缚于权威以及种种能体现知识生产者劳动特性的条件等。责任是指务实的精神和高度的社会担当。

(5) 兼容与创新。兼容是以"海纳百川,兼收并蓄"的开放态度对待各种思想观点,尊重多元和差异。学术研究旨在追求创新,创新是学术研究进步的灵魂。所谓创新,是产生新颖的、独创的,具有社会意义的产品的能力。创新的前提是继承,关键是兼容或综合。真正的创新成果离不开的是逻辑论证和实验检验。①

科学的研究方法包括收集和分析资料的方法、观察和测查的方法、统计和分析数据方法,等等。在一项行动研究中,往往同时使用多种研究方法,比如文献法、实验法、观察法等。例如在案例2中,在研究前期,幼儿早期阅读能力的定义、测评方法和已有的研究成果使用文献法进行查询。在研究过程中,使用实验法和观察法进行改进方法的探索和数据的收集,随后进行数据分析和分析讨论。在这其中,使用了多种研究方法,这些研究方法相互作用,保障行动研究的科学性和顺利实施。

科学的研究过程包括"提出问题—分析问题—解决问题—反思问题"。首先应该明确待解决的问题,然后分析其问题的特征,探索解决方案,实施解决过程,最后反思和评价效果。例如在案例2中,首先明确了研究问题是"如何提高幼儿的早期阅读能力",然后分析幼儿早期阅读能力的内涵、影响因素、3~6岁幼儿阅读能力的发展、测量方法等。之后,探索提高幼儿阅读能力的教学干预方

---

① 钟志贤. 方法还是态度[J]. 电化教育研究,2009(6):58-63.

法，如声音刺激、图像刺激与行动刺激等。接下来，在幼儿园的实验班级实施1年的教学实验，进行比较分析。在实施的过程中及最后不断地进行反思，探索更好的教学干预的方法和更完善的教学干预过程。

这里要注意，这四步过程，前者是后者的基础，循序渐进，缺一不可。有些研究因缺乏研究体系的概念，常常关注提出问题和问题解决的方法，而忽视对问题的分析和反思，导致研究成为随意地解决问题和泛化地总结经验。分析问题是为了更好地了解问题的特征和根源，为解决问题提供基础。反思问题是为了研究更加完善，同时也为后继研究提供视角。

反思不仅是行动研究的特征，也是行动研究重要的实施环节。反思是自我监控的过程，监控研究中的客观性、细致性与完整性。反思也是思考问题本质、解释问题结果的过程。反思也是重新诠释事件、人物与环境之间关系的过程。在行动研究中，解决问题的方法，往往不可能通过单一的分析问题而找到，而是要通过实践和行动中不断地探索、尝试、反思和改进。

例如，在案例1中，生成式教研就在一次次的反思中，螺旋升上。基本模式如图9－1。

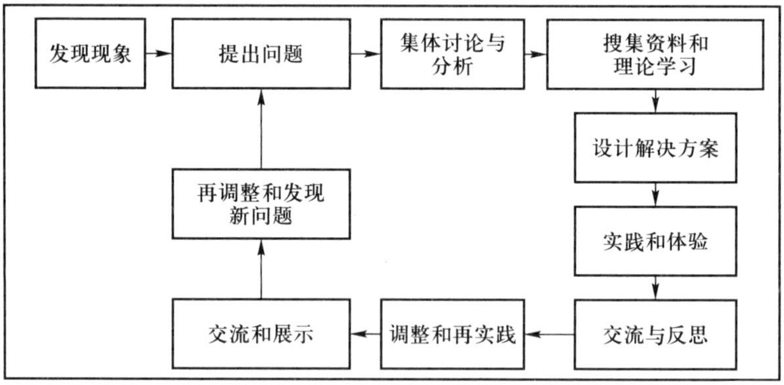

图9－1　生成式教研的基本模式

四、评价与推广

评价是指对研究假设、研究方法、研究过程和研究结果进行客观的判断、分析后的结论。客观的评价可以更好地体现其研究的核心价值，为推广提供依据。实施行动研究的目的之三是推广研究成果。行动研究的成果来源于实践，所以其应用性极高，具有极高的推广价值。推广意味着公开，要接受更多实践的检验、批判与改进。

第三节　行动研究的研究过程、方法与成果表述

一、研究过程

思考

行动研究的实施过程有哪些程序?

库尔特·勒温(Kurt lewin)首先提出了行动研究的实施过程,即四个步骤"螺旋循环(spiral of cycles)":首先是仔细地考察改进的目标,不断在情境中"探察"(reconnaissance),并提出一个改进目标的总体计划和改进策略。然后执行已经确定下来的总体计划。接着观察行动的过程。最后重新制订一个计划、执行和观察的进程,逐步完善总体计划,最终实践研究的目的(图 9-2)。

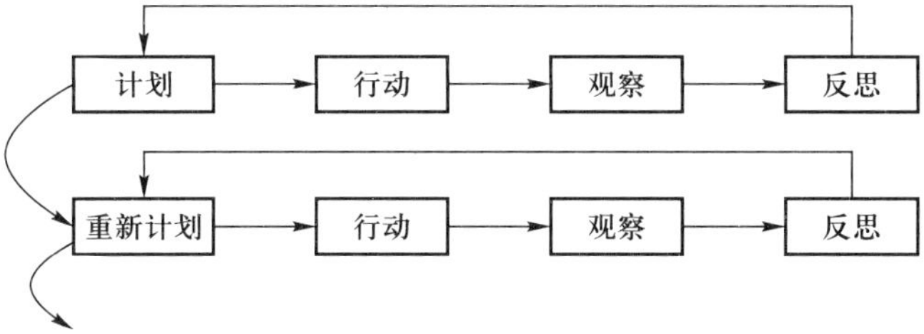

图 9-2　勒温提出的螺旋循环模式

后来凯米斯在勒温的"螺旋循环"的基础上,提出"计划—行动—观察—反思—再计划……"的研究模型,认为行动研究是一个螺旋式加深的发展过程,每一个螺旋发展圈都包括"计划—行动—观察—反思"(图 9-3)。

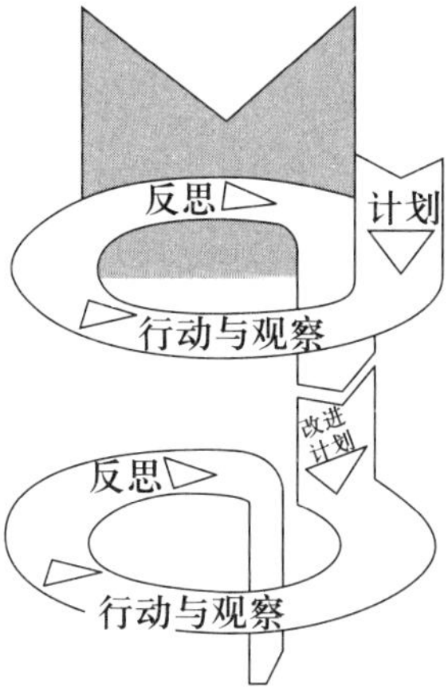

图 9-3　凯米斯改进的螺旋循环模式①

① Kemmis, S. , McTaggart, R. Communicative action and the public sphere[M]. The Sage handbook of qualitative research (3nded.). Thousand Oaks, CA: Sage Publications, Inc. 2005:564.

综上所述,行动研究的研究过程,可以如图 9 –4 实施。

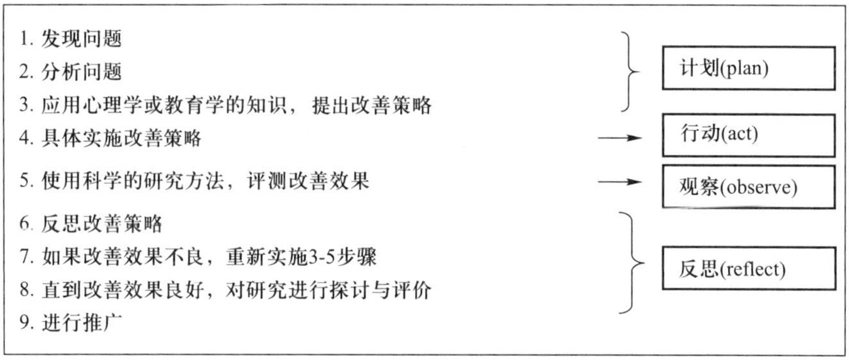

图 9 –4　行动研究的研究过程图

典型案例

案例 4:香港的关于城市居住政策的研究

案例 5:瑞典的老年护理缺失的研究

1. 发现问题

行动研究的问题,通常来源于社会(或教育)情境和实践。来自于实践的问题,往往很具体而模糊。这里需要结合问题的背景提炼出研究的问题。

2. 分析问题

实践中的现象和问题往往交互着复杂的因素,不是所有的问题都能或者需要通过行动研究解决。所以在实施之前,应充分了解、调查、分析和思考问题本身、研究价值和可实施性。

在这个阶段可以试图这样的问题并且回答“为什么会出现这个问题?”“为什么要研究这个问题?”“是不是有人试图研究了这个问题?”“别人用了什么样的方法去研究问题?”“别人得出了什么样的结论?”“我通过研究,期待什么样的结果?”在回答这些问题的过程中可以更加明确问题本身,甚至开始可以使用更加准确的语言对问题或行为进行定义。当然也十分有可能分支出其他问题。这种现象被英国学者麦克尼芙(J. McNiff)称之为“分枝问题”(spin - off problems)。在行动研究的过程中,最初的问题可能会随着分析和研究的深入分枝出与之相关的其他的一些问题。而“分枝问题”一旦出现,就应该引起关注,已经意味着新一轮的“螺旋循环”开始了。所以,麦克尼芙说,“我越是努力寻找解决问题的策略,就越感到被牵引着离开我所探究的主问题,而去处理另外的、同样重要的问题”。

在明确了研究问题之后,需要确定研究目标。研究目标要具有研究价值、针对性和可实施性。行动研究通常会设定不同指向的目标。例如,在“多媒体一体机对幼儿早期阅读能力的影响研究”中,研究目标针对教师而言是发展教师的专业能力;针对课程而言是摸索一套发展幼儿早期阅读能力的园本课程;针对幼儿而言则是提高幼儿的阅读兴趣和早期阅读能力。

之后,要进行全面的文献查询,可以通过在线查询和书籍、杂志、博物馆查询等。在行动研究展开之前,需要了解已有的研究成果和实践经验,以避免人力、财力和时间的重复浪费。通过文献查询,可以更加明确研究方向、内容和技术手段。

3. 提出改进策略

提出改进策略应该在深入了解问题的本质特征之后,应用心理学或者教育学等相关知识,否则提出的改进策略就不能达到预期的改善目标。

4. 实施改进策略

实施改进策略是行动研究的关键。应该一边行动,一边观察;一边行动,一边反思;一边行动,一边调整。在观察的过程中,需要不断地收集信息。这些信息包括背景信息、过程信息和结果信息。在此基础之上,进行反思。如果需要调整改进策略,可以进行调整。虽然在上一个步骤已经提出了改善策略,但是随着行动的展开,对问题的认识不断深入,可以不断对实施中的计划进行修改和调整。行动研究是为了解决实际问题,而不为了执行和验证事先提出的改进策略。行动研究以问题为导向,而不是以计划为准绳。

5. 评测改善效果

评测改善效果的过程需要详细的信息收集与客观的分析处理。可以使用逻辑归纳进行分析,可对实施前后情境进行对比,也可对实验组和对比组进行比较。例如,在“多媒体一体机对幼儿早期阅读能力的影响研究”中,为了了解幼儿的早期阅读能力是否有变化,采用实验班与对照班进行对比的方法。如果只进行前后能力的对比,将无法判断是干预策略的影响,还是儿童在一年中学习能力的发展。所以要使用实验组和对比组进行比较。

6. 反思

反思是指参与者有意识地对行动研究的实施过程,以及相关理论或者假设进行持续的自我调节性思考的过程。反思可以让参与者能够发现和清晰地表征所遇到的问题,并且积极对其进行修改。在行动研究中,反思是理论与实践之间的桥梁。

反思的形式包括照片或录像、问卷调查和会议记录等直接形式,也包括实录、随笔和总结等间接形式。反思的内容包括,“参与者做了什么?”“结果如何?”“在此过程中,什么是重要的?”“为什么要这样做?”等。反思的方法可以分为三个步骤,首先,可以有感而发地记录一些在行动研究中触动自己的一些情景。然后,可以追问一些问题,如“我为什么要关注这个问题?”最后,进行系统的批判思考。

正因为有了“反思”的存在,才使得“行动”成为了“研究”。“反思”是开展行动研究,获得成果的必要途径。反思应以事实观察、理论学习和文献阅读为基础,借助思维工具,应循序逻辑规范,在现实合作中批判思考。

7. 讨论评价

讨论是对行动研究中产生的结果,做出客观的解释。评价是对整个研究的认知与价值判断。例如,在提高幼儿的早期阅读能力的行动研究中,发现在教学活动中,声音刺激、图像刺激与行动刺激可以很好地激发幼儿的阅读兴趣和阅读能力这一结果。讨论这个部分就要对为什么会产生这样的影响进行解释。评价这个部分就要对这个研究的价值、应用进行客观阐述。

8. 推广应用

根据不同的研究内容与结果,推广的方式多种多样。例如:网络、电视等媒体,论文和图书,上级部门的政策与建议,表演或广告宣传等。行动研究的成果往往应用价值较高。在应用的过程中,更加强调结合只身特点的灵活使用,在应用的过程中也应不断的反思与改进。

二、研究方法

行动研究属于量质混合研究设计,也就是说既需要使用量性的研究方法,也需要使用质性的方法。

质性研究方法包括文献法、访谈法、轶事记录法、日记记录法、参与性观察法、案例分析法、情境分析法、田野记录法、自传法、头脑风暴法、三角形观察法、中立主席法等。量性研究方法包括观察法(时间抽样法、事件抽样法)、实验法、问卷法和测验法等。这些研究方法,大部分已经在前面的章节进行了介绍,这里补充头脑风暴法、三角形观察法和中立主席法的实施过程。

1. 头脑风暴法

头脑风暴是通过激发创造力和想象力,收集广泛建议,选择解决方案的过程。在收集建议阶段,只需提出和收集更多地想法,而不需要对建议进行评价和判断。头脑风暴法鼓励自由的交流和新奇的想法,甚至一些不符合实际的想法。鼓励多量的建议,不求完美的建议。在选择方案阶段,寻求思想的联系,整合方案,在这个过程中提高参与者解决问题的能力。

2. 三角形观察法

“三角形观察法”(triangulation)是指由研究者、行动者和评价者从各自的角度观察行动研究的过程,并且进行客观记录,通过交流与积极反思,碰撞观点,产生有价值成果的过程。

3. 中立主席法

“中立主席法”(neutral chairperson)是指参与者中强势的一方不能使用权威去控制、限制或暗示其他参与者,而是反思每个参与者的真实体验,促使参与者之间积极、平等地交流与讨论,开放、深入地反思与总结的过程。中立主席法通常适用于价值争议的问题,讨论是主要的方法,应允许多种观点并存,中立主席的责任是对讨论的质量和标准负责,而不是宣讲自己的观点。

三、成果表述

行动研究属于量质混合研究设计,它需要将量性数据与质性分析相结合,用于分析和解释实际情境中的问题。基于其属性,行动研究的成果表述形式主要有研究报告和叙事报告,辅助材料包括反思日记、照片、录像和作品集等。主要使用量性方法的研究,其成果的表述形式是研究报告,主要使用质性方法的研究,其成果的表述形式是叙事报告。

1. 研究报告

量性研究设计包含非干预研究和干预研究两种。非干预研究的目的是探索两个或多个变量之间的相互关系,如相关研究;或者研究一个群体描述发展趋势,如调查或者测验。干预研究的目的是探讨某种干预因素是否会影响一组被试的行为结果。例如,实验组与控制组的对比研究就属于干预研究。行动研究就属于干预研究。这样的研究报告一般包括问题的提出、研究过程、结果和讨论四个部分。

问题的提出部分需要论述研究的意义与问题、文献综述或研究假设。见案例6。

思考

为什么在一些行动研究中不仅需要前测和后测,还需要实验组和控制组的比较?

典型案例

案例6:提高学生跨文化意识的大学英语教学行动研究(一)

(1) 研究过程需要论述研究方法、研究工具和研究过程。研究过程这个部分需要详细的叙述干预方法、改善策略和策略的变化。参见案例7。

典型案例

案例7:提高学生跨文化意识的大学英语教学行动研究(二)

(2) 结果部分需要进行数据的统计,也可进行质性分析。参见案例8。

思考

请思考行动研究的价值。

典型案例

案例8:提高学生跨文化意识的大学英语教学行动研究(三)

讨论部分需要分析干预策略与结果的关系、反思、评价、研究不足或展望。参见案例9。

典型案例

案例9:提高学生跨文化意识的大学英语教学行动研究(四)

2. 叙事报告

叙事报告指研究者叙述研究过程发生的一系列的故事或某个体的经历,通过对经验事实的深度描述和深度诠释,呈现实践的意义。表述形式包括自传、传记、日记、叙事访谈或者随笔等。在叙事的过程中,需要思考,叙事是否生动地澄明了经历或经验?分析与结论是否建立在深度叙事的基础上?叙事的历史性和关系性内涵是否充分?叙事是过程性、交往性的文本吗?叙事是否将对于现象的了解都交代清楚了?叙事是否与关于现象的潜在理解相关联?叙事的结构连贯吗?开放吗?①在叙事报告中,经验是外显的,客观是内隐的。叙事研究是通过在叙事中反思,实现从经验向客观的升华。

叙事报告虽然没有固定的行文结构,行文结构由作者根据研究实际进行构

① 联合国教科文组织. 全球教育发展的历史轨迹:国际教育大会60年建议书[M]. 北京:教育科学出版社,1999:525.

思,但是通常包括研究的背景、提取问题;改善方案及其改善过程;进展、困境与结果;对策与反思;评价和展望等。例如,《案例教学法在职前教师教育中的应用探索——一项持续四年的行动研究报告》[①]一文把文章分为背景与动因、历程与反思、结论与建议三个部分进行论述,参见案例10。

典型案例

案例10:案例教学法在职前教师教育中的应用探索——一项持续四年的行动研究报告

拓展阅读

教育行动研究的规范问题

[思考与练习]

① 夏正江.案例教学法在职前教师教育中的应用探索:一项持续四年的行动研究报告[J].全球教育展望,2013,42(7):60-71.

第六编　数据的整理与分析

第十章　统计分析

收集数据之后,我们需要对各种数据进行整理和分析。定量研究的数据整理和分析常用的方法是统计分析。统计分析主要包括基础统计分析(频数、离散程度、集中趋势)、假设检验(t 检验和卡方检验)、方差分析、相关分析、回归分析、结构方程与元分析。在统计分析中,数据以数字的方式呈现,并且被赋予某种含义。计算机软件 SPSS 的使用,使统计分析的数据非常精确。研究者使用 SPSS 统计软件作为数据分析的工具,可以更好地推理出研究问题的结果。其中,结构方程与元分析将作为拓展阅读提供给读者。

[学习目标]

1. 了解常用的统计方法的理论基础;
2. 掌握常用的统计方法的原理和适用范围;
3. 重点掌握使用 SPSS 软件进行简单的统计分析。

第一节　基础统计分析

一、变量命名与编码

（一）变量分类

认识变量的类型，对正确录入数据和选用恰当的统计方法都至关重要。根据变量所反映的测量水平，可将变量区分为称名变量、顺序变量、等距变量和比率变量四类。

思考

变量有哪些类型？

称名变量只说明某一事物与其他事物在属性上的不同或类型上的差异，它具有独立的分类单位，其数值一般都取整数形式，只计算个数，并不说明事物之间差异的大小。如性别、颜色类别和被试对某事物的态度（赞成、反对、没有意见）等。

顺序变量是根据事物某种属性的多少和大小，按次序将各个实物加以排列后获得的数据资料。如学生在平时考试中的名次等。

等距变量是一种有相等单位但没有绝对零点的变量，因此它只能做加减运算，不能做乘除运算。如摄氏度，0℃并不代表没有温度，温度可以加减但不能乘除，可以说20℃比10℃多10℃，但不能说20℃比10℃多一倍。

比率变量类似于等距变量，它不仅有相等单位，也有绝对零点。测量值之间的差异可以解释为比率。可以表示某一事物是另一事物的两倍或一半，如速度、身高体重等。

讨论

变量的命名与编码有哪些要注意的地方？

（二）变量的命名与编码

在心理与教育研究中，主要通过问卷调查的方式来收集数据。调查问卷一般主要由人口统计学变量（如性别、年龄等）和多道选择性题目共同组成。在对问卷中的人口统计学变量进行命名时，所用汉字应尽量少于4个，同时又要做到简单明了，便于识别。在对人口统计学以外的变量命名时，我们应该尽量避免使用汉字，而是用英文字母进行标识。如果涉及的变量较多时，同一类变量可以用相同的字母加上数字来命名。如图10-1的幼儿园家长问卷调查表，除性别等人口统计学变量外，还包括服务工作评价和教育工作评价两部分，我们在进行命名的时候则可将服务工作评价部分的四道题目分别命名为a1、a2、a3和a4；将教育工作评价部分的三道题目分别命名为b1、b2、b3和b4（如图10-2，图10-3）。

在进行数据录入时，由于称名变量和顺序变量的取值不是数值，因此要用数值对其进行编码。例如，性别是一个变量，取值是“男”或“女”，可以将“男”编

幼儿园家长问卷调查表

您孩子的性别是：男□　女　□

小朋友的班级是：________

服务工作评价

1. 您对××幼儿园的校园环境卫生满意吗？

满意□　较满意□　一般□　较差□

2. 您对××幼儿园的每日伙食满意吗？

满意□　较满意□　一般□　较差□

3. 您对××幼儿园的管理及服务满意吗？

满意□　较满意□　一般□　较差□

4. 您对××幼儿园的安全措施满意吗？

满意□　较满意□　一般□　较差□

教育工作评价

1. 您对孩子近来在生活卫生习惯、行为习惯方面的进步满意吗？

满意□　较满意□　一般□　较差□

2. 您对孩子近来在性格和兴趣方面的进步满意吗？

满意□　较满意□　一般□　较差□

3. 您对孩子的智力发展及接受知识能力的进步满意吗？

满意□　较满意□　一般□　较差□

图 10－1　幼儿园家长问卷调查表

	名称	类型	宽度	小数	标签	值	缺失	列	对齐	度量标准	角色
1	性别	数值(N)	8	0		{1, 男}...	无	8	右	名义(N)	输入
2	班级	数值(N)	8	0		无	无	8	右	名义(N)	输入
3	a1	数值(N)	8	2		无	无	8	右	度量(S)	输入
4	a2	数值(N)	8	2		无	无	8	右	度量(S)	输入
5	a3	数值(N)	0	2		无	无	8	右	度量(S)	输入
6	a4	数值(N)	8	2		无	无	8	右	度量(S)	输入
7	b1	数值(N)	8	2		无	无	8	右	度量(S)	输入
8	b2	数值(N)	8	2		无	无	8	右	度量(S)	输入
9	b3	数值(N)	8	2		无	无	8	右	度量(S)	输入

图 10－2　幼儿园家长问卷调查表的变量视图

码为 1，将“女”编码为 0。等距变量和比率变量一般不需要再重新编码。在心理和教育研究中，有些变量不那么直观。例如，是否戴眼镜矫正视力，也是一个变量，可以将戴眼镜的编码为 1，不戴眼镜的编码为 0。

一般情况下，问卷或量表中的每一个题目都是一个变量。以下面的题目为例，我们可将答案“满意”“较满意”“一般”“较差”分别编码为 1、2 、3、4。

	性别	班级	a1	a2	a3	a4	b1	b2	b3
1	1	1	1.00	2.00	1.00	1.00	1.00	2.00	1.00
2	2	2	1.00	2.00	2.00	1.00	1.00	1.00	1.00
3	2	3	2.00	3.00	4.00	2.00	2.00	3.00	2.00
4	2	3	2.00	4.00	4.00	1.00	3.00	2.00	2.00
5	2	2	1.00	1.00	2.00	1.00	1.00	2.00	1.00
6	2	1	1.00	2.00	1.00	1.00	1.00	1.00	1.00
7	2	2	1.00	2.00	3.00	1.00	1.00	2.00	1.00
8	2	2	2.00	2.00	2.00	1.00	1.00	1.00	1.00

图 10－3　幼儿园家长问卷调查表的数据视图

您对××幼儿园的校园环境卫生满意吗？

满意 □　　较满意 □　　一般 □　　较差 □

讨论

什么工具或软件可以帮助我们分析频数？

二、频数分析

频数也称“次数”，是对总数据按某种标准进行分组，统计出各个组内所含个体的个数。通过频数分析，可以清楚、准确地了解各变量的取值和分布情况。根据变量的性质，可将频数分析分为类别变量的频数分析和连续变量的频数分析两类。

图 10－4 所列数据是从某初中随机抽取的 30 名学生的性别（1 表示“男”，2 表示“女”）、班级（1、2、3 分别代表一班、二班和三班）和语文、数学、英语三科成绩。下面以图 10－4 所列数据为例，说明类别变量的频数分析和连续变量的频数分析。

思考

频数是什么？为什么要分析频数？如何分析？

1. 类别变量频数分析的 SPSS 例解

类别变量的频数分析比较简单，以“班级”为例，操作如下：

（1）点击 <分析(A)> 菜单 <描述统计> 下的 <频率(F)> 命令，打开 <频率(F)> 对话框。

（2）选中变量 <班级>，点击向右的箭头，将 <班级> 移到 <变量(V)> 框内（详见图 10－5）。

（3）点击 <确定> 按钮。结果见图 10－6。

2. 连续变量频数分析的 SPSS 例解

连续变量的频数分析比较麻烦，需先将变量值分成区间组后重新编码，产生一个类别变量，然后按照频数分析的方法进行。以语文成绩为例，具体操作

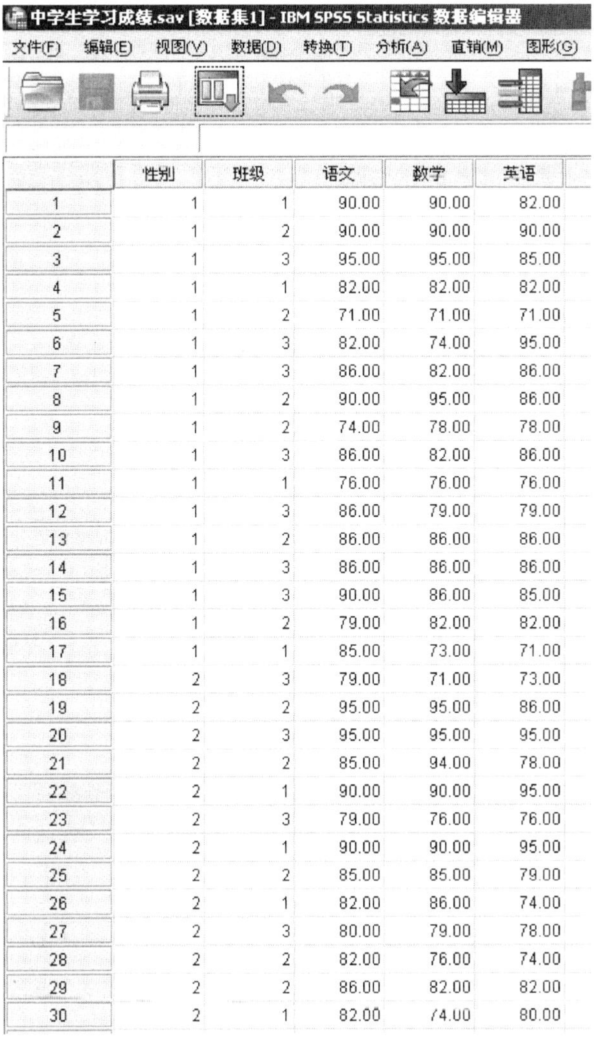

	性别	班级	语文	数学	英语
1	1	1	90.00	90.00	82.00
2	1	2	90.00	90.00	90.00
3	1	3	95.00	95.00	85.00
4	1	1	82.00	82.00	82.00
5	1	2	71.00	71.00	71.00
6	1	3	82.00	74.00	95.00
7	1	3	86.00	82.00	86.00
8	1	2	90.00	95.00	86.00
9	1	2	74.00	78.00	78.00
10	1	3	86.00	82.00	86.00
11	1	1	76.00	76.00	76.00
12	1	3	86.00	79.00	79.00
13	1	2	86.00	86.00	86.00
14	1	3	86.00	86.00	86.00
15	1	3	90.00	86.00	85.00
16	1	2	79.00	82.00	82.00
17	1	1	85.00	73.00	71.00
18	2	3	79.00	71.00	73.00
19	2	2	95.00	95.00	86.00
20	2	3	95.00	95.00	95.00
21	2	2	85.00	94.00	78.00
22	2	1	90.00	90.00	95.00
23	2	3	79.00	76.00	76.00
24	2	1	90.00	90.00	95.00
25	2	2	85.00	85.00	79.00
26	2	1	82.00	86.00	74.00
27	2	3	80.00	79.00	78.00
28	2	2	82.00	76.00	74.00
29	2	2	86.00	82.00	82.00
30	2	1	82.00	74.00	80.00

图 10－4 中学生学习成绩

如下：

（1）点击＜转换（T）＞菜单下的＜重新编码为不同变量（R）＞命令，打开＜重新编码为其他变量＞对话框。

（2）选中变量＜语文＞，点击向右的箭头，将其移到＜数字变量→输出变量（V）＞框内。在＜输出变量＞框内的＜名称（N）＞下输入“chinese”作为重新编码后新的变量名，在＜标签（L）＞下输入“语文编码”作为“chinese”的标签，然后点击＜更改（H）＞按钮（详见图 10－7）。

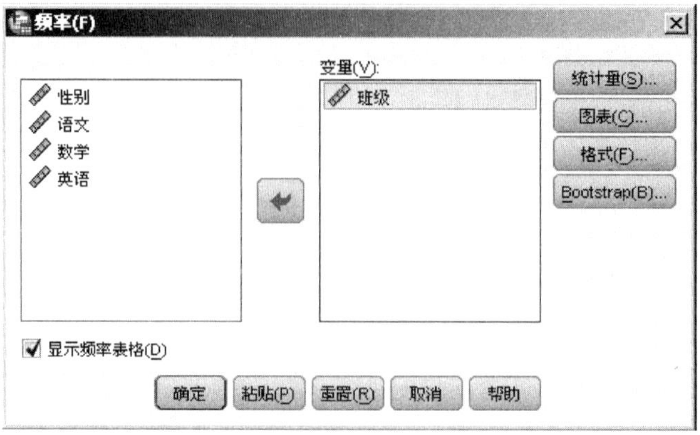

图 10－5　频率对话框

班级

		频率	百分比	有效百分比	累积百分比
有效	1	8	26.7	26.7	26.7
	2	11	36.7	36.7	63.3
	3	11	36.7	36.7	100.0
	合计	30	100.0	100.0	

图 10－6　班级频数分析的结果

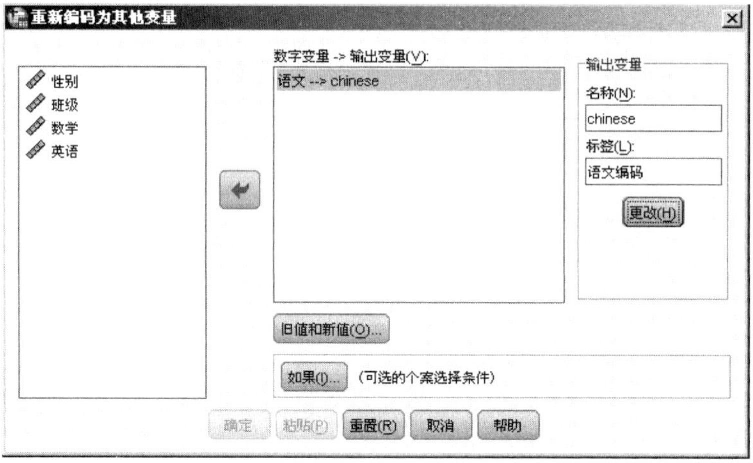

图 10－7　重新编码为其他变量对话框

(3) 点击 <旧值和新值(O)>按钮,打开 <重新编码到其他变量:旧值和新值>对话框。

(4) 点击 <旧值>下的 <范围>,并在上框内输入“71”,下框内输入“75”。

在 <新值> 框内 <值(L)> 的右侧框内输入“1”，然后点击 <添加(A)>。这样就完成了将第一组“71－75”重新编码为“1”的操作，此时将会在 <旧→新(D)> 框内看到“71thru75→1”(详见图 10－8)。

图 10－8　重新编码到其他变量:旧值和新值对话框

(5) 重复同样的操作，将“76－80”重新编码为“2”，将“81－85”重新编码为“3”，将“86－90”重新编码为“4”，将“91－95”重新编码为“5”。

(6) 点击 <继续> 按钮，返回 <重新编码为其他变量> 对话框。

(7) 点击 <确定> 按钮。

(8) 对新变量“Chinese”进行频数分析，操作方法和类别变量的完全一样。结果见图 10－9。

语文编码

		频率	百分比	有效百分比	累积百分比
有效	1.00	2	6.7	6.7	6.7
	2.00	5	16.7	16.7	23.3
	3.00	8	26.7	26.7	50.0
	4.00	12	40.0	40.0	90.0
	5.00	3	10.0	10.0	100.0
	合计	30	100.0	100.0	

图 10－9　语文成绩频数分析的结果

三、集中趋势与离散程度的分析

思考

为什么要分析集中趋势和离散程度?

集中趋势在统计学中是指一组数据向某一中心值靠拢的程度,它反映了一组数据中心点的位置所在。集中趋势的常用度量指标包括均值、中位数和众数。离散程度是指观测变量各个取值之间的差异程度。标准差和方差是两个最常用的度量离散程度的指标。

集中趋势与离散程度的 SPSS 例解

以图 10-4 所列数学成绩为例,具体操作如下:

(1) 点击 < 分析(A) > 菜单 < 描述统计 > 下的 < 频率(F) > 命令,打开 < 频率(F) > 对话框。

(2) 选中变量 < 数学 >,点击向右的箭头,将 < 数学 > 移到 < 变量(V) > 框内。

(3) 点击 < 统计量(S) > 按钮,打开 < 频率:统计量 > 对话框。点击集中趋势框内的 < 均值(M) >、< 中位数 >、< 众数(O) > 和离散趋势框内的 < 方差 >、< 标准差(T) >(详见图 10-10)。

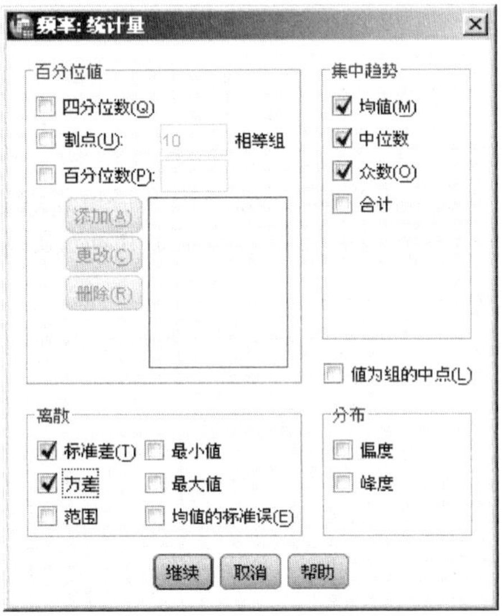

图 10-10 频率:统计量对话框

(4) 点击 < 继续 > 按钮,返回 < 频率(F) > 对话框。

(5) 点击 < 确定 > 按钮。结果见图 10-11。

统计量

数学

N	有效	30
	缺失	0
均值		83.3333
中值		82.0000
众数		82.00
标准差		7.63085
方差		58.230

图 10－11　数学成绩集中趋势和离散程度的分析结果

四、交叉分析

频数分析只能够掌握单个变量的数据分布情况，若分析多个变量不同取值下的分布，掌握多变量的联合分布特征，进而分析变量之间的相互影响和关系，则需采用交叉分析。

讨论

如何分析多个变量的联合分布特征？

交叉分析的 SPSS 例解

下面以图 10－4 中所列数据为例，讲解性别和班级的交叉分析，具体操作如下：

（1）点击<分析（A）>菜单<描述统计>下的<交叉表（C）>命令，打开<交叉表>对话框。

（2）选中变量<性别>，点击向右的箭头，将变量<性别>放入<行（S）>框内；选中变量<班级>，点击第二个向右的箭头，将<班级>放入<列（C）>框内（详见图 10－12）。

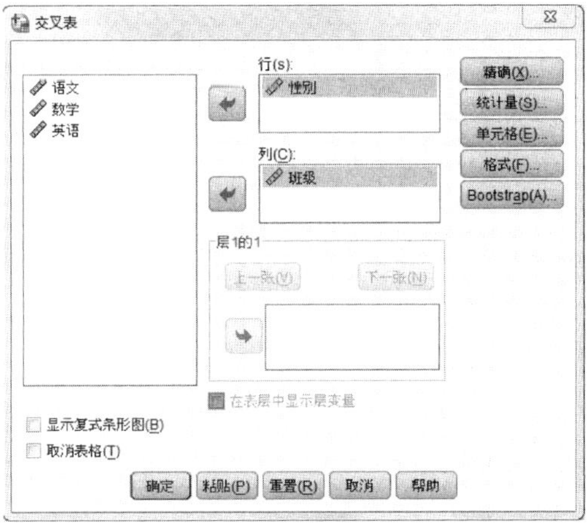

图 10－12　交叉表对话框

(3) 点击<单元格(E)>按钮,打开<交叉表:单元显示>对话框。点选<百分比>框内的“行(R)”、“列(C)”(系统已默认点选<观察值(O)>)(详见图 10－13)。

图 10－13　交叉表:单元显示对话框

(4) 点击<继续>按钮,返回<交叉表>对话框。

(5) 点击<确定>按钮。结果详见图 10－14。

性别*班级 交叉制表

			班级			合计
			1	2	3	
性别	男	计数	4	6	7	17
		性别 中的 %	23.5%	35.3%	41.2%	100.0%
		班级 中的 %	50.0%	54.5%	63.6%	56.7%
	女	计数	4	5	4	13
		性别 中的 %	30.8%	38.5%	30.8%	100.0%
		班级 中的 %	50.0%	45.5%	36.4%	43.3%
合计		计数	8	11	11	30
		性别 中的 %	26.7%	36.7%	36.7%	100.00%
		班级 中的 %	100.00%	100.00%	100.00%	100.00%

图 10－14　性别与班级交叉频数分析的结果

五、统计图

统计图是根据统计数据,运用点、线、面、体以及色彩描绘而成的描述变量的分布情况、变量间的关系或变量情况的图形。它具有形象直观、易于理解的优点,但往往不够精确,因此需要与统计表或者其他方法结合起来使用。

根据研究目的的不同和数据自身的特点,可以将统计图设计成不同的形式。本节我们将重点介绍条形图、直方图、线形图和饼状图的操作。

思考

如何能直观地反映统计数据?

(一)条形图

条形图是用宽度相同的直条的长度来表示事物的数量或比例大小的一种统计图,适合类别的比较。条形图主要用于性质相似的离散数据。

条形图的 SPSS 例解

下面以图 10－4 中所列数据中的性别为例,讲解条形图的制作,具体操作如下:

(1) 点击 <图形(G)>菜单 <旧对话框(L)>下的 <条形图(B)>命令,打开 <条形图>对话框(详见图 10－15)。

(2) 点击 <定义>按钮,打开 <定义简单条形图:个案组摘要>对话框。选中变量 <性别>,点击向右的箭头,将变量 <性别>放入 <类别轴(x)>框内。

(3) 点击 <确定>按钮。结果见图 10－16。

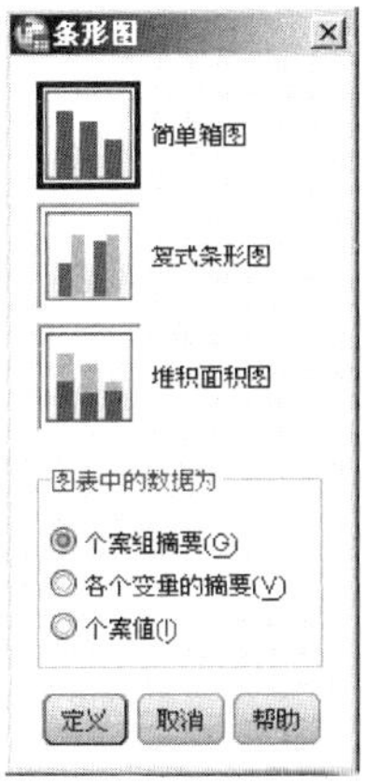

图 10－15　条形图对话框

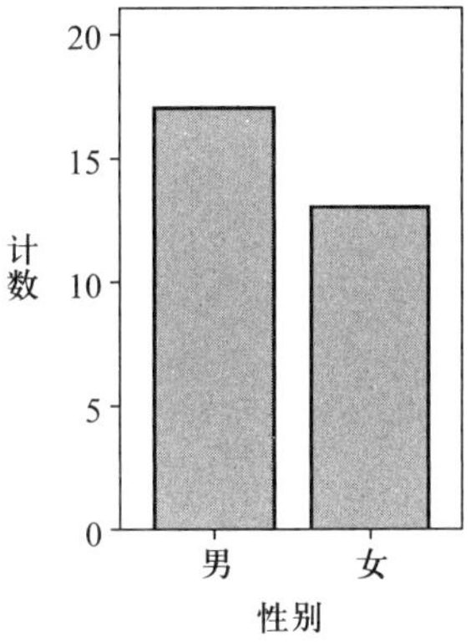

图 10－16　性别分布条形图

(二)直方图

频数直方图相当于连续变量的条形图,用于表示在某个范围内连续取值的变量在各组中的频数分数。直方图主要用于连续性数据。

直方图的 SPSS 例解

下面以图 10－4 中所列语文成绩为例,讲解直方图的制作,具体操作如下:

(1) 点击 <图形(G)>菜单 <旧对话框(L)>下的 <直方图(I)>命令,打开 <直方图(H)>对话框。

(2) 选中变量 <语文>,点击向右的箭头,将变量 <语文>放入 <变量(V)>

框内(详见图 10－17)。

图 10－17　直方图对话框

(3) 点击 <确定> 按钮。结果见图 10－18。

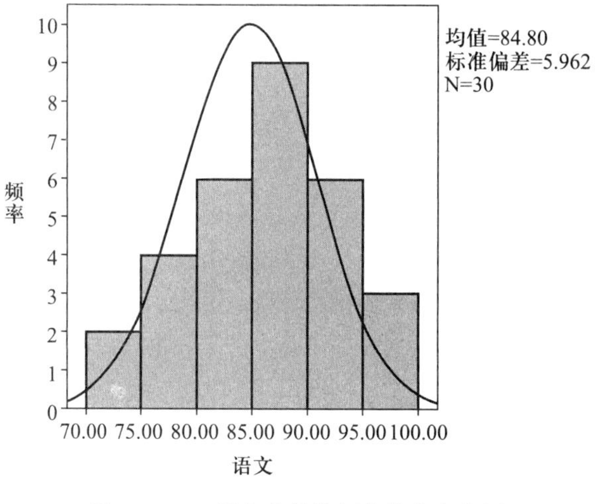

图 10－18　语文成绩的频数分布直方图

(三) 线形图

和条形图类似,但线形图不是用直条的长度而是用点的高低来表示事物的大小或比例,并将各类对应的点用折线连接起来。通常用线形图表示一个变量分类以后在各类中的大小。

线形图的 SPSS 例解

下面仍以图 10－4 中所列语文成绩为例，讲解线形图的制作，具体操作如下：

（1）点击 <图形（G）> 菜单 <旧对话框（L）> 下的 <线图（L）> 命令，打开 <线图> 对话框（详见图 10－19）。

（2）点击 <定义> 按钮，打开 <定义简单线图：个案组摘要> 对话框。选中变量 <语文>，点击向右的箭头，将变量 <语文> 放入 <类别轴（x）> 框内（详见图 10－20）。

（3）点击 <确定> 按钮。结果见图 10－21。

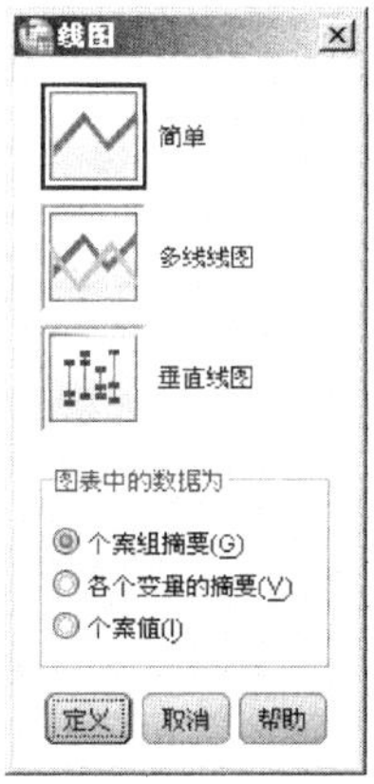

图 10－19　线图对话框

图 10－20　定义简单线图：个案组摘要

（四）饼状图

饼状图又叫圆形图，它用圆形中的扇形面积大小来表示事物的多少或构成

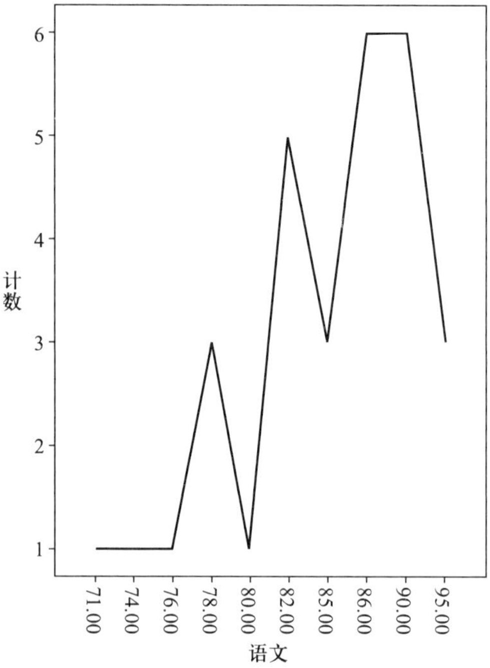

图 10 - 21　语文成绩的线性图

的比例。

饼状图的 SPSS 例解

下面以图 10 - 4 中所列班级为例,讲解饼状图的制作,具体操作如下:

(1) 点击 <图形(G)>菜单 <旧对话框(L)>下的 <饼图(E)>命令,打开 <饼图>对话框(详见图 10 - 22)。

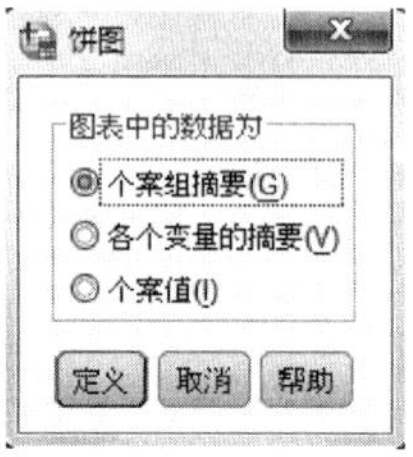

图 10 - 22　饼图对话框

(2) 点击 <定义>按钮,打开 <定义饼图:个案组摘要>对话框。选中变量 <班级>,点击向右的箭头,将变量 <班级>放入 <定义分区(B)>框内(详见图 10 - 23)。

(3) 点击 <确定>按钮。结果见图 10 - 24。

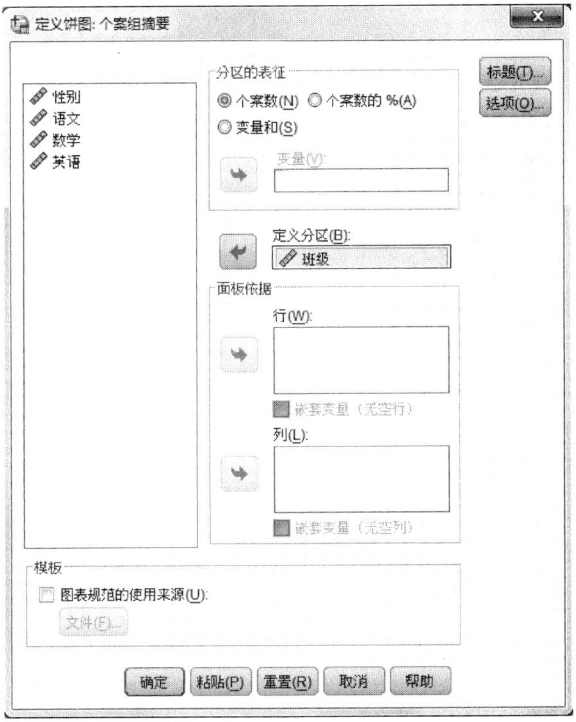

图 10－23　定义饼图:个案组摘要

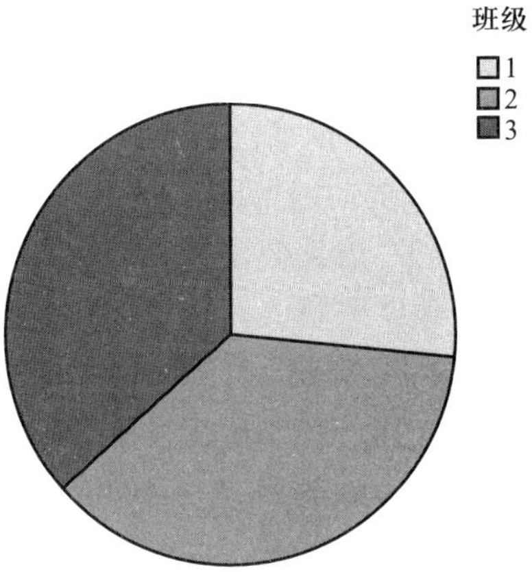

图 10－24　班级的饼状图

第二节 假设检验

有人从受过良好早期教育的儿童中随机抽取 70 人进行韦氏儿童智力测验，这 70 名儿童的平均智力得分为 105.6，而韦氏儿童智力测验的平均智力分数为 100，能否认为受过良好早期教育的儿童智力高于一般水平？

讨论

假设检验的原理是什么？

在统计中，我们经常谈到样本和总体，一个总体包含感兴趣事件的全部，而一个样本是总体的一小部分。假设我们想要了解中国学前儿童的思维发展状况，从中国城市和农村随机选择了 3 000 名学前儿童。那么中国所有的学前儿童就构成了总体，而选择进行研究的 3 000 名学前儿童就成了样本。统计学中另一重要概念“平均数”，也称均值，是描述数据集中程度的一个统计量，既可以用来反映一组数据的一般情况和平均水平，也可以用它进行不同组数据的比较，看出组与组之间的差别，进而推论总体间的差别。

思考

什么是“总体”与“样本”？

假设检验亦称“显著性检验”，是用来判断样本与样本，样本与总体的差异是由抽样误差引起还是由本质差别造成的统计推断方法。它的基本原理是先对总体的特征做出某种假设，然后通过抽样研究的统计推理，对此假设应该被拒绝还是接受做出推断。在假设检验中，通常要陈述两个假设：虚无假设和备择假设，虚无假设通常陈述处理没有效果，而备择假设陈述处理有效果。在本节一开始所提的问题中，虚无假设就是该班的智力水平与常模无显著差异，而备择假设则是该班的智力水平与常模有显著差异。

思考

参数检验有哪些统计方法？它们是否有特定的适用范围？

假设检验的基本思想是小概率反证法思想。为了检验虚无假设，首先假定虚无假设为真，在虚无假设为真的前提下，如果导致违反逻辑或违背人们知识和经验的不合理现象出现，则表明“虚无假设为真”的假定是不正确的，也就不能接受虚无假设。反之则要接受虚无假设。假设检验中的“不合理现象”是指小概率事件在一次试验中发生了，它是基于人们在实践中广泛采用的小概率事件原理，该原理认为“小概率事件在一次试验中几乎是不可能发生的”。例如，飞机失事是小概率事件，因而人们总是安然地飞来飞去。假设推断的依据就是小概率事件原理。通常情况下，将概率不超过 0.05% 的事件当做“小概率事件”。

任何一种统计量的假设检验，其出发点都是对虚无假设的检验。统计结论是对虚无假设能否被拒绝做出判断。将本节开篇所提的问题套入假设检验的基本原理和基本思想中，我们可以如此理解：首先我们假设该班的智力水平与常模没有显著差异，然后根据两者的数据分布形态，使用一定的统计工具，计算“该班的智力水平与常模没有显著差异”的可能性。如果这种可能性小于 5%，那么

“该班的智力水平与常模没有显著差异”就是一个小概率事件,是几乎不可能发生的。因而我们就拒绝“该班的智力水平与常模没有显著差异”的假设,认为“该班的智力水平与常模有显著差异”。换句话说,也就是该班学生的平均智力水平要显著高于全国平均水平,而做出这个推断正确的可能性为95%。

假设检验的步骤包括:建立虚无假设和备择假设,选择适当的检验统计量,规定显著性水平(一般都设定为0.05),计算检验统计量的值,做出决断等五个步骤和环节。

参数检验(包括方差分析)中每种统计方法都有其特定的适用条件和前提假设,下面在介绍每种统计方法的具体使用时,我们将详细说明。

一、T 检验

(一)单样本 t 检验

当把一个样本均值和已知或估计的总体均值进行比较时,我们可以使用单样本 t 检验。

1. 单样本 t 检验的 SPSS 例解

假设你正在进行一项关于六岁儿童短时记忆广度的研究,从育才幼儿园中随机抽取了15名六岁儿童,并测试他们的短时记忆广度(具体数值分布见图10-25),求得这15名六岁儿童短时记忆广度的均值是6.81,而全国六岁儿童短时记忆广度的均值为6.10,那么我们是否可以断定育才幼儿园六岁儿童的短时记忆广度显著高于全国六岁儿童的平均水平呢?

首先要建立虚无假设和备择假设,然后使用单样本 t 检验对建立的虚无假设进行检验。

虚无假设:育才幼儿园六岁儿童短时记忆广度与全国六岁儿童无显著差异。

备择假设:育才幼儿园六岁儿童短时记忆广度与全国六岁儿童有显著差异。

具体操作如下:

(1)点击<分析(A)>菜单<比较均值(M)>下的<单样本 T 检验(S)>命令,打开<单样本 T 检验>对话框。

(2)选中变量<memory>,点击向右的箭头,将变量<memory>移到<检验变量(T)>框内。

(3)在<检验值(V)>右侧框内输入“6.10”(详见图10-26)。

(4)点击<确定>按钮。

2. 结果解读

(1)单个样本统计量表

单个样本统计量表格列出了样本量(N)、均值、标准差和均值的标准误(详

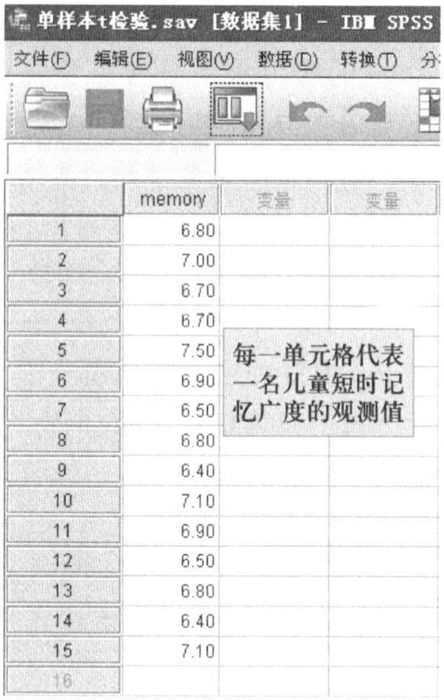

图 10－25 育才幼儿园六岁儿童的短时记忆广度

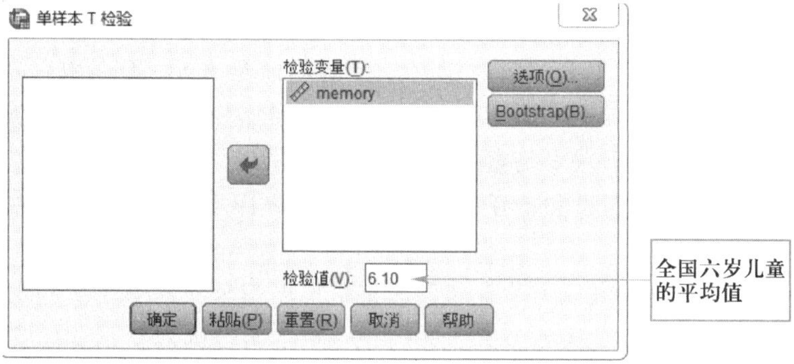

图 10－26 单样本 T 检验对话框

见图 10－27)。

(2) 单个样本检验

单个样本检验提供了我们所研究问题的答案,因为 p 值小于 0.05,所以拒绝虚无假设,认为育才幼儿园六岁儿童的短时记忆广度与全国六岁儿童存在显著差异。又因育才幼儿园六岁儿童短时记忆广度的均值为 6.81,大于全国均值 6.10,所以认为育才幼儿六岁儿童短时记忆的广度显著高于全国六岁儿童的平均水平(详见图 10－27)。

3. 单样本 t 检验的前提假设

单个样本统计量

	N	均值	标准差	均值的标准误
memory	15	6.8067	.29873	.07713

*p*值小于0.05，因此拒绝虚无假设。

单个样本检验

	检验值=6.10					
					差分的95%置信区间	
	t	df	Sig.(双侧)	均值差值	下限	上限
memory	9.162	14	.000	.70667	.5412	.8721

图 10 – 27　单样本 t 检验结果

（1）观测值是相互独立的

研究中，观测值都是相互独立的，每个个体观测值的获得均不受其他个体的影响。

（2）因变量总体服从正态分布

样本必须来自正态分布的总体。在心理和教育研究领域中，大多数变量都是可以假定其总体服从正态分布的，一般进行单样本 t 检验时，并不需要去检查总体分布的正态性。该假设意味着例解中育才幼儿园所有儿童的短时记忆广度应该服从正态分布。

（二）独立样本 t 检验

当对两个独立分组中感兴趣的一个连续变量的均值进行比较时，可以使用独立样本 t 检验。

1. 独立样本 t 检验的 SPSS 例解

为了研究两种不同的激励方法对儿童学习汉字的影响，随机抽取 30 名儿童，平均分成两组，一组接受激励方法 A，另一组接受激励方法 B，然后记录每个儿童所能正确识记的汉字数量（具体数据见图 10 – 28，测试用的汉字总数为 30 个）。那么这两种方法的平均激励效果有无显著差异？

首先建立虚无假设和备择假设，然后使用独立样本 t 检验对所做的虚无假设进行检验。

虚无假设：激励方法 A 与激励方法 B 的平均激励效果无显著差异。

备择假设：激励方法 A 与激励方法 B 的平均激励效果有显著差异。

具体操作如下：

（1）点击 <分析（A）>菜单 <比较均值（M）>下的 <独立样本 *T* 检验（*T*）>命令，打开 <独立样本 *T* 检验>对话框。

（2）选中变量 <number>，点击向右的箭头，将变量 <number>移到 <检验

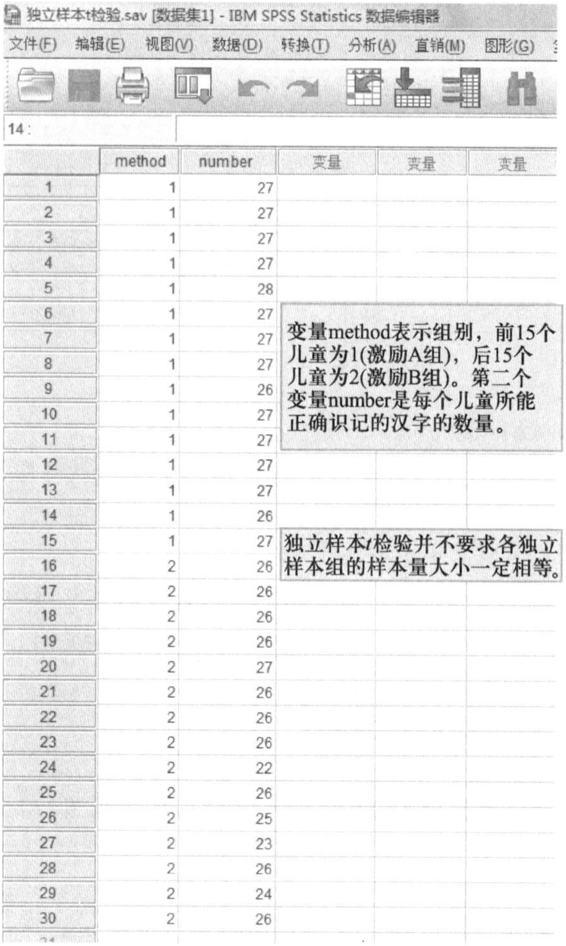

	method	number
1	1	27
2	1	27
3	1	27
4	1	27
5	1	28
6	1	27
7	1	27
8	1	27
9	1	26
10	1	27
11	1	27
12	1	27
13	1	27
14	1	26
15	1	27
16	2	26
17	2	26
18	2	26
19	2	26
20	2	27
21	2	26
22	2	26
23	2	26
24	2	22
25	2	26
26	2	25
27	2	23
28	2	26
29	2	24
30	2	26

图 10－28　不同激励方法下儿童正确识记的汉字数量

图 10－29　独立样本 T 检验对话框

变量(*T*) >框内。选中变量 <method>,点击第二个向右的箭头,将变量 <method>移到 <分组变量(G)>框内(详见图 10-29)。

(3) 点击 <定义组(D)>按钮,在打开的对话框中,设置组 1、组 2 的值分别为"1"、"2"。然后点击 <继续>按钮,返回 <独立样本 *T* 检验>对话框(详见图 10-30)。

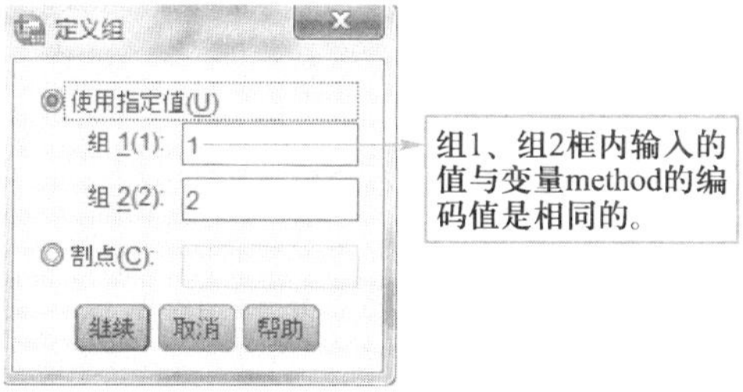

图 10-30 定义组对话框

点击 <确定>按钮。

2. 结果解读

(1) 分组统计量

分组统计量列出了激励方法 A 和激励方法 B 两个组的描述统计量,包括样本量、均值、标准差和均值的标准误(详见图 10-31)。

组统计量

method	N	均值	标准差	均值的标准误
number 1	15	26.81	.299	.077
2	15	25.53	1.418	.366

图 10-31 独立样本 *t* 检验结果(一)

(2) 独立样本检验

根据 Levene 检验,两样本的总体方差不相等。又 $t(28)=15.240$,*P* 值小于 0.05,因此拒绝虚无假设。再结合分组统计量中的均值,我们可以得出结论:激励方法 A 的平均激励效果显著高于激励方法 B(详见图 10-32)。

3. 独立样本 *t* 检验的前提假设

(1) 观测值是相互独立的

研究中,观测值都是相互独立的,每个个体观测值的获得均不受其他个体的影响。

(2) 每组因变量总体服从正态分布

该假定指的是两个样本组均来自于正态分布的总体,也就意味着例解中,激励方法 A 组与激励方法 B 组所有儿童可正确识别汉字的数量均服从正态分布。

独立样本检验

		方差方程的 Levene检验		均值方程的t检验						
		F	Sig.	t	df	Sig.(双侧)	均值差值	标准误差值	差分的 95% 置信区间 下限	差分的 95% 置信区间 上限
number	假设方差相等	14.195	.001	3.403	28	.002	1.273	.374	.507	2.040
	假设方差不相等			3.403	15.240	.004	1.273	.374	.477	2.070

方差齐性的Levene检验的p值，如果$p\leq 0.05$，我们假设方差不相等(读t的结果中的低部数值)。如果$p>0.05$，我们假设方差相等(读t的结果中的顶部数值)。因为0.01的p值小于0.05，所以我们假设方差不相等，解释t检验结果的下面一行(假设方差不相等所在行)。

因为p值小于0.05，所以两组均值相等的虚无假设被拒绝

图 10－32　独立样本 t 的结果(二)

(3) 方差齐性

方差齐性是指两个独立样本的总体方差是无显著差异的。在 SPSS 中使用 Levene's 检验对方差是否齐性进行检验。违反方差齐性假定会损害独立样本 t 检验的准确性,尤其在样本量不相等时。

(三) 配对样本 t 检验

在对某种程度上相关的两个样本的均值在进行比较时,可以使用配对样本 t 检验(也称为相关样本 t 检验)。在配对样本 t 检验中,两个样本可能包含同一个人在两个不同时刻进行的测量,或者两个有联系的人分别测量的结果。准确定义配对样本 t 检验的关键在于记住:两样本间要在某方面存在自然的联系。

1. 配对样本 t 检验的 SPSS 例解

假设为了研究激励教学法对儿童学习汉字的影响,随机抽取 15 名儿童,测量他们能够正确识别汉字的数量(测试用的汉字总数为 30 个),在对它们实施激励教学后重新测量他们可以正确识别汉字的数量(具体数据分布见图 10－33),根据数据,我们能否说激励教学法对儿童的汉字学习有显著影响?

首先建立虚无假设和备择假设,然后使用配对样本 t 检验对所做的虚无假设进行检验。

虚无假设:接受激励教学前后儿童可正确识别的汉字数量无显著差异。

备择假设:接受激励教学前后儿童可正确识别的汉字数量有显著差异。

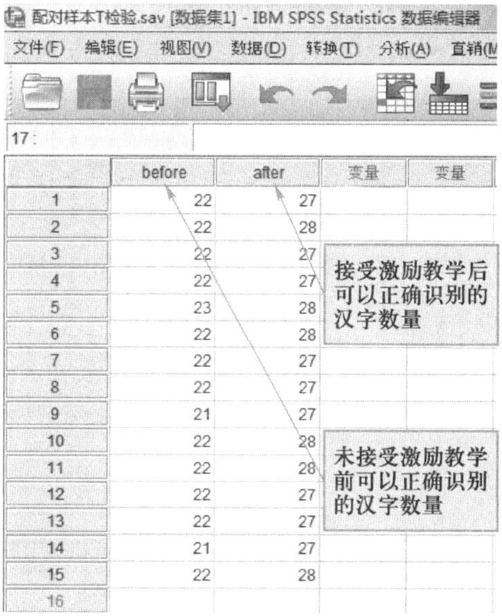

图 10－33　儿童接受激励教学前后可以正确识别的汉字数量

具体操作如下：

（1）点击 <分析(A)> 菜单 <比较均值(M)> 下的 <配对样本 *T* 检验(P)> 命令，打开 <配对样本 *T* 检验> 对话框。

（2）选中变量 <before> 和 <after>，点击向右的箭头，将变量 <before> 和 <after> 移到 <成对变量(V)> 框内（详见图 10－34）。

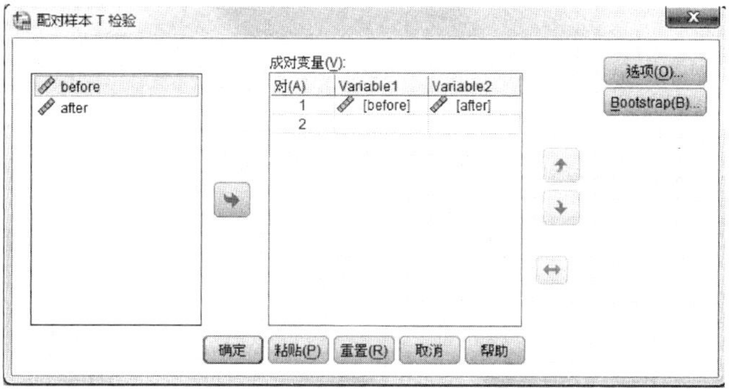

图 10－34　配对样本 *T* 检验对话框

（3）点击 <确定> 按钮。

2. 结果解读

（1）成对样本统计量

成对样本统计量表格列出了接受激励教学前后儿童可正确识别汉字数量的

描述统计量，包括样本量、均值、标准差和均值的标准误（详见图 10－35）。

成对样本统计量

	均值	N	标准差	均值的标准误
对 1　before	21.81	15	.299	.077
after	27.43	15	.337	.087

图 10－35　配对样本 t 检验的结果（一）

（2）成对样本相关系数

成对样本相关系数列出了接受激励教学前后儿童可正确识记汉字数量间的相关系数以及相关系数的显著性（具体请参照相关系数章节）（详见图 10－36）。

成对样本相关系数

	N	相关系数	Sig.
对 1　before & after	15	.992	.000

图 10－36　配对样本 t 检验的结果（二）

（3）成对样本检验

成对样本检验显示 $t(14)=-388.257$，p 值小于 0.05，因此均值相等的虚无假设被拒绝。结合成对样本统计量，可以得出结论：激励方法可以有效增强儿童的汉字识记水平（详见图 10－37）。

成对样本检验

	成对差分					t	df	Sig.(双侧)
	均值	标准差	均值的标准误	差分的95%置信区间				
				下限	上限			
对 1　before−after	−5.620	.056	.014	−5.651	−5.589	−388.257	14	.000

均值−5.620等于berore和after均值间的差。

p值小于0.05，因此拒绝虚无假设。

图 10－37　配对样本 t 检验的结果（三）

3. 配对样本 t 检验的前提假设

（1）组内观测值是相互独立的

违反组内独立性这一假定将严重损坏配对样本 t 检验的准确性，组内观测独立性是指每一组组内各个观测值都是相互独立的，每个个体观测值的获得均不受其他个体的影响。

(2) 因变量总体服从正态分布

该假设意味着：不仅接受激励教学前所有儿童可正确识记的汉字数量服从正态分布，而且接受激励教学后，所有儿童可正确识记的汉字数量也服从正态分布。

二、卡方检验

(一) 卡方拟合优度检验

卡方拟合优度检验主要用来检验一个因素多项分类的实际观察次数与理论次数是否接近。

讨论

什么情况下需要用卡方检验?

1. 卡方拟合优度检验的 SPSS 例解

红绿蓝作为三原色，是我们感知其他一切颜色的基础。为了研究幼儿对三种颜色的偏爱是否存在差别，我们随机抽取了 60 名幼儿，得出他们对红绿蓝三色的喜欢人数分别为 35、20 和 15(每名幼儿只能选择一种颜色)(详见图 10－38)。

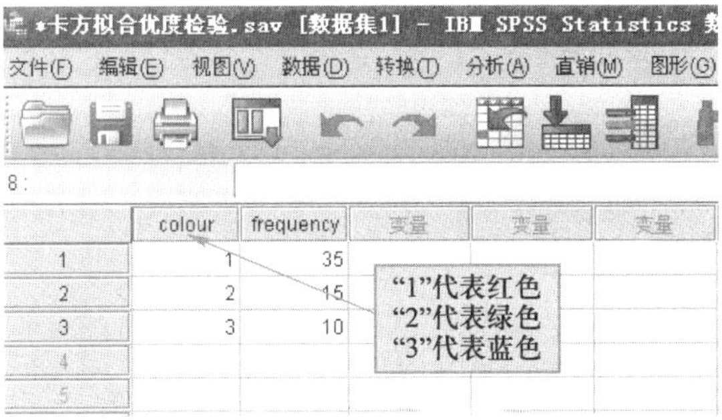

图 10－38　三种颜色喜欢人数的频数

首先建立虚无假设和备择假设，然后使用卡方拟合优度检验对所做虚无假设进行检验。

虚无假设：幼儿对三种颜色的偏爱无显著差别(即每种颜色的喜欢人数是相等的)。

备择假设：幼儿对三种颜色的偏爱有显著差别。

具体操作如下：

(1) 点击 <数据(D)>菜单下的 <加权个案(W)>命令，打开 <加权个案>对话框。

(2) 先点击 <加权个案(W)>,再选中变量 <frequency>,点击向右的箭头,将其移到 <频率变量(F)> 框内(详见图 10－39)。

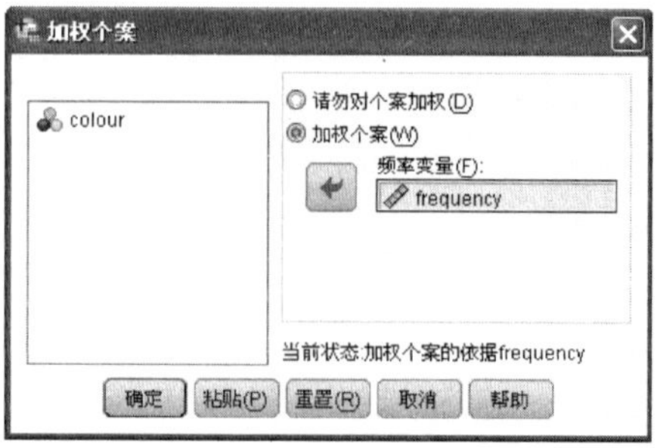

图 10－39　加权个案对话框

(3) 点击 <确定> 按钮。

(4) 在菜单栏中选择 <分析(A)>→<非参数检验(N)>→<旧对话框(L)>→<卡方(C)>,打开 <卡方检验> 对话框(详见图 10－40)。

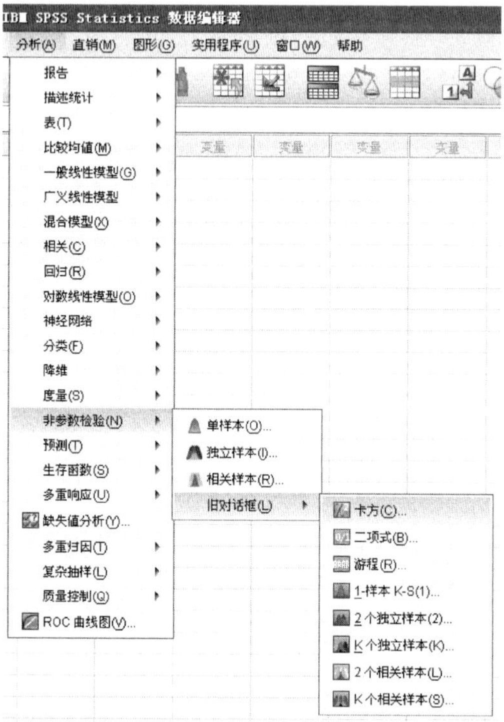

图 10－40　卡方拟合优度检验过程的菜单操作

(5) 选中变量 <colour>,点击向右的箭头,将其移动到 <检验变量列表(T)>

框内(详见图 10－41)。

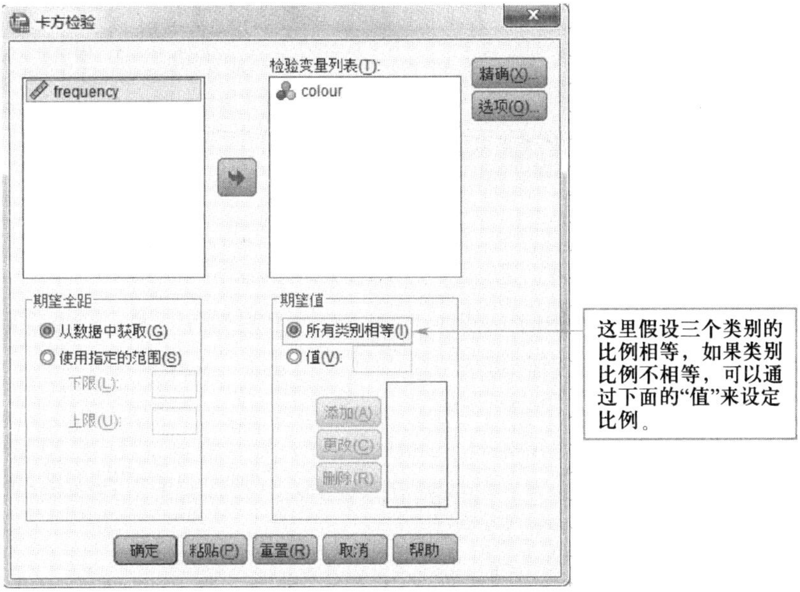

图 10－41　卡方检验对话框

(6) 点击＜确定＞按钮。

2. 结果解读

(1) 团体大小

团体大小表格报告了观测数、期频数(我们认为每组应该的人数)和残差(观测频数减去期望频数)(详见图 10－42)。

团体大小

	观察数	期望数	残差
1	35	20.0	15.0
2	15	20.0	－5.0
3	10	20.0	－10.0
总数	60		

图 10－42　卡方拟合优度检验的结果(一)

(2) 检验统计量

检验统计量中 $\chi^2(2,60)=17.50$，p 值小于 0.05，因此，拒绝虚无假设，认为幼儿对各种颜色的喜爱是存在显著偏差的(详见图 10－43)。

检验统计量

	frequency
卡方	17.500[a]
df	2
渐近显著性	.000

a.0.个单元(0.0%) 具有小于5的期望频率。单元最小期望频率为20.0

p值小于0.05，因此拒绝虚无假设。

图 10－43　卡方拟合优度检验的结果(二)

(二) 卡方独立性检验

卡方独立性检验主要用来检验两个或两个以上因素各种多项分类之间是否有关联或是否具有独立性的问题。

1. 卡方独立性检验的 SPSS 例解

有人认为,中国与美国家庭对子女的教养方式有着明显差异,表 10－1 是中美各 30 个家庭对子女教养方式的频数分布,问是否可以支持上述观点(具体数据分布见图 10－44)。

表 10－1　中美家庭对子女教养方式的频数分布

教养方式 / 国别	民主	权威	放任
美国	13	7	10
中国	7	13	10

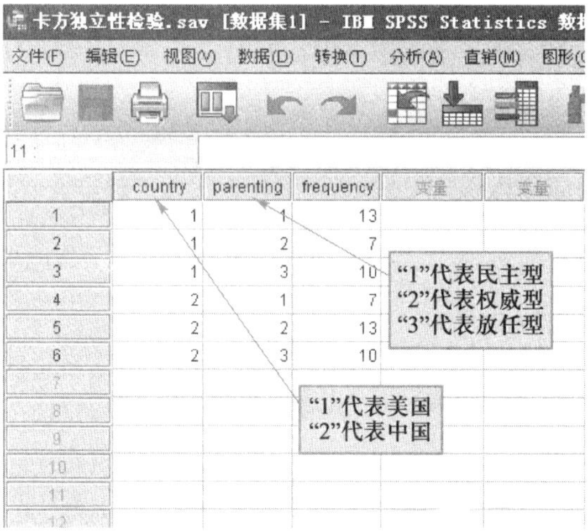

图 10－44　卡方独立性检验例子的完整数据

首先建立虚无假设和备择假设，然后使用卡方独立性检验对所做的虚无假设进行检验。

虚无假设：国别和教养方式的选择之间无显著联系。

备择假设：国别和教养方式的选择之间有显著联系。

具体操作如下：

（1）点击 <数据(D)> 菜单下的 <加权个案(W)> 命令，打开 <加权个案> 对话框。

（2）先点击 <加权个案(W)>，再选中变量 <frequency>，点击向右的箭头，将其移到 <频率变量(F)> 框内。

（3）点击 <确定> 按钮。

（4）点击 <分析(A)> 菜单 <描述统计> 下的 <交叉表(C)> 命令，打开 <交叉表> 对话框。

（5）选中变量 <country>，点击向右的箭头，将变量 <country> 放入 <行(S)> 框内；选中变量 <parenting>，点击第二个向右的箭头，将变量 <parenting> 放入 <列(C)> 框内（详见图 10－45）。

图 10－45　交叉表对话框

（6）点击 <统计量(S)> 按钮，点选 <卡方(H)>（详见图 10－46）。

（7）点击 <继续> 按钮，返回 <交叉表> 对话框。

（8）点击 <单元格(F)> 按钮，打开 <交叉表：单元显示> 对话框，点选 <计数> 框内的 <期望值(E)> 和 <百分比(C)> 框内的 <行(R)>（注：系统

课后任务

总结与归纳卡方检验的使用条件和前提假设。

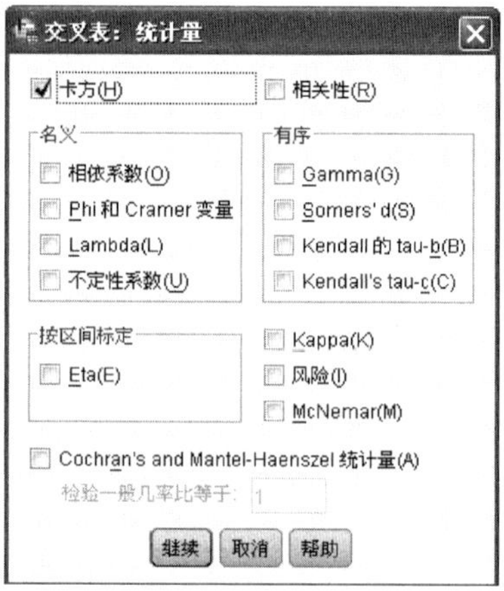

图 10－46　交叉表:统计量对话框

已勾选<观察值>)(详见图 10－47)。

图 10－47　交叉表:单元显示对话框

(9) 点击<继续>按钮,返回<交叉表>对话框。

(10) 点击<确定>按钮。

2. 结果解读

(1) 案件处理摘要

案例处埋摘要表格列出了数据的有效(和无效)案例。由于每个人都按照国别和教养方式分类,因此数据集中所有 60 个参与者都是有效的观测数据(详见图 10－48)。

（2）country * parenting 交叉制表

country * parenting 交叉制表主要列出了各单元的观测频数和期望频数（详见图 10 - 49）。

案例处理摘要

	案例					
	有效的		缺失		合计	
	N	百分比	N	百分比	N	百分比
country * parenting	60	100.0%	0	0.0%	60	100.0%

图 10 - 48 卡方独立检验结果（一）

country * parenting 交叉制表

			parenting			合计
			1	2	3	
country	1	计数	13	7	10	30
		期望的计数	10.0	10.0	10.0	30.0
	2	计数	7	13	10	30
		期望的计数	10.0	10.0	10.0	30.0
合计		计数	20	20	20	60
		期望的计数	20.0	20.0	20.0	60.0

图 10 - 49 卡方独立检验结果（二）

（3）卡方检验

卡方检验表格提供了一些不同检验的结果，其中最常用的是皮尔逊卡方统计量，皮尔逊卡方的值为 3.600，p 值 0.165 大于 0.05，因此接受虚无假设，认为国别与教养方式之间没有显著关系（详见图 10 - 50）。

卡方检验

	值	df	渐进Sig.(双侧)
Pearson卡方	3.600[a]	2	.165
似然比	3.656	2	.161
线性和线性组合	.885	1	.347
有效案例中的N	60		

a. 0单元格(0.0%)的期望计数少于5。最小期望计数为10.00。

p值大于0.05，因此接受虚无假设。

图 10 - 50 卡方独立检验结果（三）

第三节 方差分析

为了考察不同的汉字识字教学方法对儿童认识汉字的影响，我们设计了A、B、C三种教学方法，并随机挑选了30名儿童，每个人都随机分配接受三种教学方法中的一种（每10个学生一个教学组）。学习一段时间后，给每个学生30个生词看五分钟，然后记录他们能够正确回忆生词的个数。问儿童正确识记生词的个数是否受到教学方法的影响？

面对上述问题，你可能首先想到独立样本 t 检验，但独立样本 t 检验主要用于两个独立样本的均值比较。如果涉及多组样本的均值比较，还用 t 检验进行两两比较显然是不合适的，此时方差分析则会顺利地解决这些问题。

思考

方差分析适合分析什么类型的数据？方差分析的意义是什么？

与 t 检验直接比较两组平均数的做法不同，方差分析把“平均数之间差异是否显著”的问题转化为“平均数组间差异是否显著”问题，因此方差分析的虚无假设也相应变为“各组样本的均值之间都是无显著差异的”，一般我们把这一假设称为“综合的虚无假设”。检验综合虚无假设是方差分析的主要任务，如果综合虚无假设被拒绝，则说明至少有两个样本均值之间的差异是显著的，紧接着需运用事后检验比较确定是哪两个样本组之间的均值存在显著差异。

一、组间方差分析

（一）一维组间方差分析

当对感兴趣的因变量在两个或者更多独立组中的均值进行比较时，可以使用一维组间方差分析。在一维组间方差分析中，自变量是组间因素，每个参与者都仅得到因素的一个水平（就是说每个人都在一个单独的组内）。

讨论

什么类型的数据适用于组间方差分析？

1. 一维组间方差分析的SPSS例解

为了研究学习材料的效用价值对学生网络学习的影响，现准备效用价值高、中、低三种学习材料，随机抽取30名学生，平均分成三组，每组学生分别接受一种学习材料，然后记录他们的学习成绩（具体数据分布见图10－51）。

首先，建立综合的虚无假设和备择假设，然后使用一维组间方差分析对建立的虚无建设进行检验。

虚无假设：三组学生的平均学习成绩之间无显著差异（即学习材料的效用价值不能显著影响学生的网络学习）。

备择假设：三组学生的平均学习成绩之间有显著差异。

具体操作如下：

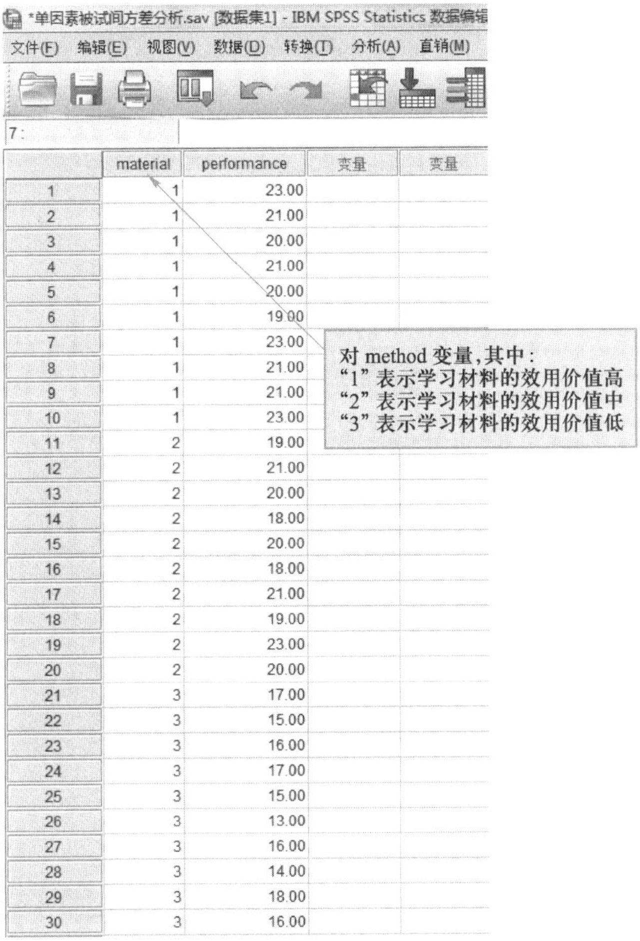

	material	performance	变量	变量
1	1	23.00		
2	1	21.00		
3	1	20.00		
4	1	21.00		
5	1	20.00		
6	1	19.00		
7	1	23.00		
8	1	21.00		
9	1	21.00		
10	1	23.00		
11	2	19.00		
12	2	21.00		
13	2	20.00		
14	2	18.00		
15	2	20.00		
16	2	18.00		
17	2	21.00		
18	2	19.00		
19	2	23.00		
20	2	20.00		
21	3	17.00		
22	3	15.00		
23	3	16.00		
24	3	17.00		
25	3	15.00		
26	3	13.00		
27	3	16.00		
28	3	14.00		
29	3	18.00		
30	3	16.00		

图 10－51　一维组间方差分析例子的完整数据

(1) 点击＜分析(A)＞菜单＜比较均值(M)＞下的＜单因素 ANOVA＞命令,打开＜单因素方差分析＞对话框。

(2) 选中变量＜material＞,点击向右的箭头,将其移到＜因变量列表(E)＞框内。选中变量＜performance＞,点击第二个向右的箭头,将其移到＜因子(F)＞框内(详见图 10－52)。

(3) 点击＜选项(O)＞按钮,打开＜单因素ANOVA＞对话框。点选＜统计量＞框内的＜描述性(D)＞和＜方差同质性检验(H)＞(详见图 10－53)。

(4) 点击＜继续＞按钮,返回＜单因素方差分析＞对话框。

(5) 点击＜两两比较(H)＞按钮,打开＜单因素 ANOVA:两两比较＞对话

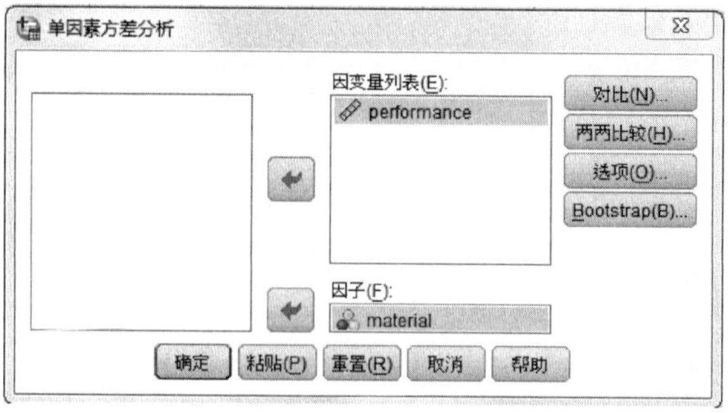

图 10－52　单因素方差分析对话框

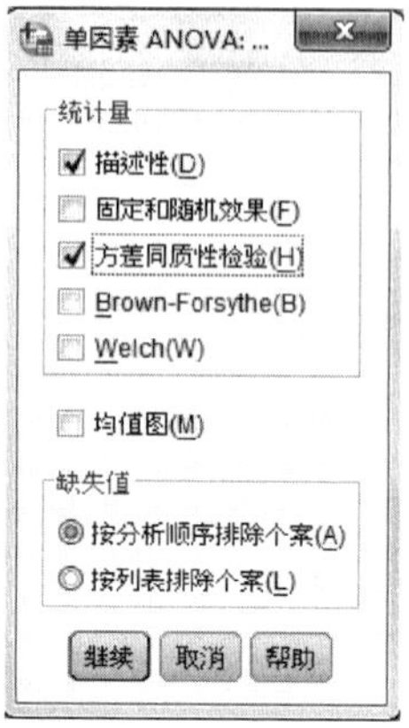

图 10－53　单因素 Anova 对话框

框，点选 <假定方差齐性>框内的 <Tukey>（详见图 10－54）。

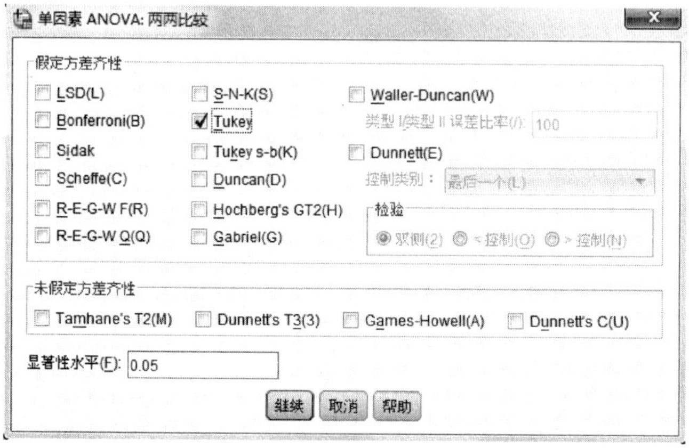

图 10－54　单因素 ANOVA：两两比较对话框

(6) 点击 <继续> 按钮，返回 <单因素方差分析> 对话框。

(7) 点击 <确定> 按钮。

2. 结果解读

(1) 描述统计

描述统计列出了各个教学组的描述统计量，包括样本量、均值、标准差、标准误、最大值和最小值等（详见图 10－55）。

描述

performance

	N	均值	标准差	标准误	均值的 95% 置信区间		极小值	极大值
					下限	上限		
1	10	21.2000	1.39841	.44222	20.1996	22.2004	19.00	23.00
2	10	19.9000	1.52388	.48189	18.8099	20.9901	18.00	23.00
3	10	15.7000	1.49443	.47258	14.6309	16.7691	13.00	18.00
总数	30	18.9333	2.77841	.50727	17.8959	19.9708	13.00	23.00

图 10－55　一维组间方差分析结果（一）

(2) 方差齐性检验

方差齐性检验表中，p 值 0.980 大于 0.05，因此可以认为三个教学组的总体方差相等（详见图 10－56）。

方差齐性检验

performance

Levene 统计量	df1	df2	显著性
.021	2	27	.980

图 10－56　一维组间方差分析结果（二）

(3) 单因素方差分析

单因素方差分析表格中 $F(2,27)=38.073$，p 值小于 0.05，因此拒绝虚无假设，认为三种教学方法之间是存在显著差异的（详见图 10－57）。

单因素方差分析

performance

	平方和	df	均方	F	显著性
组间	165.267	2	82.633	38.073	.000
组内	58.600	27	2.170		
总数	223.867	29			

p值小于0.05，所以拒绝原假设。

图 10－57　一维组间方差分析结果（三）

(4) 事后多重检验

尽管三组相等的虚无假设被拒绝了，但是备择假设并不明确，仍需要找出具体是哪两个组之间的差异显著，通过事后检验表格，可以看出教学方法 A，教学方法 B 与教学方法 C 之间的差异是显著的(详见图 10－58)。

多重比较

因变量：performance
Tukey HSD

(I)material	(J)material	均值差(I−J)	标准误	显著性	95%置信区间	
					下限	上限
1	2	1.30000	.65881	.138	−.3335	2.9335
	3	5.50000*	.65884	.000	3.8665	7.1335
2	1	−1.30000	.65884	.138	−2.9335	.3335
	3	4.20000*	.65884	.000	2.5665	5.8335
3	1	−5.50000*	.65884	.000	−7.1335	−3.8665
	2	−4.20000*	.65884	.000	−5.8335	−2.5665

*均值差的显著性水平为0.05。

p值小于0.05，所以2组和3组之间的差异显著。

p值小于0.05,所以1组和3组之间的差异显著。

图 10－58　一维组间方差分析结果(四)

注：只有当单样本方差分析表格显示差异显著时，才进行事后多重检验。

(二) 二维组间方差分析

二维组间方差分析应用于两个自变量估计一个连续因变量的情况。在二维组间方差分析中，两个自变量都是包含两个或更多水平的组间因素，而每个参与者只能接受每个因素的一个水平。

1. 二维组间方差分析的 SPSS 例解

为了研究学生的表现期望(表现期望是指被试对自己能够获得成绩的期望，可以分为高期望和低期望)和学习材料的效用价值(高和低)对网络学习的影响，我们挑选了高期望值与低期望值的各 12 位学生，高低期望值组的学生各一半学习效用价值高的材料，一半学习效用价值低的材料，并且记录他们的学习成绩(具体数据分布见图 10－59)，那么表现期望与效用价值是否对学生的网络学习产生显著影响?

首先，建立虚无假设和备择假设，然后使用二维组间方差分析对建立的三个虚无建设进行检验。

假设 1：表现期望的检验

虚无假设：高期望值组学生的学习成绩与低期望值组学生的学习成绩无显

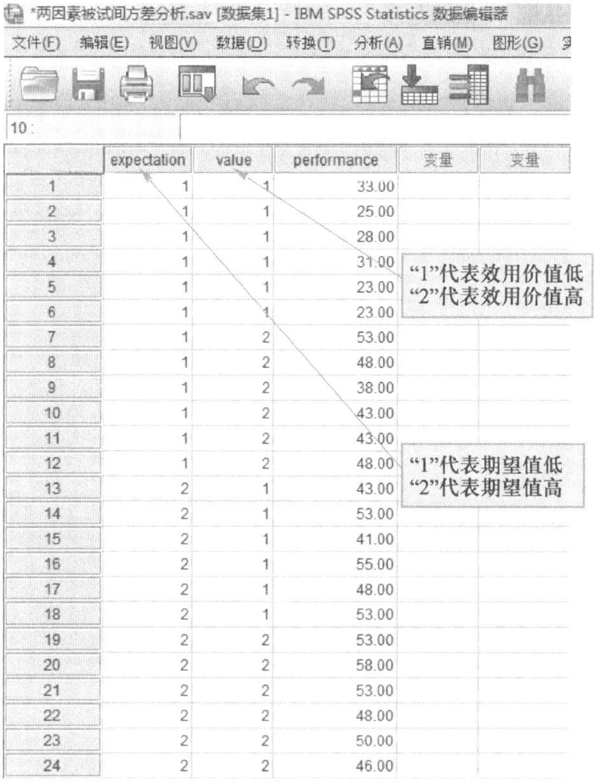

	expectation	value	performance	变量	变量
1	1	1	33.00		
2	1	1	25.00		
3	1	1	28.00		
4	1	1	31.00		
5	1	1	23.00		
6	1	1	23.00		
7	1	2	53.00		
8	1	2	48.00		
9	1	2	38.00		
10	1	2	43.00		
11	1	2	43.00		
12	1	2	48.00		
13	2	1	43.00		
14	2	1	53.00		
15	2	1	41.00		
16	2	1	55.00		
17	2	1	48.00		
18	2	1	53.00		
19	2	2	53.00		
20	2	2	58.00		
21	2	2	53.00		
22	2	2	48.00		
23	2	2	50.00		
24	2	2	46.00		

图 10－59　二维组间方差分析例子中的完整数据

著差异(表现期望的主效应不显著)。

备择假设:男性儿童心理韧性的均值与女性儿童心理韧性的均值有显著差异。

假设 2:效用价值的检验

虚无假设:学习高效用价值材料学生的学习成绩与学习低效用价值材料学生的学习成绩无显著差异(效用价值的主效应不显著)。

备择假设:学习高效用价值材料学生的学习成绩与学习低效用价值材料学生的学习成绩有显著差异。

假设 3:表现期望和效用价值交互效应的检验

虚无假设:表现期望与效用价值之间不存在交互效应。

备择假设:表现期望和效用价值之间存在交互效应(即表现期望和效用价值共同影响学生的网络学习)。

具体操作如下:

（1）点击<分析（A）>菜单<一般线性模型（G）>下的<单变量（M）>命令，打开<单变量>对话框。

（2）选中变量< performance >，点击向右的箭头，将其移到<因变量（D）>框内，选中变量< exception >和< value >，点击第二个向右的箭头，将其移到<固定因子（F）>框内（详见图 10－60）。

图 10－60　单变量对话框

（3）点击<选项（O）>按钮，打开<单变量：选项>对话框。点选<输出>框内的<描述统计（D）>、<功效估计（E）>和<方差齐性检验（H）>按钮（图 10－61）。

（4）点击<继续>按钮，返回<单变量>对话框。

（5）点击<确定>按钮。

2. 结果解读

（1）主体间因子

主体间因子表格列出了研究中效用价值和表现期望的水平数目和每个水平的样本量（详见图 10－62）。

（2）描述性统计量

描述性统计量表格列出了研究中每种情况的均值、标准偏差和样本量（详见图 10－63）。

（3）方差齐性检验

误差方差等同性检验对研究中的四个单元（四个单元分别为：高效用高期望；高效用低期望；低效用高期望；低效用低期望）的方差是否相等提供了检验。通过表格发现，$F(3,20)=0.553$，p 值 0.652 大于 0.05，因此，可以接受研究中

图 10－61　单变量:选项对话框

主体间因子

		N
expectation	1	12
	2	12
value	1	12
	2	12

图 10－62　二维组间方差分析结果(一)

的四个单元方差相等的假设(详见图 10－64)。

(4) 主体间效应的检验

主体间效应的检验表格,给出了我们所研究问题的答案。表格中变量 exception 所对应的 $F(1,20)=43.634$,p 值小于 0.05,因此拒绝虚无假设,认为表现期望会对学生的网络学习产生显著影响;变量 value 对应的 $F(1,20)=26.764$,p 值小于 0.05,因此拒绝虚无假设,认为学习材料的效用价值会显著影响学生的网络学习效果;exception * value 对应的 $F(1,20)=15.459$,p 值 0.001 小于 0.05,因此表现期望和效用价值之间存在显著的交互作用(详见图 10－65)。

注:二维方差分析中如果交互作用显著,则需使用简单效应分析进行进一步的效应检验。由于简单效应分析需要使用语句命令,限于篇幅,不再进行详细介绍。

描述性统计量

因变量:performance

expectation	value	均值	标准偏差	N
1	1	27.1667	4.21505	6
	2	45.5000	5.24404	6
	总计	36.3333	10.59445	12
2	1	48.8333	5.81091	6
	2	51.3333	4.27395	6
	总计	50.0833	5.03548	12
总计	1	38.0000	12.30669	12
	2	48.4167	5.48483	12
	总计	43.2083	10.72980	24

图 10-63　二维组间方差分析结果(二)

误差方差等同性的 Levene 检验[a]

因变量:performance

F	df1	df2	Sig.
.553	3	20	.652

检验零假设,即在所有组中因变量的误差方差均相等。

a. 设计:截距 + expectation + value + expectation * value

图 10-64　二维组间方差分析结果(三)

主体间效应的检验

因变量: performance

源	III型平方和	df	均方	F	Sig.	偏Eta方
校正模型	2161.458[a]	3	720.486	29.619	.000	.816
截距	44807.042	1	44807.042	1842.016	.000	.989
expectation	1134.375	1	1134.375	46.634	.000	.700
value	651.042	1	651.042	26.764	.000	.572
expectation*value	376.042	1	376.042	15.459	.001	.436
误差	486.500	20	24.325			
总计	47455.000	24				
校正的总计	2647.958	23				

a.R方=.816(调整R方=.789)

我们感兴趣的三个检验,由于 p 值均小于0.05,这三个检验都是显著的。

图 10-65　二维组间方差分析结果(四)

二、组内方差分析

(一) 一维组内方差分析

一维组内方差分析应用于一个自变量估计一个连续因变量的情况。在一维组内方差分析中,自变量是一个包含两个或更多水平的组内因素,而且每个参与者接受自变量的所有水平。

1. 一维组内方差分析的 SPSS 例解

研究发现,儿童在对生字本上的生词进行识记时,排在前面的几个和排在最后的似乎比较容易记住。为了验证这一结果,我们挑选了 45 个生词,随机排序分成三组:前 15 个生词,中间 15 个生词和后 15 个生词,然后记录 25 名儿童在固定时间内,能够正确回忆各组生词的个数(具体数值分布见图 10－66)。问儿童识记生词是否存在位置效应?

讨论

什么类型的数据适用于组内方差分析?

	front	middle	after	变量	变量
1	7	5	11		
2	12	7	10		
3	5	2	5		
4	5	5	8		
5	1	6	5		
6	7	9	6		
7	5	3	10		
8	9	4	6		
9	11	6	9		
10	14	10	5		
11	8	6	6		
12	6	5	5		
13	12	3	6		
14	9	1	6		
15	11	3	11		
16	9	6	14		
17	7	2	7		
18	8	9	6		
19	9	7	7		
20	10	1	11		
21	8	7	9		
22	8	3	7		
23	12	3	11		
24	5	10	6		
25	13	6	10		

图 10－66 一维组内方差分析例子的完整数据

首先,建立综合的虚无假设和备择假设,然后使用一维组内方差分析对建立的虚无建设进行检验。

虚无假设:儿童能够正确回忆各组生词的平均个数间不存在显著差异(即儿童识记生词不存在位置效应)。

备择假设:儿童能够正确回忆各组生词的平均个数间存在显著差异。

具体操作如下:

(1) 点击 < 分析(A) > 菜单 < 一般线性模型(G) > 下的 < 重复度量(R) > 命令,打开 < 重复度量定义因子 > 对话框。

(2) 在 < 级别数(L) > 右边的框内输入“3”(详见图 10-67)。

图 10-67　重复定义因子对话框

(3) 点击 < 添加(A) > 按钮。

(4) 点击 < 定义(F) > 按钮,打开 < 重复度量 > 对话框,选中变量 < front > < middle > 和 < after >,点击向右的箭头,将其移到 < 群体内部变量(W) > 框内(详见图 10-68)。

(5) 点击 < 选项(O) > 按钮,点选 < 输出 > 框内的 < 描述统计(D) > 和 < 功效估计(E) >。

(6) 点击 < 继续 > 按钮,返回 < 重复度量 > 对话框。

(7) 点击 < 确定 > 按钮。

2. 结果解读

(1) 主体内因子

主体内因子表格列出了组内变量的三个水平(详见图 10-69)。

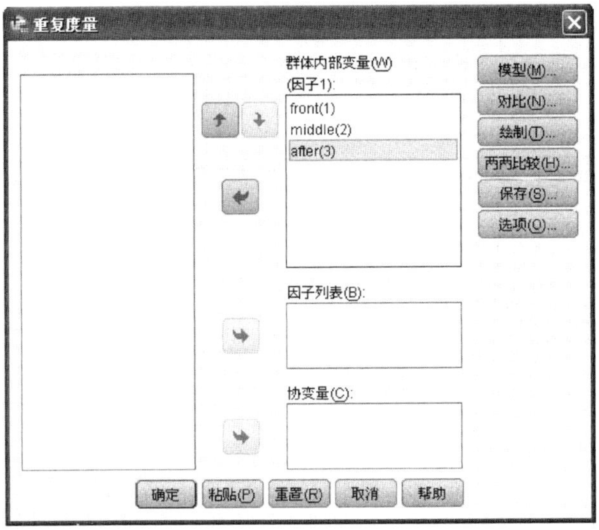

图 10-68 重复度量对话框

主体内因子

度量:

MEASURE_1

因子 1	因变量
1	front
2	middle
3	after

图 10-69 一维组内方差分析结果(一)

(2) 描述性统计量

描述性统计量表格列出了组内因素三个水平的样本数量,平均数和标准差(详见图 10-70)。

描述性统计量

	均值	标准偏差	N
front	8.44	3.042	25
middle	5.16	2.656	25
after	7.88	2.522	25

图 10-70 一维组内方差分析结果(二)

(3) Mauchly 球形检验

不同于一维组间方差分析,组内方差分析使用球形检验对方差齐性的假设进行检验。表中显示假设检验的 p 值 0.460 大于 0.05，因此，可以认为组内三个水平间的方差是相等的（详见图 10－71）。

Mauchly 的球形度检验

度量：MEASURE_1

主体内效应	Mauchly 的 W	近似卡方	df	Sig.	Epsilon		
					Greenhouse－Geisser	Huynh－Feldt	下限
因子 1	.935	1.555	2	.460	.939	1.000	.500

检验零假设，即标准正交转换因变量的误差协方差矩阵与一个单位矩阵成比例。

a. 设计：截距

主体内设计：因子 1

b. 可用于调整显著性平均检验的自由度。在“主体内效应检验”表格中显示修正后的检验。

图 10－71　一维组内方差分析结果（三）

（4）主体效应内的检验

主体效应内的检验为我们研究的问题提供了答案。因子 1 框中采用的球形度对应的 $F(2,48)=10.820$，p 值小于 0.05，因此我们拒绝虚无假设，认为儿童能够正确回忆各组生词的平均个数间存在显著差异，即儿童识记生词存在位置效应（因为球形检验中方差齐性，所以读取的是采用的球形度对应的 F 值和 p 值，如果方差不齐性，则需读取 Huynh－Feldt 和 Greenhouse－Geisser 对应的已修订过的值）（详见图 10－72）。

主体内效应的检验

度量：MEASURE_1

源		Ⅲ型平方和	df	均方	F	Sig.	偏 Eta 方
因子 1	采用的球形度	153.920	2	76.96	10.820	.000	.311
	Greenhouse－Geisser	153.920	1.877	81.99	10.820	.000	.311
	Huynh－Feldt	153.920	2.000	76.96	10.820	.000	.311
	下限	153.920	1.000	153.9	10.820	.003	.311
误差（因子 1）	采用的球形度	341.413	48	7.113			
	Greenhouse－Geisser	341.413	45.1	7.578			
	Huynh－Feldt	341.413	48.0	7.113			
	下限	341.413	24.0	14.23			

图 10－72　一维组内方差分析结果（四）

注：

1. 结果输出中的部分表格与所要解决问题关系不大，受篇幅所限，此处未呈现。

2. 主体内效应的检验差异显著,需进一步进行事后检验,对于组内方差分析,事后检验使用配对样本 t 检验。

(二) 二维组内方差分析

1. 二维组内方差分析的 SPSS 例解

为了研究汉字字频(高频和低频)和规则性(规则和不规则)对汉字命名的影响,我们挑选了 80 个汉字,其中高频字和低频字各一半,无论是在高频字还是低频字中,规则字和不规则字都各占一半。共有 20 名被试参加试验,计算每名被试每种条件下的平均反应时(具体数值分布见图 10-73)。

	a1b1	a1b2	a2b1	a2b2	变量	变量
1	711	699	782	751		
2	622	629	754	739		
3	789	956	962	1115		
4	728	783	805	995		
5	681	639	755	869		
6	557	581	639	719		
7	498	503	562	552		
8	550	589	638	641		
9	559	548	634	614		
10	547	508	663	683		
11	568	592	586	665		
12	669	690	765	852		
13	576	634	727	724		
14	503	518	556	571		
15	551	544	608	678		
16	551	576	659	659		
17	753	716	805	823		
18	601	636	710	728		
19	659	746	775	942		
20	620	701	737	819		

图 10-73　二维组内方差分析例子的完整数据

首先,建立虚无假设和备择假设,然后使用二维组间方差分析对建立的三个虚无假设进行检验。

假设 1:字频检验

虚无假设:被试对高频字和低频字的平均反应时之间无显著差异(字频的主效应不显著)。

备择假设:被试对高频字和低频字的平均反应时之间有显著差异。

假设2:规则性检验

虚无假设:被试对规则字和不规则字的平均反应时之间无显著差异(规则性的主效应不显著)。

备择假设:被试对规则字和不规则字的平均反应时之间有显著差异。

假设3:字频的规则的交互性检验

虚无假设:字频和规则性之间存在交互效应(即字频和规则性共同影响汉字命名的反应时)。

备择假设:字频和规则性之间不存在交互效应。

具体操作如下:

(1) 点击 <分析(A)> 菜单 <一般线性模型(G)> 下的 <重复度量(R)> 命令,打开 <重复度量定义因子> 对话框。

(2) 在 <被试内因子名称> 框内填入“a”(初始名称为“因子1”),在 <级别数(L)> 框内填入“2”,点击添加按钮。

(3) 在 <被试内因子名称> 框内填入第二个被试内变量的名称“b”在 <级别数(L)> 框内填入“2”,点击 <添加(A)> 按钮(详见图10-74)。

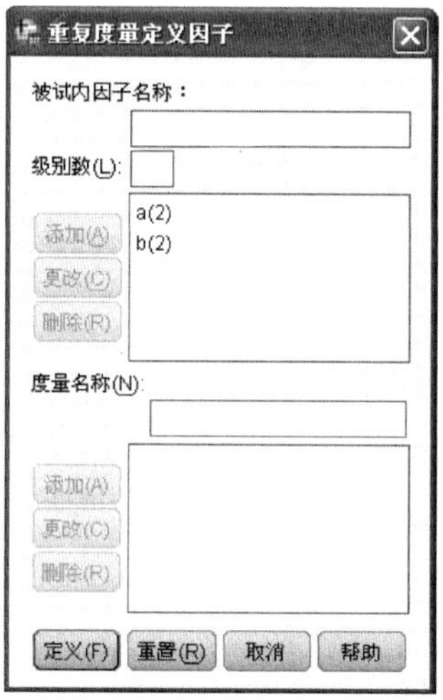

图10-74　重复度量定义因子对话框

(4) 点击 <定义(F)> 按钮,打开 <重复度量> 对话框,选中变量 <a1b1>、<a1b2>、<a2b1> 和 <a2b2>,点击向右的箭头,将其移到 <群体内部变量(W)> 框内(详见图10-75)。

(5) 点击 <选项(O)> 按钮,打开 <多变量:选项> 对话框,点选 <输出> 框内的 <描述统计(D)> 和 <功效估计(E)>(详见图10-76)。

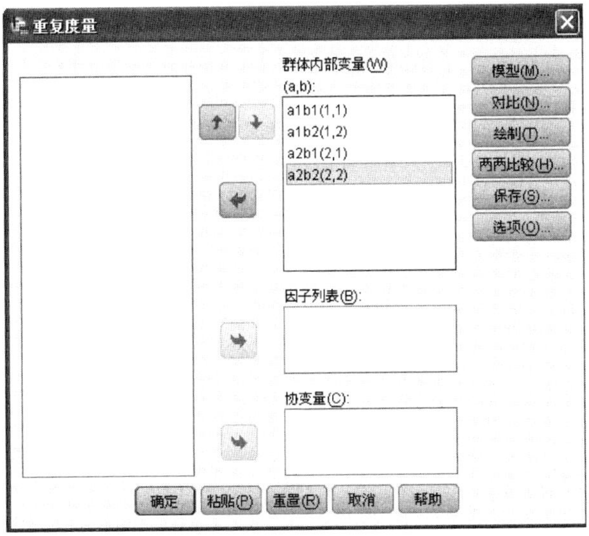

图 10－75　重复度量对话框

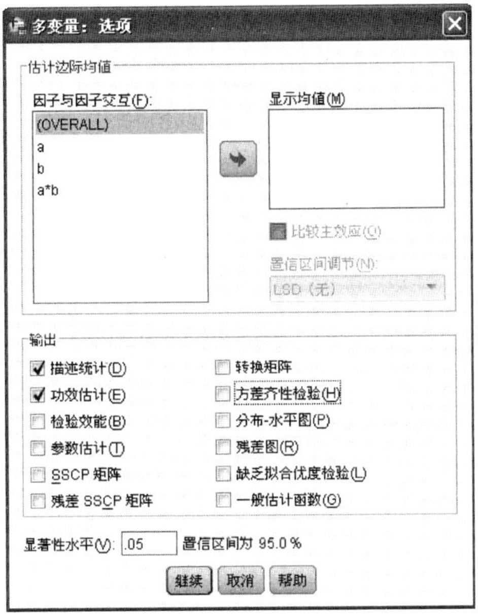

图 10－76　多变量：选项对话框

(6) 点击 <继续>，返回 <重复度量> 对话框。

(7) 点击 <确定> 按钮。

2. 结果解读

（1）主体内因子

主题内因子表格列出了组内变量的四个水平(详见图 10－77)。

主体内因子

度量:MEASURE_1

a	b	因变量
1	1	a1b1
	2	a1b2
2	1	a2b1
	2	a2b2

图 10－77　二维组内方差分析结果(一)

（2）描述性统计量

描述性统计量表格列出了研究中的每种水平(共四种水平)下的均值、标准偏差和样本量(详见图 10－78)。

描述性统计量

	均值	标准偏差	N
a1b1	614. 65	84. 069	20
a1b2	639. 40	109. 647	20
a2b1	706. 40	100. 251	20
a2b2	756. 95	143. 792	20

图 10－78　二维组内方差分析结果(二)

（3）主体效应内的检验

主体效应内的检验为我们研究的问题提供了答案。因素 a 和因素 b 采用的球形度对应的 p 值均小于 0. 05,因此拒绝虚无假设,认为汉字的字频和规则性对汉字的命名有显著的影响;a ∗ b 采用球形度检验对应的 p 值 0. 065 大于 0. 05,因此拒绝虚无假设,认为汉字字频和规则性对汉字的命名不存在交互效应(详见图 10－79)。

注:

1. 由于二因素组内方差分析中各因素的水平数均小于 3,因此球形检验不会给出结果。

2. 如果二因素组内方差分析的交互作用显著,则需进行简单效应分析。

主体内效应的检验

度量:MEASURE_1

源		Ⅲ型平方和	df	均方	F	Sig.	偏 Eta 方
a	采用的球形度	219032.5	1	219032.5	155.75	.000	.891
	Greenhouse - Geisser	219032.5	1.000	219032.5	155.75	.000	.891
	Huynh - Feldt	219032.5	1.000	219032.5	155.75	.000	.891
	下限	219032.5	1.000	219032.5	155.75	.000	.891
误差(a)	采用的球形度	26719.55	19	1406.292			
	Greenhouse - Geisser	26719.55	19.00	1406.292			
	Huynh - Feldt	26719.55	19.00	1406.292			
	下限	26719.55	19.00	1406.292			
b	采用的球形度	28350.45	1	28350.45	11.078	.004	.368
	Greenhouse - Geisser	28350.45	1.000	28350.45	11.078	.004	.368
	Huynh - Feldt	28350.45	1.000	28350.45	11.078	.004	.368
	下限	28350.45	1.000	28350.45	11.078	.004	.368
误差(b)	采用的球形度	48623.55	19	2559.134			
	Greenhouse - Geisser	48623.55	19.00	2559.134			
	Huynh - Feldt	48623.55	19.00	2559.134			
	下限	48623.55	19.00	2559.134			
a * b	采用的球形度	3328.200	1	3328.200	3.826	.065	.168
	Greenhouse - Geisser	3328.200	1.000	3328.200	3.826	.065	.168
	Huynh - Feldt	3328.200	1.000	3328.200	3.826	.065	.168
	下限	3328.200	1.000	3328.200	3.826	.065	.168
误差(a * b)	采用的球形度	16529.80	19	869.989			
	Greenhouse - Geisser	16529.80	19.00	869.989			
	Huynh - Feldt	16529.80	19.00	869.989			
	下限	16529.80	19.00	869.989			

图 10 - 79 二维组内方差分析结果(三)

三、组间组内方差分析

组间组内方差分析应用于两个自变量估计一个感兴趣的因变量的情况。在组间组内方差分析中,其中一个自变量是组间因素,另一个自变量是组内因素。组间因素包含两个或更多的水平,每个参与者只接受处理的一个水平。组内因素也包括两个或更多水平。每个参与者接受处理的所有水平。

1. 组间组内方差分析的 SPSS 例解

为了研究不同性别的儿童对 A、B、C 三种幼儿图书是否存在不同的偏好，随机挑选男女儿童各十名，让他们评价对每种幼儿图书的喜爱程度（请他们为各种图书打分，满分为 100 分）（具体的数据见图 10－80）。

首先，建立虚无假设和备择假设，然后使用组间组内方差分析对建立的三个虚无建设进行检验。

假设 1：图书种类的检验

虚无假设：所有儿童对三种图书评分的均值间无显著差异（图书种类的主效应不显著）。

备择假设：所有儿童对三种图书评分的均值间有显著差异。

假设 2：性别检验

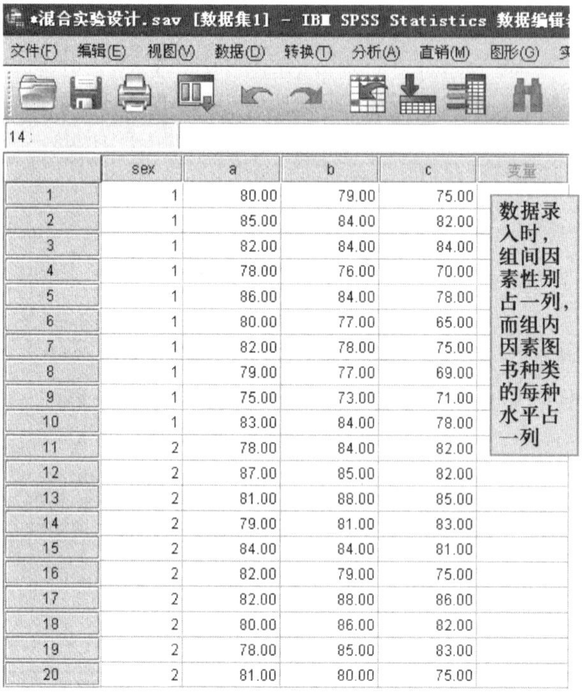

	sex	a	b	c	变量
1	1	80.00	79.00	75.00	
2	1	85.00	84.00	82.00	
3	1	82.00	84.00	84.00	
4	1	78.00	76.00	70.00	
5	1	86.00	84.00	78.00	
6	1	80.00	77.00	65.00	
7	1	82.00	78.00	75.00	
8	1	79.00	77.00	69.00	
9	1	75.00	73.00	71.00	
10	1	83.00	84.00	78.00	
11	2	78.00	84.00	82.00	
12	2	87.00	85.00	82.00	
13	2	81.00	88.00	85.00	
14	2	79.00	81.00	83.00	
15	2	84.00	84.00	81.00	
16	2	82.00	79.00	75.00	
17	2	82.00	88.00	86.00	
18	2	80.00	86.00	82.00	
19	2	78.00	85.00	83.00	
20	2	81.00	80.00	75.00	

图 10－80　组间组内方差分析例子中的完整数据

虚无假设：男性儿童对所有图书评分的均值与女性儿童对所有图书评分的均值无显著差异（性别的主效应不显著）。

备择假设：男性儿童对所有图书评分的均值与女性儿童对所有图书评分的均值有显著差异。

讨论

什么类型的数据适用于组间组内方差分析？

假设 3:性别和图书种类的交互性检验

虚无假设:性别和图书种类之间无交互效应。

备择假设:性别和图书种类之间有交互效应。

具体操作如下:

(1) 点击 <分析(A)>菜单 <一般线性模型(G)>下的 <重复度量(R)>命令,打开 <重复度量定义因子>对话框。

(2) 在 <级别数(L)>框内填入“3”,点击 <添加>按钮。

(3) 点击 <定义(F)>按钮,打开 <重复度量>对话框,选中变量 <a>、<b>和 <c>,点击向右的箭头,将其移到 <群体内部变量(W)>框内。选中变量 <sex>,点击第二个向右的箭头,将其移到 <因子列表(B)>框内(详见图 10 - 81)。

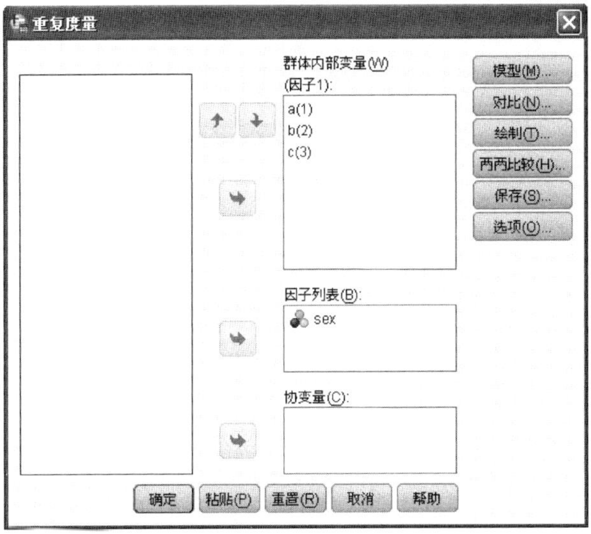

图 10 - 81　重复度量对话框

(4) 点击 <选项(O)>按钮,打开 <多变量:选项>对话框,点选 <输出>框内的 <描述统计(D)>和 <功效估计(E)>(详见图 10 - 82)。

(5) 点击 <继续>按钮,返回 <重复度量>对话框。

(6) 点击 <确定>按钮。

2. 结果解读

(1) 主体内因子

主体内因子表格列出了组内因素的 3 个水平(详见图 10 - 83)。

(2) 主体间因子

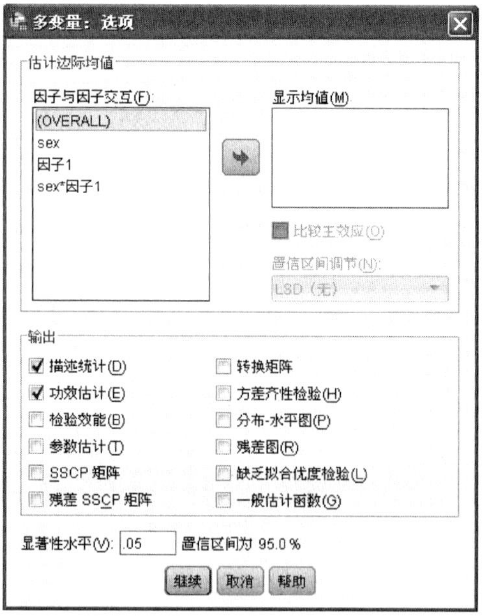

图 10-82 多变量:选项对话框

主体内因子

度量:MEASURE_1

因子 1	因变量
1	a
2	b
3	c

图 10-83 组间组内方差分析结果(一)

主体间因子表格列出了组间因素的 2 个水平(详见图 10-84)。

主体间因子

		N
sex	1	10
	2	10

图 10-84 组间组内方差分析结果(二)

(3) 描述性统计量

描述性统计量表格列出了组间组内因素各水平的均值、标准偏差以及样本量(详见图 10-85)。

描述性统计量

sex		均值	标准偏差	N
a	1	81.0000	3.29983	10
	2	81.2000	2.78089	10
	总计	81.1000	2.97180	20
b	1	79.6000	4.08792	10
	2	84.0000	3.12694	10
	总计	81.8000	4.20025	20
c	1	74.7000	6.00093	10
	2	81.4000	3.68782	10
	总计	78.0500	5.94249	20

图 10－85　组内组间方差分析结果(三)

(4) Mauchly 球形检验

使用球形检验对组内因素进行方差齐性的检验。表中 p 值 0.006 小于 0.05,因此我们认为组内因素的各水平间方差是不相等的(详见图 10－86)。

Mauchly 的球形度检验

度量:MEASURE_1

主体内效应	Mauchly 的 W	近似卡方	df	Sig.	Epsilon		
					Greenhouse－Geisser	Huynh－Feldt	下限
因子 1	.545	10.3	2	.006	.687	.767	.500

检验零假设,即标准正交转换因变量的误差协方差矩阵与一个单位矩阵成比例。

a. 设计:截距 + sex

主体内设计:因子 1

b. 可用于调整显著性平均检验的自由度。在"主体内效应检验"表格中显示修正后的检验。

图 10－86　组内组间方差分析结果(四)

(5) 主体内效应的检验

主体内效应检验表格提供了我们关心的组内因素的主效应和组间组内因素的交互作用是否显著的问题。由于球形检验拒绝了方差齐性的假设,因此我们在读取主体内效应的检验结果时,需要读取修订过得方差分析的结果。表格因子 1 中 Greenhouse－Geisser 对应的 $F(1.37, 24.7) = 12.08$,p 值 0.001 小于 0.05,因此拒绝虚无假设,认为组内主效应显著,所有儿童对三种图书评分的均值间无显著差异。表格中因子 1 * sex 中，Greenhouse - Geisser 对应的 $F(1.37, 24.7) = 8.251$，p 值 0.004 小于 0.05，因此拒绝虚无假设，认为交互作用显著（详见图 10 - 87）。

主体内效应的检验

度量：MEASURE_1

源		Ⅲ型平方和	df	均方	F	Sig.	偏 Eta 方
因子 1	采用的球形度	159.033	2	79.517	12.08	.000	.402
	Greenhouse - Geisser	159.033	1.37	115.68	12.08	.001	.402
	Huynh - Feldt	159.033	1.53	103.70	12.08	.000	.402
	下限	159.033	1.00	159.03	12.08	.003	.402
因子 1 * sex	采用的球形度	108.633	2	54.317	8.251	.000	.314
	Greenhouse - Geisser	108.633	1.37	79.016	8.251	.004	.314
	Huynh - Feldt	108.633	1.53	70.836	8.251	.003	.314
	下限	108.633	1.00	108.63	8.251	.010	.314
误差（因子 1）	采用的球形度	237.000	36	6.583			
	Greenhouse - Geisser	237.000	24.7	9.577			
	Huynh - Feldt	237.000	27.6	8.585			
	下限	237.000	18.0	13.167			

图 10 - 87 组内组间方差分析结果（五）

课后任务

试用 SPSS 软件对本章开头的案例进行方差分析。

（6）主体间效应的检验

主体间效应检验表格提供了我们关心的组间主效应是否显著的问题，表中 sex 对应的 $F(1,18) = 6.224$，p 值 0.023 小于 0.05，因此拒绝虚无假设，认为组间的主效应是显著的，男性儿童对所有图书评分的均值与女性儿童对所有图书评分的均值有显著差异（详见图 10 - 88）。

主体间效应的检验

度量：MEASURE_1

转换的变量：平均值

源	Ⅲ型平方和	df	均方	F	Sig.	偏 Eta 方
截距	387046.017	1	387046.017	11318.974	.000	.998
sex	212.817	1	212.817	6.224	.023	.257
误差	615.500	18	34.194			

图 10 - 88 组内组间方差结果（六）

第四节　相关分析

在自然界或人类社会中，如果变量之间具有相关变动的关系，则称变量之间相关，例如在夏天，温度的高低与冰淇淋的销量就存在相关性，当温度升高时，冰淇淋的销量也会相应地提高。如果其中一个变量的改变引起另一个变量朝着相同的方向变化，那么这两个变量存在着正相关，比如身高和体重的关系，一般来说，个子高的人体重会重些，个子矮的人体重会轻些。反之，我们则说这两个变量之间存在负相关。

思考

什么是相关关系？什么是相关系数？相关系数取值区间是多少到多少？相关系数的值表示的意义是什么？

相关系数是两列变量间相关程度的数字表现形式，它的取值区间为 -1 到 1。如果相关系数为 1，即完全相关，表示一个变量的任何改变都会导致另一个变量朝着相同的方向发生等量的改变；如果相关系数为 -1，即完全负相关，代表一个变量的任何改变都将引发另一个变量朝着相反方向发生等量的改变。相关系数越接近 1 或 -1，变量间的相关性就越强。如果相关系数为零，则意味着变量间不存在有意义的联系。在平时研究中，皮尔逊积差相关是计算相关系数最为普遍的方法，下面以皮尔逊积差相关为例，详细讲解相关分析的 SPSS 操作。

相关分析的 SPSS 例解：

图 10 -89 是调查得到的 30 个学生的学习主观幸福感和学业成就得分的数据。那么，学习主观幸福感与学业成就是否相关？

具体操作如下：

(1) 点击 <分析(A)> 菜单 <相关(C)> 下的 <双变量(B)> 命令，打开 <双变量相关> 对话框。

(2) 选中变量 <happiness> 和 <score>，点击向右的箭头，将变量 <happiness> 和 <score> 移到 <变量(V)> 框内(详见图 10 -90)。

(3) 点击 <确定> 按钮。结果见图 10 -91。

注：并非任意两列变量均可使用积差相关进行分析，一般来说，用于计算积差相关系数的数据资料，需满足以下四个条件：

一是数据必须成对，即若干个体中，每个个体都有两种不同的观测值，并且数据的数目不宜少于 30 对。

二是两列变量各自总体的分布都是正态，即正态双变量，至少两个变量服从的分布是接近正态分析的单峰分布。

三是两个相关的变量是连续变量。

四是两列变量之间存在线性关系。

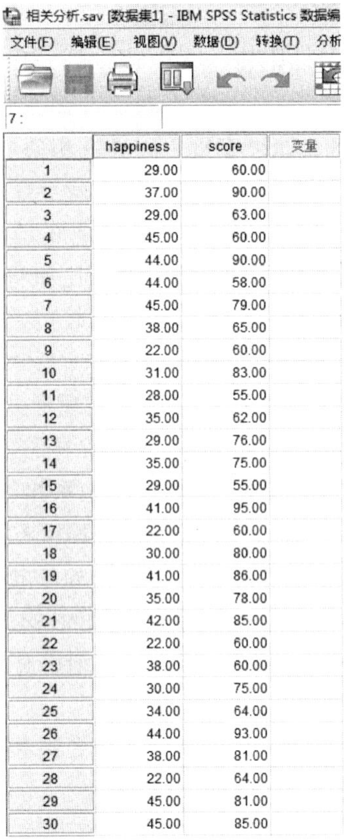

	happiness	score	变量
1	29.00	60.00	
2	37.00	90.00	
3	29.00	63.00	
4	45.00	60.00	
5	44.00	90.00	
6	44.00	58.00	
7	45.00	79.00	
8	38.00	65.00	
9	22.00	60.00	
10	31.00	83.00	
11	28.00	55.00	
12	35.00	62.00	
13	29.00	76.00	
14	35.00	75.00	
15	29.00	55.00	
16	41.00	95.00	
17	22.00	60.00	
18	30.00	80.00	
19	41.00	86.00	
20	35.00	78.00	
21	42.00	85.00	
22	22.00	60.00	
23	38.00	60.00	
24	30.00	75.00	
25	34.00	64.00	
26	44.00	93.00	
27	38.00	81.00	
28	22.00	64.00	
29	45.00	81.00	
30	45.00	85.00	

图 10－89　相关分析例子中的完整数据

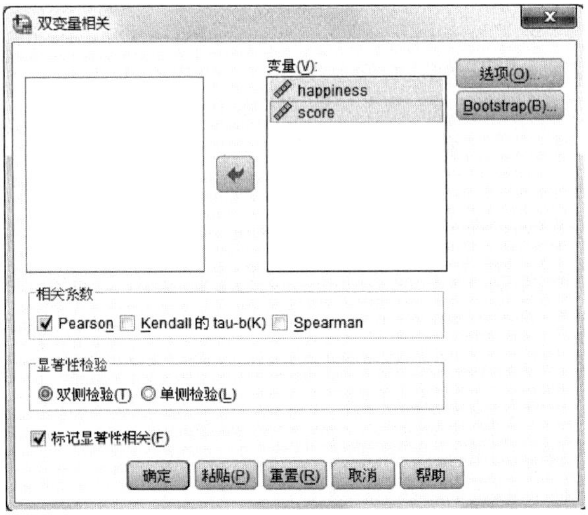

图 10－90　双变量对话框

同样的结果在相关性表格中出现两次

相关性

		happiness	score
happieness	Pearson相关性显著性（双侧）	1	.538**
			.002
	N	30	30
score	Pearson相关性显著性（双侧）	.538**	1
		.002	
	N	30	30

**. 在.01水平（双侧）上显著相关。

焦虑水平与教养方式的相关系数为0.538

相关性显著，因为P值小于0.05

图 10－91　相关分析结果

第五节　回归分析

一、简单线性回归

思考

回归分析的主要目的是什么？

简单线性回归的主要目的是用来预测随另一个变量取值变动而变动的变量。在回归中,被预测的变量通常称作因变量,用于预测的变量通常成为自变量或预测变量。理解上面的内容可能有一些难度,但是大部分人对于 $Y = a + bX$ 这样的一次函数形式并不陌生。简单线性回归分析就是利用收集到的数据,计算 a 和 b 的值,建立 Y 与 X 的线性关系表达式,然后利用 X 的值来预测 Y 的值。

1. 简单线性回归的 SPSS 例解

大量研究发现,社会支持可以显著预测主观幸福感,为了验证这一研究,我们随机抽取 30 名学生,测量了他们的社会支持(support)和主观幸福感(well－being)得分,具体数据见图10－92。

具体操作如下:

(1) 点击＜分析(A)＞菜单＜回归(R)＞下的＜线性(L)＞命令,打开＜线性回归＞对话框。

(2) 选中变量＜well－being＞,点击向右的箭头,将其移到＜因变量(D)＞框内;选中变量＜support＞,点击第二个向右的箭头,将其移动到＜自变量(I)＞框内(详见图 10－93)。

(3) 点击＜统计量(S)＞按钮,打开＜线性回归:统计量＞对话框。点选

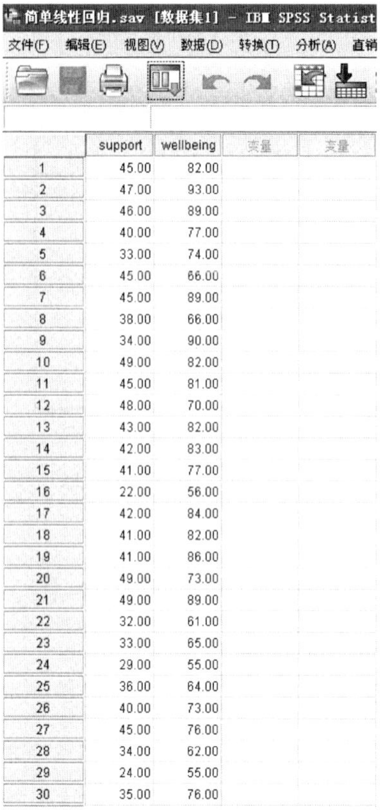

	support	wellbeing	变量	变量
1	45.00	82.00		
2	47.00	93.00		
3	46.00	89.00		
4	40.00	77.00		
5	33.00	74.00		
6	45.00	66.00		
7	45.00	89.00		
8	38.00	66.00		
9	34.00	90.00		
10	49.00	82.00		
11	45.00	81.00		
12	48.00	70.00		
13	43.00	82.00		
14	42.00	83.00		
15	41.00	77.00		
16	22.00	56.00		
17	42.00	84.00		
18	41.00	82.00		
19	41.00	86.00		
20	49.00	73.00		
21	49.00	89.00		
22	32.00	61.00		
23	33.00	65.00		
24	29.00	55.00		
25	36.00	64.00		
26	40.00	73.00		
27	45.00	76.00		
28	34.00	62.00		
29	24.00	55.00		
30	35.00	76.00		

图 10－92　简单线性回归例子中的完整数据

图 10－93　线性回归对话框

<描述性>(<估计>和<模型拟合度>为已选中状态)(详见图 10－94)。

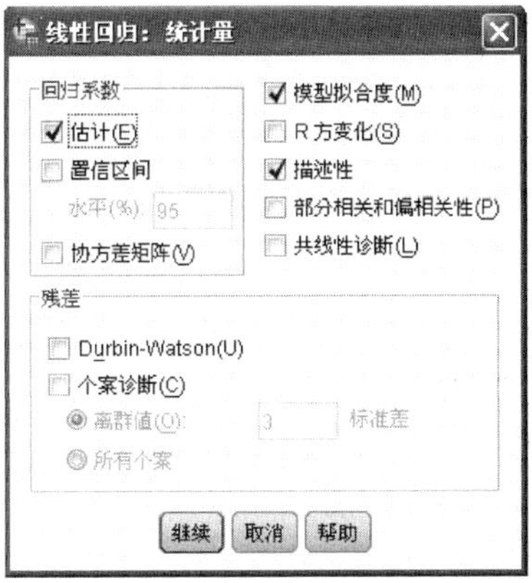

图 10－94　线性回归:统计量对话框

(4) 点击<继续>按钮,返回<线性回归>对话框。

(5) 点击<确定>按钮。

2. 结果解释

(1) 描述统计量

描述性统计量表列出了每个变量的均值、标准偏差和样本量(详见图 10－95)。

描述性统计量

	均值	标准偏差	N
wellbeing	75. 2667	11. 11983	30
support	39. 7667	7. 22869	30

图 10－95　简单线性回归结果(一)

(2) 相关性

相关性表格列出了社会支持和主观幸福感之间的相关性。两变量间的相关系数为 0. 699,单侧检验的 p 值小于 0. 05,说明两变量的相关是显著的(详见图 10－96)。

(3) 变量输入/移去

变量输入/移去表格列出了用于预测主观幸福感的变量,即社会支持(详见图 10－97)。

(4) 模型汇总

模型汇总表格列出了 R、R^2、调整的 R^2 和估计标准误差。R 是多元相关系数,等于社会支持和主观幸福感的皮尔逊相关系数的绝对值;R^2 是 R 的平方,代

相关性

		wellbeing	support
Pearson 相关性	wellbeing	1.000	.699
	support	.699	1.000
Sig.（单侧）	wellbeing	.	.000
	support	.000	.
N	wellbeing	30	30
	support	30	30

图 10－96　简单线性回归结果（二）

输入/移去的变量[a]

模型	输入的变量	移去的变量	方法
1	support[b]	.	输入

a. 因变量：wellbeing

b. 已输入所有请求的变量

图 10－97　简单线性回归结果（三）

表自变量可以解释因变量变异的程度，例中，社会支持可以解释主观幸福感总变异的 48.8%；调整的 R^2 修正了 R^2 是为了对总体值做更好的估计（基于样本计算的 R^2 容易高估总体值）（详见图 10－98）。

模型汇总

模型	R	R 方	调整 R 方	标准估计的误差
1	.699[a]	.488	.470	8.09541

a. 预测变量：（常量），support

图 10－98　简单线性回归结果（四）

（5）方差分析

思考

简单线性回归与多元线性回归的区别是什么？

Anova 表格是对整个回归方程的检验。表中 $F(1,28)=26.716$，p 值小于 0.05，说明建立的回归方程是显著的，该方程可以用来进行因变量的预测（详见图 10－99）。

（6）系数

系数表格列出了回归方程中各变量的非标准化系数、标准系数以及系数的显著性检验。例中，回归方程的常数项为 32.522，社会支持的非标准化系数为 1.075，标准系数为 0.699。社会支持对应的 t 值为 5.169，p 值小于 0.05，因此说

Anova[a]

模型		平方和	df	均方	F	Sig.
1	回归	1750.868	1	1750.868	26.716	.000[b]
	残差	1834.999	28	65.536		
	总计	3585.867	29			

a. 因变量:wellbeing

b. 预测变量:(常量),support

图 10-99 简单线性回归结果(五)

明社会支持可以显著预测主观幸福感(详见图 10-100)。

系数[a]

模型		非标准化系数		标准系数	t	Sig.
		B	标准误差	试用版		
1	(常量)	32.522	8.401		3.871	.001
	support	1.075	.208	.699	5.169	.000

a. 因变量:wellbeing

图 10-100 简单线性回归结果(六)

二、多元线性回归

多元线性回归的目标是用两个或两个以上的不同变量值来预测一个变量值。在多元线性回归中,被预测的变量称为因变量,用来预测的变量称为自变量。多元线性回归的数学形式为 $Y = a + b_1X_1 + b_2X_2 + b_3X_3 + \cdots\cdots$ 多元线性回归分析的目的就是计算 a、b_1、b_2 和 b_3 等的值,然后利用变量 X_1、X_2 和 X_3 等的值来预测 Y 的值。

1. 多元线性回归的 SPSS 例解

为了研究学生网络学习效果(score)的影响因素,我们随机调查了 448 名学生,收集他们学习的情景兴趣(interest)、表现期望(exception)和学习材料效用价值(value)的数据(具体数据分布见图 10-101,学习兴趣、表现期望与学习材料效用价值的得分均有学生自己评定)。

具体操作如下:

(1) 点击 <分析(A)>菜单<回归(R)>下的<线性(L)>命令,打开<线性回归>对话框。

(2) 选中变量<score>,点击向右的箭头,将变量<score>移到<因变量

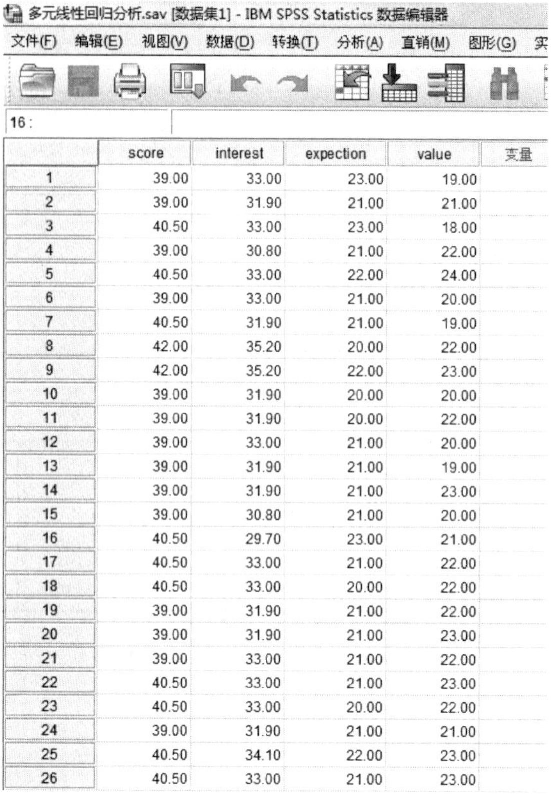

	score	interest	expection	value	变量
1	39.00	33.00	23.00	19.00	
2	39.00	31.90	21.00	21.00	
3	40.50	33.00	23.00	18.00	
4	39.00	30.80	21.00	22.00	
5	40.50	33.00	22.00	24.00	
6	39.00	33.00	21.00	20.00	
7	40.50	31.90	21.00	19.00	
8	42.00	35.20	20.00	22.00	
9	42.00	35.20	22.00	23.00	
10	39.00	31.90	20.00	20.00	
11	39.00	31.90	20.00	22.00	
12	39.00	33.00	21.00	20.00	
13	39.00	31.90	21.00	19.00	
14	39.00	31.90	21.00	23.00	
15	39.00	30.80	21.00	20.00	
16	40.50	29.70	23.00	21.00	
17	40.50	33.00	21.00	22.00	
18	40.50	33.00	20.00	22.00	
19	39.00	31.90	21.00	22.00	
20	39.00	31.90	21.00	23.00	
21	39.00	33.00	21.00	22.00	
22	40.50	33.00	21.00	23.00	
23	40.50	33.00	20.00	22.00	
24	39.00	31.90	21.00	21.00	
25	40.50	34.10	22.00	23.00	
26	40.50	33.00	21.00	23.00	

图 10－101　多元线性回归的部分数据

(D) > 框内;选中变量 < interest > 、< exception > 和 < value > ,点击第二个向右的箭头,把变量移到 < 自变量(I) > 框内。(但其实三个自变量都在左侧框内)(详见图 10－102)。

(3) 点击 < 统计量(S) > 按钮,打开 < 线性回归:统计量 > 对话框,点选 < 描述性 > 。(< 估计(E) > 和 < 模型拟合度(M) > 为已选中状态)(详见图 10－103)。

(4) 点击 < 继续 > 按钮,返回 < 线性回归 > 对话框。

(5) 点击 < 确定 > 按钮。

2. 结果解读

(1) 描述性统计量

描述性统计量表格列出了每个变量的均值、标准偏差和样本量(详见图 10－104)。

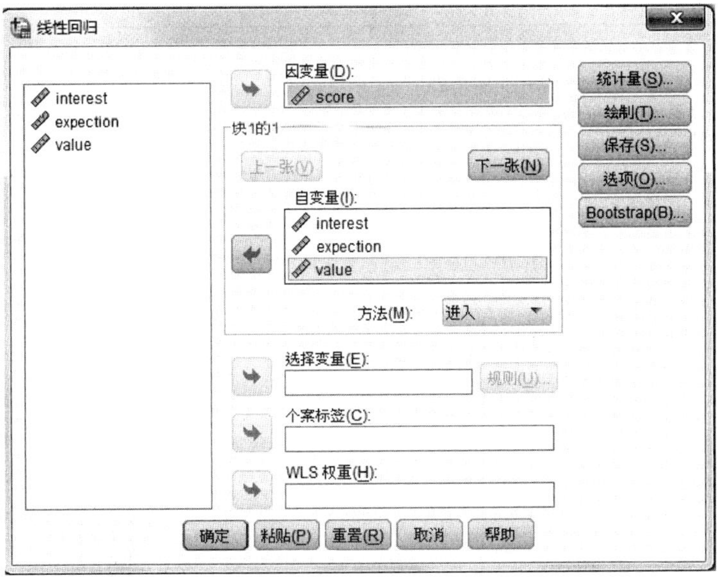

图 10－102　线性回归对话框

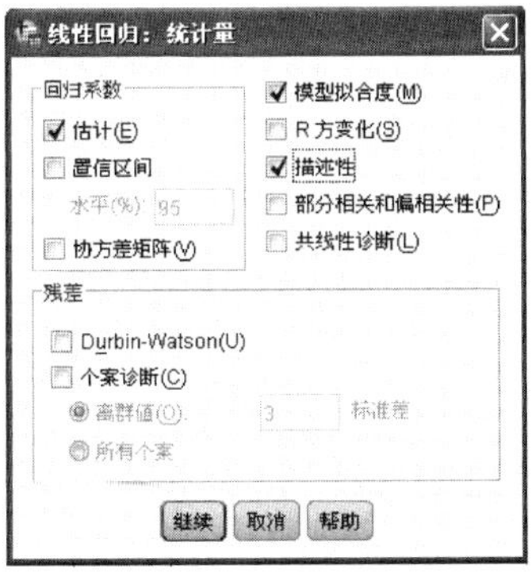

图 10－103　线性回归：统计量

（2）相关性

相关性表格列出了研究中所有变量的二元相关性。表中因变量与所有自变量的相关系数均达到显著相关（详见图 10－105）。

（3）变量输入/移去表格

变量输入/移去表格列出了用于预测因变量的三个自变量（详见图 10－106）。

描述性统计量

	均值	标准偏差	N
score	40.0681	1.22445	448
interest	32.2511	1.62321	448
exception	21.3862	1.22081	448
value	21.0670	1.82819	448

图 10－104　多元线性回归结果(一)

相关性

		score	interest	exception	value
Pearson 相关性	score	1.000	.383	.175	.335
	interest	.383	1.000	.038	.274
	exception	.175	.038	1.000	-.041
	value	.335	.274	-.041	1.000
Sig.（单测）	score		.000	.000	.000
	interest	.000	.	.210	.000
	exception	.000	.210	.	.195
	value	.000	.000	.195	
N	score	448	448	448	448
	interest	448	448	448	448
	exception	448	448	448	448
	value	448	448	448	448

图 10－105　多元线性回归结果(二)

输入/移去的变量[a]

模型	输入的变量	移去的变量	方法
1	value. exception, interest[b]		输入

a. 因变量:score

b. 已输入所有请求的变量

图 10－106　多元线性回归结果(三)

(4) 模型汇总

模型汇总表格列出了 R、R^2、调整的 R^2 和估计标准误差。R 是多元相关系数,等于因变量的原始值和通过回归分析得到的因变量的预测值之间的相关系数的绝对值；R^2 是 R 的平方，代表自变量可以解释因变量变异的程度，例中，表现期望等三个自变量可以解释因变量学习效果总变异的 23.4%；调整的 R^2 修正了 R^2 是为了对总体值做更好的估计（基于样本计算的 R^2 容易高估总体值）（详见图 10－107）。

模型汇总

模型	R	R 方	调整 R 方	标准估计的误差
1	.484[a]	.234	.229	1.07529

a. 预测变量：（常量），value，exception，interest。

图 10－107　多元线性回归结果（四）

（5）方差分析

Anova 表格是对整个回归方程的检验。表中 $F(1,28)=45.203$，p 值小于 0.05，说明可以使用所建立的回归方程来预测因变量（详见图 10－108）。

Anova[a]

模型		平方和	df	均方	F	Sig.
1	回归	156.798	3	52.266	45.203	.000[b]
	残差	513.376	444	1.156		
	总计	670.174	447			

a. 因变量：score

b. 预测变量：（常量），value，exception，interest

图 10－108　多元线性回归结果（五）

（6）系数

系数表格列出了回归方程中各变量的非标准化系数、标准系数以及系数的显著性检验。例中，回归方程的常数项为 25.266。情景兴趣的非标准化系数为 0.230，标准系数为 0.305，情景兴趣对应的 t 值为 7.062，p 值小于 0.05，说明情景兴趣可以显著预测学生的网络学习效果。表现期望的非标准化系数为 0.174，标准系数为 0.174，表现期望对应的 t 值为 4.169，p 值小于 0.05，说明表现期望可以显著预测学生的网络学习效果。效用价值的非标准化系数为 0.173，标准化系数为 0.259，效用价值对应的 t 值为 5.980，p 值小于 0.05，说明学习材料的效用价值可以显著预测学生的网络学习效果（详见图 10－109）。

课后任务

试用 SPSS 软件对自选案例进行回归分析。

系数[a]

模型		非标准化系数		标准系数	t	Sig.
		B	标准误差	试用版		
1	（常量）	25.266	1.373		18.397	.000
	interest	.230	.033	.305	7.062	.000
	exception	.174	.042	.174	4.169	.000
	value	.173	.029	.259	5.980	.000

a. 因变量：score

图 10－109　多元线性回归(六)

拓展阅读

1. 结构方程模型

2. 元分析技术

[思考与练习]

第七编　研究结果的呈现

第十一章　研究报告的撰写

研究报告是研究成果的集中体现，也是交流与评价研究成果的基础。依据所采取的研究方法，研究报告可以分为实验研究报告、调查研究报告、案例研究报告和人类学研究报告等几种主要类型。

[学习目标]

1. 了解研究报告的基本格式；
2. 掌握研究报告的撰写要求；
3. 能够对不同类型研究报告进行评价分析。

第一节 研究报告的基本格式

一、研究报告的总体框架

研究报告是对整个研究过程的总结,集中体现了研究的结论和成果,标志着研究过程的结束。依据所采取的专门研究方法,研究报告可以分为实验研究报告、调查研究报告、案例研究报告和人类学研究报告等几种主要类型。综合运用不同研究方法撰写的学术论文(含毕业论文和学位论文)也属于研究报告。

教育科学研究报告的撰写应符合研究报告在内容方面和基本格式方面的要求。从内容上看,研究报告必须坚持科学、客观和严谨的原则,从对数据和资料的分析中得出结论,不能仅凭个人的主观臆想或情感倾向发表观点。从格式上看,研究报告的总体框架包括题目、署名、摘要、关键词、正文、注释和参考文献几个必要的部分,有时还要有附录;而正文部分又可分为前言、文献综述、研究方法、研究结果、讨论、结论等多个部分。

其中,研究报告的主体部分因研究报告的类型不同而有所不同,在实际撰写研究报告时,可以在规定的范围内灵活运用。例如,对于在学术期刊发表的论文,文献综述和前言常常可以合并;对于实验研究报告和调查研究报告来说,研究报告的主体一般包括前言、方法、结果、讨论、结论五个部分;对于人类学研究报告,结果和讨论部分则可以互相穿插、融为一体。

二、研究报告的基本格式

(一)题目

题目是研究报告的"眼睛",好的标题可以起到"点睛"的作用。当我们阅读一篇研究报告时,首先映入眼帘的就是这篇文章的题目。一个好的题目可以让读者了解它的研究主题、研究对象、研究方法以及创新之处,从而使读者决定要不要继续读下去。题目的表达应该注意以下几个方面:

(1)题目要将研究对象和范围界定清楚,研究对象要明确具体,研究范围要大小适当。题目可以直接表达有关研究对象的信息,如在"青少年不良行为的现况研究"这一题目中,就明确地界定了"青少年"是本篇文章的研究对象,或者说是被试群体。题目不能过于笼统,也不能贪大求全。如果选择的题目过于宽泛,不仅会加重自己研究的工作量,而且很容易阐述不清、分析不透。

(2)题目要说明研究中的变量或变量之间的关系。如果是相关研究,应指出是哪几个变量之间的相关,如"中小学教师职业倦怠与人格特质研究——以温州为例”,从题目可以看出这篇论文就是要分析“职业倦怠”与“人格特质”两个变量之间的关系。如果是因果研究,就要说明研究中的自变量和因变量分别是什么,如“阅读速度与词汇量的关系”这一题目中,就包含一对变量:词汇量与阅读速度。其中词汇量是自变量,阅读速度是因变量。

(3)题目可以包含研究方法的信息。在“中小学教师职业倦怠与人格特质研究——以温州为例”这个题目中,可以看出该研究使用的研究方法为个案研究法。

(4)题目的语义应明确、精炼。题目既要清晰地表述研究问题、研究对象、研究方法等内容,又要做到言简意赅。题目不能过于冗长,具体的字数要以研究项目的需要为准。一般情况下题目不再加副标题,在特殊情况下,为了补充标题中没有提及的重要信息,也可以使用副标题。

(5)题目的拟定要有利于提高被检索和被引用的机会。因此,在论文题目中应该包含最关键的词汇,即专业词汇,且要避免使用缩略词,应拼写出完整的术语,以方便同行检索。

(二)署名

署名的位置一般在题目的下方,作为科研成果的署名必须是作者的真实姓名,并签署作者的供职单位和相关的身份信息(比如专业技术职称或相关职务等)。署名表示作者对本研究报告负责,同时享有该研究报告的知识产权,并获得相应的荣誉。署名也是文献检索的一种途径,通过检索署名,可以发现某一个研究者的相关研究成果。

(三)摘要

如果说题目是研究报告的“眼睛”,那么摘要就是整篇文章的缩影。摘要的位置在题目之后,正文之前,是文献检索的标志。一篇好的摘要能够用最精炼、最准确的语言,概括出文章的全部内容。通过阅读摘要,读者就可以在短时间内快速了解到这篇研究报告的研究目的、方法、结果和价值等多方面的信息。摘要能影响到读者要不要继续往下读一篇研究报告。撰写摘要时要注意以下几个问题:

1. 摘要的篇幅要求简短、精练

撰写摘要的目的就是要让读者用最短的时间来了解整篇研究报告的全貌,所以,摘要在篇幅上应该尽量简短、精练。一般用于学术期刊发表的研究报告的中文摘要篇幅为200~300字;用于研究项目结题的研究报告(含毕业论文与学位论文)的摘要可以根据不同的需要适当增加篇幅。

2. 摘要的内容结构应当完整

(1)摘要的内容必须完整,能够突出论文中最主要的内容,并排除与正文不相关的陈述。多数学术论文除了中文摘要外,还要求有英文摘要。

(2) 摘要是对研究问题全面的、高度的概括性表述,因此,摘要本身可以成为一篇独立的短文。通过阅读摘要,读者就可以对整篇文章的研究问题、研究过程、研究方法、结论及其科学性有一个大致的了解。

(3) 摘要一般不分段,往往一气呵成,切忌条例式书写法。写摘要时不要简单重复题目中的信息,应尽量采用文字叙述,不要罗列文中的数据。

(4) 摘要一般在正文定稿后再开始撰写,方便研究者理清思路。句与句之间要连贯一气,内容严谨,有逻辑。

(5) 摘要中不要缩写专业词汇,一定要拼写出术语的全部名称。此外,摘要部分忌讳出现文献的引用。

(四) 关键词

关键词和摘要一样常常成为文献检索的基本单位。论文的关键词一般要求能够反映文章的主题概念。关键词选用的得当,可以提高该文的检索概率和被引用的机会,关系到该研究成果的利用率。选用关键词时要注意:

(1) 一般来说,关键词应该选取 3 ~5 个为宜,可以是反映研究问题的词,也可以是词组。位置在摘要的下方,以显著的字符另起一行,每个关键词之间用空格或分号隔开。

(2) 关键词是专业词汇,像“作用”“方法”“影响”“教育科学”等这类外延较广的词汇,不可作为文章的关键词来使用。

(3) 文章中除了中文关键词,一般还要求有英文关键词,位置在中文关键词的下方,与中文关键词一一对应。

(五) 正文

正文是研究报告的主体,它由前言、文献综述、研究方法、研究结果、讨论、结论等几个部分组成。各种研究报告的正文部分的撰写要求,将分别在下面几节介绍。

思考

期刊、图书和学位论文的文献著录规则具体是怎么规定的呢?

(六) 注释和参考文献

注释和参考文献是教育研究报告中不可缺少的一部分。在撰写研究报告时,如果直接引用或者参考了他人的观点或资料,必须非常清晰准确地标明出处,这既是对他人劳动成果的尊重,也能反映出作者治学态度严谨,遵守保护知识产权的相关法规。此外,注释和参考文献还可以启发读者对相关的研究课题展开更广泛地阅读和深入地研究。

研究报告中注释的用途主要有两个:一是用于标明直接引用的他人观点和材料的出处,具体的格式要求可参照参考文献的格式要求;二是用于对文中的某个问题进行补充说明,具体的格式要求可根据内容需要来确定。注释的摆放位置有两种：页下注和文末注。页下注是在文章的当页下端，与正文之间画一条横线，在横线下方注释，字体一般比正文小。目前的计算机文字处理系统可以自动生成页下注。文下注是在整篇文章写完之后添加的注释。一般的研究报告尤其是学位论文都是采用页下注，因为这样既可以让读者很方便地在当页查找具体的文献来源，也可以空出文末的位置添加参考文献。如果把注释和参考文献都放在文末则显得比较累赘。

一般来说，如果是直接引用或参考他人的观点和资料，就必须要使用注释，所有用于说明文献来源的页下注释，同时需要列入文末的参考文献之中；如果是间接地参考了他人的观点和资料，虽然没有直接引用，但是从他人的观点和资料中受到了一定的启发，在科学研究发展的过程中存在着一定相互影响的逻辑关系，也应该把相关观点和资料的来源列入参考文献。

《文后参考文献著录规则》是中华人民共和国国家标准化管理委员会发布的一项用于学术文章文后参考文献著录的国家标准。最新版于2005年发布，编号GB/T 7714－2005。期刊、图书、学位论文的文后参考文献著录规范要严格参照《文后参考文献著录规则》GB/T 7714－2005的规定。

拓展阅读

《文后参考文献著录规则》GB/T 7714－2005（节选）

（七）附录

附录是正文的补充部分，必要时才列出。在研究过程中搜集的一些客观材料，采用的工具、设备，常常作为附录，列在研究报告的后面。附录有两个方面的作用：一是为读者提供更详细的信息，有助于读者了解研究过程，分析和评论研究结果。二是为其他研究者进行重复研究提供依据。

常见的附录包括数字证明、测验量表、调查问卷、测试卷、访谈录、计算机程序或其他仪器设备。附录一般编排在参考文献的后面，可以有多个附录。如果附录超过一种以上，必须给附录加上编号，如附录一、附录二。此外，每个附录必须注明标题。

思考

什么是研究报告？研究报告的基本格式是什么？

研究报告有哪些类型？不同类型的研究报告应该如何撰写呢？

做好了以上各个环节的工作，一份研究报告才算基本完成。随后还要进行反复推敲和修改。只有对研究报告的内容和格式进行反复审阅和修改，才能达到比较规范的程度。

第二节　实验研究报告的撰写

一、实验研究报告的基本结构

实验研究和撰写实验研究报告是两种不同类型的工作。用实验研究方法完成的研究称之为实验研究,根据实验研究的结果撰写的研究报告称之为实验研究报告。也就是说,实验研究报告的要旨在于将实验研究的过程和成果以书面形式表达出来。因此,实验研究报告的撰写水平在很大程度上决定了研究成果的认可度和利用率。

实验研究报告的基本框架结构包括题目、署名、摘要、关键词、前言、方法、结果、讨论与结论、注释和参考文献、附录等部分。

(一) 题目

标题是实验研究报告主题的浓缩,好的标题能够使读者对于报告的研究问题一目了然。所以,标题的写作要避免笼统抽象,应该准确、清楚地展现出研究的主要问题。

思考

同学们做过实验吗?思考如何撰写一份逻辑清晰、格式规范的实验研究报告呢?

实验研究报告的标题常常采用研究课题的名称,指明研究中的主要变量,如题目“课堂交往对初中生学业影响的实验研究”就分别提到了研究的自变量(课堂交往)和因变量(初中生学业)。又如题目“高师生心理健康教育实验研究”就反映了研究的主要变量(高师生心理健康教育)。

标题的下方会有署名,需要写上研究者的真实姓名,并标明研究者的单位和邮政编码。

(二) 前言

前言是实验研究报告正文的开头部分,这部分的写作要求逻辑清晰、简明扼要,能够自然而然地引出论题。在不同的教育科研工作者那里,前言的名称也有所不同,有人将前言部分称为“问题的提出与研究的假设”,有人称之为“研究的目的与意义”,无论是哪种称呼,其写作方法基本上是一致的。前言部分主要包括以下几个方面的内容:

1. 问题的提出

一般在前言的开头部分,研究者就会用一段文字提出所要研究的问题。在问题的提出过程中,要注意阐明两个方面的内容:首先,要说明所要研究问题的性质与重要性,需要具体表达所研究的是个什么样的问题,该研究有什么意义和价值。其次,应说明与所属领域的先前研究相比,本研究的方向在哪里,有哪些新的进展和突破。

2. 研究背景

研究背景部分也就是文献述评的内容,目的是使读者了解研究的背景。具体内容包括适当篇幅的历史回顾,对与本研究有关的古今中外的文献进行综述。在综述的过程中找出本研究与先前研究的关系,重点说明本研究的立足点在哪里。

3. 研究目的与假设

研究目的与假设是使读者了解实验研究要解决的问题,以及研究的基本假设。

(三)方法

研究方法是实验研究报告的重要组成部分,主要用于描述研究过程是如何进行的。它有三个方面的作用:

(1)便于他人用同样的方法进行验证或重复研究。

(2)有利于读者进行评价。对研究方法的阐述,可以使读者了解研究成果得来的条件与方法,评价研究的客观性、科学性和结果的可靠性。

(3)有利于研究成果的应用和推广。研究结果的可靠性离不开研究方法的科学性,研究成果的利用与推广又取决于研究结果的可靠性与客观性。

对研究方法的介绍,应包括实验对象、实验设计、研究工具、实验程序四个方面的内容。

1. 实验对象

实验对象也就是被试。在一项研究中,对被试的筛选和说明是十分重要的,被试的性质、条件、数量、取样情况、匹配情况、中途丢失情况等内容都需特别的说明,以证明研究的严密性与科学性。

2. 实验设计

在这部分要交代实验设计的类型、实验的自变量与因变量、实验组与控制组的基本情况、自变量的水平和应变量的测量指标等方面的内容。

3. 实验工具

研究工具也就是实验所用到的材料和仪器,具体包括仪器设备、实验材料、测量工具、计算机软件的版本型号等信息。对于那些众所周知的实验材料不必详述,只需列出名称即可,而对于大家不太熟悉的或者是研究者自行设计的工具,比如说作者自编的或修订的量表和问卷,在此应详加说明,必要时还应把它纳入附录部分。

4. 实验程序

这部分也就是要说明实验的具体步骤,目的是使读者了解实验的整个进展。首先,要说明包括指导语、被试选择和分组、数据收集过程在内的研究过程的每一个步骤;其次,详细介绍被试接受的实验处理情况,和对照作比较;最后,简单介绍实验中常见的方法,详细介绍特殊的研究方法。

(四) 结果

实验结果是实验报告的核心内容。这部分的主要任务是通过对研究中所搜集的资料、数据的整理与分析,把数据的统计过程与结果以文字、表格或插图的形式呈现给读者。撰写实验结果要注意两个原则:一是真实性的原则,无论研究结果是否支持假说或者在多大程度上支持假说,都要报告出研究结果的全部内容;二是客观性的原则,对研究结果进行客观呈现,而无需做过多解释和评论。

(五) 讨论与结论

讨论是对实验研究结果进行评价的部分,基本内容包括:

(1) 说明研究结果与研究假设的匹配程度。研究结果是否证明了研究假设,这是首先需要关注的问题。如果研究假设和研究结果是一致的,就要从理论上加深对研究结果的认识,为研究结果提供理论依据,显示研究的意义和价值。如果研究假设与研究结果不一致,则要进一步分析原因。

(2) 将本人的研究结果与前人的研究结果进行比较,分析相同点以及本研究的创新之处。

(3) 对研究结果进行评估。在对研究结果评估的基础上,进一步说明研究结果的可靠程度和适用范围。

(4) 指出研究结果的应用价值和进一步研究的方向。根据研究所得出的结论,向有关方面提出应用、推广研究成果的建议,对研究中尚未解决的问题也不要加以回避,应指明进一步研究的方向。

(六) 参考文献和附录

把实验研究中用到的主要参考文献,列在研究报告之后,注意各种类别的参考文献的基本格式。

在附录部分附上调查工具或原始材料,一方面为读者提供可供分析的原始资料,另一方面为其他研究人员的重复性研究提供依据。

二、撰写实验研究报告要注意的问题

实验研究报告是研究成果的书面表达,一份成功的实验研究报告有利于研究成果的认可和推广,因此,要格外重视研究报告的写作,在实验研究报告的撰写过程中应注意以下几个问题:

(一) 撰写实验报告要实事求是

实验研究报告采用的材料要真实有效。对于研究结果与研究假设之间关系的分析，也应实事求是，不能弄虚作假。不管实验假设是否得到结果的验证，都应秉持求真务实的科学态度，做出客观的陈述。即使实验假设不成立，没有达到预想的效果，也要做如实的描述和总结。

（二）撰写实验报告要有的放矢

实验研究报告要抓住研究中的主要问题。在撰写实验研究报告时，要以主要研究问题为线索，反映最能切中问题本质的过程和成果，不需把实验过程中的所有细小事情都罗列出来，避免冗余繁琐。

（三）撰写实验报告要有理有据

实验研究报告要重视对统计数据的分析，必须有翔实的数据来支撑来支撑研究结论。提供的数据不是指单纯罗列的数字，而是注意通过数据开展质的分析和描述典型的现象。

思考

研究问题的时候，我们除了做实验研究，还有其他常用的研究方法吗？

第三节　调查研究报告的撰写

一、调查研究报告的基本结构

调查研究报告就是在对教育现象和教育问题进行深入调查研究的基础上，对教育调查研究成果的书面总结。

调查研究报告的基本结构一般包括题目、署名、摘要、关键词、前言、方法、结果、讨论、结论、参考文献和附录等几个部分。

（一）标题

调查研究报告的标题应该反映出研究对象、研究问题和研究类型方面的信息。按有无副标题可以将调查报告的标题分为两种：一种是单行标题，另一种是双行标题。单行标题是指文章只有一个标题，双行标题则是指文章标题由正标题和副标题两部分组成，正标题揭示研究报告的主旨和意义，副标题补充研究对象、研究问题等方面的信息，如标题“中小学校本发展的现状问题及其主要对策——基于江苏省中小学校的调查研究报告”。调查研究报告的标题按其性质可以分为两种：一是公文式标题，由事由和文种两部分组成，直接交代调查对象和问题，如标题“大学生对低碳生活的共识与策略调查研究报告”。这种标题的好处是简洁明了，但是比较平乏，没有吸引力。二是疑问式标题，这类标题比较鲜明醒目，能吸引读者的眼球。如“中学生离经典名著有多远——中学生课外阅读调查研究”，这类标题常用于揭露问题的调查报告。

（二）前言

调查报告前言的写作和实验研究报告的写作格式基本相似，包括问题的提出、调查的理论背景、调查目的和意义几个部分。

在问题的提出部分，要交代调查的是什么问题，调查的缘由在哪里，主要调查的内容是什么；在理论背景部分，要阐述国内外对这个问题的研究概况是怎样的，解决了哪些问题，还留下了哪些疑问，以此来说明此次调查的方向和立足点问题；在调查目的和意义部分，需重点说明通过此次调查需要解决哪些问题，调查结果对于指导理论与实践有何价值。

（三）方法

调查方法有三个作用：一是让读者了解调查的过程和具体的步骤；二是了解调查方法的科学性与客观性程度；三是便于其他研究者进行重复实验和验证。

调查方法部分包括三个方面的内容，分别是调查对象、调查工具、调查过程。

1. 调查对象

首先，要交代调查对象的总体；其次，应介绍调查对象的取样情况，包括样本的容量是多少，具体的取样方法是怎样的。

2. 调查工具

这一部分要介绍调查工具的类型，测量工具的具体内容、维度分析、信度和效度检验等方面的内容。

3. 调查过程

调查过程的撰写，也就是交代调查的具体步骤。运用了什么调查方法？是如何从调查对象那里获取资料的？对调查资料做了哪些处理？运用了什么处理方法？等等，要明确地说明。

（四）结果

调查结果是在对调查获得的数据进行分析、处理的基础上获得的。这一部分的写作，要注意两个方面：一是客观呈现调查结果，二是对调查结果进行概括和阐述，切忌流水账式的叙述。

调查报告的结论应该在对调查报告开展讨论的基础上，进一步加以总结，深化主题，概括出全文的主要观点，增强调查报告的感染力和说服力。

（五）讨论

讨论是对调查结果的解释与推论，主要包括两个方面：一方面对调查结果做出原因分析和推论，回答研究所要解决的问题，发现本研究结果的理论价值和实践意义；另一方面，通过对调查结果或问题的原因分析，从而对实践工作提出建设性的意见和建议。

（六）结论

二、撰写调查研究报告应注意的问题

（一）写作格式要规范标准

撰写调查研究报告要严格遵守调研报告的写作规范标准，落实每一个部分的写作任务，才能完成一个结构完整的调研报告。调研结果是调研报告的核心部分，需要详细叙述、重点突出。

（二）材料运用要充分全面

撰写调查研究报告应充分利用调查资料，使调查报告更具感染力和说服力。在材料的选择方面，既有作为典型事例的材料，也有能够普遍反映问题的综合材料；既有统计资料，也有访谈、观察的相关资料，灵活使用各种资料；在材料的呈现方式上，结合使用文字、数据、图表等多种形式，发挥各种材料的优势。

（三）分析结论要客观中立

调查研究报告的分析结论要依据调研过程所呈现的事实，坚持客观中立的立场，实事求是地分析和总结，既不能因为粗心大意，也不能故意忽略重要的调研事实或数据，杜撰调研结论。

（四）文字表达要精练朴实

调查研究报告的优势在于用精练朴实的文字，叙述完整的事实过程，通俗易懂的文字有助于读者对文章的把握。撰写调查研究报告不需要华丽的辞藻和作者感情的宣泄，更不需要生僻的术语。

思考

什么是案例研究？案例研究方法与平时教学中的案例研究有什么不同？

［思考与练习］

参考文献

中文著作

[1] [美]威廉·劳伦斯·纽曼. 社会研究方法[M]. 郝大海,译. 北京:中国人民大学出版社,2007.

[2] [美]德尔波特·C. 米勒,内尔·J. 萨尔金德. 研究设计与社会测量导引(第6版)[M]. 风笑天,译. 重庆:重庆大学出版社,2004.

[3] [美]哈里·T. 赖斯,等. 社会与人格心理学研究方法手册[M]. 北京:中国人民大学出版社,2011.

[4] [美]威廉·维尔斯马,斯蒂芬·G. 于尔斯. 教育研究方法导论(第9版)[M]. 袁振国,主译. 北京:教育科学出版社,2010.

[5] [美]罗伯特·K. 殷. 案例研究方法的应用(第2版)[M]. 周海涛,等,译. 重庆:重庆大学出版社,2009.

[6] [美]Ronald· D. Yockey. SPSS 其实很简单[M]. 刘超,吴铮,译. 北京:中国人民大学出版社,2010.

[7] [美]Mark. W. Lipsey & David·B·Wilson. 实用数据再分析法[M]. 刘军,吴春莺,译. 重庆:重庆大学出版社,2008.

[8] [美]诺曼·K. 邓津,伊冯娜·S. 林肯. 定性研究:经验资料收集与分析的方法(第3卷)[M]. 风笑天,等,译. 重庆:重庆大学出版社,2007.

[9] [美]诺曼·K. 邓津,伊冯娜·S. 林肯. 定性研究:策略与艺术(第2卷)[M]. 风笑天,等,译. 重庆:重庆大学出版社,2007.

[10] Anselm Strauss, Juliet Corbin. 质性研究概论[M]. 徐宗国,译. 台北:巨流图书公司,1997.

[11] [英]凯西·卡麦兹. 建构扎根理论:质性研究实践指南[M]. 边国英,译. 重庆:重庆大学出版社,2009.

[12] [美]艾尔·巴比. 社会研究方法(第11版)[M]. 邱泽奇,译. 北京:华夏出版社,2009.

[13] [美]梅雷迪斯·D. 高尔,等. 教育研究方法导论(第六版)[M]. 许庆豫,等,译. 南京:江苏教育出版社,2001.

[14] [英]保罗·威利斯. 学做工:工人阶级子弟为何继承父业[M]. 秘舒,凌旻华,译. 南京:译林出版社,2013.

[15] [美]丹尼尔·P. 哈拉汗,詹姆士·M. 考夫曼,佩吉·C. 普伦. 特殊教育导论[M]. 肖非,等,译. 北京:中国人民大学出版社,2010.
[16] [美] 理查德·沙沃森,丽萨·汤. 教育的科学研究[M]. 曹晓南,等,译. 北京:教育科学出版社,2006.
[17] 联合国教科文组织. 全球教育发展的历史轨迹:国际教育大会60年建议书[M]. 北京:教育科学出版社,1999.
[18] [美]约翰·W. 克雷斯威尔. 研究设计与写作指导:定性、定量与混合研究的路径[M]. 崔延强,等,译. 重庆:重庆大学出版社,2011.
[19] [美]杰克·R. 弗林克尔,诺曼·E. 瓦伦. 教育研究的设计与评估(第四版)[M]. 蔡永红,等,译. 北京:华夏出版社,2004.
[20] 欧群慧,陈向明. 对一位研究型教师成长的追索[M]. 北京:教育科学出版社,2002.
[21] 陈向明. 质的研究方法与社会科学研究[M]. 北京:教育科学出版社,2000.
[22] 周新富. 教育研究方法[M]. 台北:五南图书出版公司,2011.
[23] 董奇,申继亮. 心理与教育研究法[M]. 杭州:浙江教育出版社,2005.
[24] 张红霞. 教育科学研究方法[M]. 北京:教育科学出版社,2012.
[25] 李方. 现代教育研究方法[M]. 广州:广东高等教育出版社,2010.
[26] 孟庆茂. 教育科学研究方法[M]. 北京:中央广播电视大学出版社,2011.
[27] 温忠麟. 教育研究方法基础(第2版)[M]. 北京:高等教育出版社,2010.
[28] 侯怀银. 教育研究方法[M]. 北京:高等教育出版社,2009.
[29] 雷江华,方俊明. 特殊教育学[M]. 北京:北京大学出版社,2012.
[30] 卢家楣. 教育科学研究方法[M]. 上海:上海教育出版社,2012.
[31] 华国栋. 教育研究方法[M]. 南京:南京大学出版社,2013.
[32] 梁永平,张奎明. 教育研究方法[M]. 济南:山东人民出版社,2008.
[33] 蔡清田. 教育行动研究[M]. 南京:南京师范大学出版社,2005.
[34] 赵新云. 教育科学研究方法[M]. 北京:中国人民大学出版社,2009.
[35] 杨小薇. 小学教育科学研究[M]. 北京:北京师范大学出版社,1999.
[36] 陈瑶. 课堂观察指导[M]. 北京:教育科学出版社,2002.
[37] 裴娣娜. 教育研究方法导论[M]. 合肥:安徽教育出版社,1995.
[38] 宁虹. 教育研究导论[M]. 北京:北京师范大学出版社,2010.
[39] 马云鹏,孔凡哲. 教育研究方法[M]. 长春:东北师范大学出版社,2006.
[40] 张明,陈彩琦. 基础心理学[M]. 长春:东北师范大学出版社,2002.
[41] 董奇. 心理与教育研究方法[M]. 北京:北京师范大学出版社,2004.

[42] 夏雪梅. 以学习为中心的课堂观察[M]. 北京:教育科学出版社,2012.
[43] 郑全全,赵立,谢天. 社会心理学研究方法[M]. 北京:北京师范大学出版社,2010.
[44] 温忠麟. 心理与教育统计[M]. 广州:广东高等教育出版社,2006.
[45] 王鉴. 课堂研究概论[M]. 北京:人民教育出版社,2008.
[46] 王文科,王智弘. 教育研究法[M]. 台北:五南图书出版公司,2009.
[47] 潘慧玲. 教育研究的取径:概念与应用[M]. 上海:华东师范大学出版社,2004.
[48] 王孝玲. 教育统计学[M]. 上海:华东师范大学出版社,2007.
[49] 李沛良. 社会研究的统计分析[M]. 北京:社会科学文献出版社,2002.
[50] 王兴周. 定量社会调查技术[M]. 杭州:杭州出版社,2006.
[51] 卢淑华. 社会统计学[M]. 北京:北京大学出版社,2009.
[52] 风笑天. 社会学研究方法(第2版)[M]. 北京:中国人民大学出版社,2005.
[53] 风笑天. 现代社会调查方法[M]. 武汉:华中科技大学出版社,2009.
[54] 宋蜀华,白振声. 民族学理论与方法[M]. 北京:中央民族大学出版社,1998.
[55] 齐梅. 教育学原理学科科学化问题研究[M]. 北京:中国社会科学出版社,2007.
[56] 费孝通. 乡土中国[M]. 北京:人民出版社,2008.
[57] 舒华,张亚旭. 心理学研究方法[M]. 北京:人民教育出版社,2008.
[58] 杨晓明. SPSS在教育统计中的应用[M]. 北京:高等教育出版社,2004.
[59] 舒华. 心理与教育研究中的多因素实验设计[M]. 北京:北京师范大学出版社,1994.
[60] 侯杰泰,温忠麟,成子娟. 结构方程模型及其应用[M]. 北京:教育科学出版社,2004.
[61] 莫雷,温忠麟,陈彩琦. 心理学研究方法[M]. 广州:广东高等教育出版社,2007.
[62] 林佩璇. 个案研究及其在教育研究上的应用[C]//中正大学教育学研究所. 质的研究方法[M]. 高雄:丽文文化公司,2000.
[63] 郑杭生. 社会学概念论新修(第三版)[M]. 北京:中国人民大学出版社,2003.
[64] 杨玉圣. 学术规范导论[M]. 北京:高等教育出版社,2004.
[65] 陈向明. 在行动中学作质的研究[M]. 北京:教育科学出版社,2003.

[66] 张厚粲,徐建平. 现代心理与教育统计学[M]. 北京:北京师范大学出版社,2004.

中文论文

[1] [美]阿伦德·利普哈特. 比较政治学与比较方法[J]. 李陈华,译. 经济社会体制比较,2006(3).
[2] [美]约翰逊,等. 参与观察:人类学研究方法[J]. 国外社会科学,1987(5).
[3] 张煜晨. 韩国中小学生闲暇活动调查研究[J]. 现代教育论丛,2014(6).
[4] 荆雁凌. 观察记录方法在课堂提问研究中的应用[J]. 教育理论与实践,2009 (11).
[5] 崔允漷,沈毅. 课堂观察20问答[J]. 当代教育科学,2007 (24).
[6] 时丽莉. "弗兰德互动分析系统"在课堂教学中的应用[J]. 首都师范大学学报(社会科学版),2004(S2).
[7] 吴康宁. 课堂教学社会学研究中的现场观察[J]. 教育研究与实验,1998(1).
[8] 张超,葛洵. 弗兰德互动分析系统在数学课堂观察中的应用[J]. 中学数学月刊,2013(9).
[9] 肖瑛. 差序格局与中国社会的现代转型[J],探索与争鸣,2014(6).
[10] 朱书强,刘明祥. 实证研究方法在教育技术学领域的应用情况分析[J]. 电化教育研究,2008(8).
[11] 钟柏昌,李艺. 问卷调查方法在教育研究领域的应用状况分析[J],开放教育研究,2012(6).
[12] 风笑天. 问卷法[J]. 青年研究,1993(5).
[13] 傅志远. 调查问卷设计常见偏误及纠正[J]. 通信企业管理,2003(7).
[14] 李强."心理二重区域"与中国的问卷调查[J]. 社会学研究,2002(2).
[15] 李灿,辛玲. 调查问卷的信度与效度的评价方法研究[J]. 中国卫生统计,2008(5).
[16] 李灿. 调查问卷中多项选择题的处理方法[J]. 统计与决策,2006(6).
[17] 刘菊红. 调查问卷中的统计分析方法[J]. 上海统计,2002(2).
[18] 潘绥铭,黄盈盈,王东. "元假设":社会调查问卷的灵魂[J]. 学术界,2008(3).
[19] 刘继萍. 追寻"真实":教育访谈法中需澄清的几个问题[J]. 广西师范大学学报(哲学社会科学版),2009(2).
[20] 辛朋涛,段兆兵."QQ"访谈法:现场访谈法的一个有益补充[J]. 技术应

用,2007(4).
[21] 党登峰,王嘉毅. 浅析教育研究中的访谈法[J]. 教育评论,2002(2).
[22] 黄岩,文明超. 个案研究方法评述[J]. 江西金融职工大学学报,2008(4):137-138.
[23] 张梦中,马克·霍哲. 个案研究方法论[J]. 中国行政管理,2002(1).
[24] 谢芳. 个案研究方法[J]. 北京石油管理干部学院学报,2009(3).
[25] 汪婷. 个案研究法的研究与发展综述:基于中国知网(CNKI)的核心期刊文献[J]. 武汉理工大学学报:社会科学版,2014(3).
[26] 王革. 管理学中个案研究方法的科学化探讨[J]. 中国行政管理, 2011(3).
[27] 阮思余,王金红. 个案研究法的优长与质疑[J]. 山东科技大学学报(社会科学版),2011(6).
[28] 何星亮. 关于"人类学"与"民族学"的关系问题[J]. 民族研究,2006(5).
[29] 王鉴. 教育民族志研究的理论与方法[J]. 民族研究,2008(2).
[30] 钟景迅. 教育公平的应有之义及其研究方法反思:质化研究在其中的作用和意义[J]. 高等教育研究,2013(3).
[31] 袁同凯,温馨. 现代西方学校教育民族志研究及其新近发展趋势[J]. 民族研究,2014(5).
[32] 钟景迅. 西方学生抵制行为和文化研究综述及启示[J]. 全球教育展望,2013(8).
[33] 敖俊梅. 田野调查与教育研究[J]. 民族教育研究,2007(2).
[34] 李政涛. 论教育田野研究的特质:兼论田野工作中人类学立场和教育学立场的差异[J]. 教育研究与实验,2007(6).
[35] 冯生尧,谢瑶妮. 扎根理论:一种新颖的质化研究方法[J]. 现代教育论丛,2001(6).
[36] 费小冬. 扎根理论研究方法论:要素、研究程序和评判标准[J]. 公共行政评论,2008(6).
[37] 周海银. 扎根理论:学校课程管理研究的生长点[J]. 全球教育展望,2007(3).
[38] 张家军. 扎根理论之于课程研究的启示[J]. 比较教育研究,2010(10).
[39] 黄甫全,左璜. 当代行动研究的"自由转身":走向整体主义[J]. 教育学报,2012(8):1.
[40] 林举卿. 生成性园本教研模式初探[J]. 教育导刊,2001(8).
[41] 钟志贤. 方法还是态度[J]. 电化教育研究,2009(6).

[42] 常晓梅,赵玉珊. 提高学生跨文化意识的大学英语教学行动研究[J]. 外语界,2012(2).
[43] 夏正江. 案例教学法在职前教师教育中的应用探索:一项持续四年的行动研究报告[J]. 全球教育展望,2013,42(7).
[44] 田录梅,张文新,陈光辉. 父母支持、友谊质量对孤独感和抑郁的影响:检验一个间接效应的模型[J]. 远程教育杂志,2014(2).
[45] 夏凌翔. 元分析方法的几个基本问题[J]. 山西师范大学学报,2005(3).
[46] 洪映君. 中学教师职业倦怠与人格特质研究:以温州为例[J]. 教育评论,2009(3).
[47] 倪楠,廖华英. 阅读速度与词汇量的关系[J]. 齐齐哈尔大学学报(哲学社会科学版),2004(5).
[48] 张红霞. 建构主义对科学教育的贡献与局限[J]. 教育研究,2003(7).
[49] 王福兰. 改善课堂交往对初中生学业影响的实验研究[J]. 教育理论与实践, 2003(11).
[50] 王玲,等. 高师生心理健康教育实验研究[J]. 心理科学,2000 (3).
[51] 贺文华. 大学生对低碳生活的共识与策略调查研究报告[J]. 陕西教育(高教版),2011 (3).
[52] 郑惠生. 中学生离经典名著有多远[J]. 内蒙古师范大学学报(教育科学版),2005(12).
[53] 陈瑶. 课堂观察方法之研究[D]. 上海:华东师范大学,2000.
[54] 宫兆鑫. 教师课堂观察能力结构研究[D]. 上海:上海师范大学,2013.
[55] 孟秀芹. 当代大学生幸福观问题研究[D]. 郑州:河南大学,2009.
[56] 尚利芳. 农民工随迁子女低学业成绩的教育人类学研究[D]. 北京:首都师范大学,2013.

外文文献

[1] Campbell, Donald & Julian Stanley. Experimental and Quasi - Experimental Designs for Research [M]. Chicago: Rand McNally, 1963.
[2] Merriam S. B. Case Study Research in Education: A qualitative Approach [M]. San Francisco: Jossey - Bass Publishers, 1988.
[3] Geertz, C. Thick Description: Toward an Interpretive Theory of Culture[C]. // In M. Martin and L. C. McIntyre (Eds.). Readings in the Philosophy of Social Science[M]. Cambridge: The MIT Press, 1994
[4] Siggelkow N. Persuasion with case studies [J]. Academy of Management Journal, 2007, 50 (1).

[5] Ogbu, J. U. Variability in Minority School Performance: A Problem in Search of an Explanation [J]. Anthropology & Education Quarterly, 1987, 18(4): 312 - 334.

[6] Bond, G. C. Fieldnotes: Research in past occurences [C]. //In: R. Sanjeck (Ed.), Fieldnotes: The makings of anthropology [M]. Ithaca, NY: Cornell University Press, 1990: 273 - 289

[7] Lewin, K. Action Research and Minority Problems [J]. Journal of Social Issues, 1946(2).

[8] Elliott, J. Action research: Framework for self - evaluation in schools. TIQL Working Paper, Cambridge Institute of Education, mimeo, 1981(1).

[9] Kemmis, S. Action research as a practice - based practice [J]. Educational Action Research, 2009, 17(3).

[10] JY Kwok, HB Ku. Making habitable space together with female Chinese immigrants to Hong Kong: An interdisciplinary participatory action research project [J]. Action Research, 2008(6).

[11] Inger James, Karin Blomberg, Elisabeth Liljekvist, & Annica Kihlgren. Working together for a meaningful daily life for older persons: A participatory and appreciative action and reflection project - The lessons we learned [J]. Action Research, 2015(in press).